Pragmatismus zur Einführung

Hans-Joachim Schubert u.a.

Pragmatismus zur Einführung

JUNIUS

Junius Verlag GmbH
Stresemannstraße 375
22761 Hamburg
www.junius-verlag.de

Umschlaggestaltung: Florian Zietz
Titelbild: © Junius Verlag GmbH
Satz: Junius Verlag GmbH
Printed in the EU 2020
ISBN 978-3-88506-682-8
2., erweiterte Auflage 2020

Bibliografische Information der Deutschen Nationalbibliothek
Die Deutsche Nationalbibliothek verzeichnet diese Publikation in der Deutschen Nationalbibliografie; detaillierte bibliografische Daten sind im Internet über http://dnb.dnb.de abrufbar.

Zur Einführung ...

... hat diese Taschenbuchreihe seit ihrer Gründung 1978 gedient. Zunächst als sozialistische Initiative gestartet, die philosophisches Wissen allgemein zugänglich machen und so den Marsch durch die Institutionen theoretisch ausrüsten sollte, wurden die Bände in den achtziger Jahren zu einem verlässlichen Leitfaden durch das Labyrinth der neuen Unübersichtlichkeit. Mit der Kombination von Wissensvermittlung und kritischer Analyse haben die Junius-Bände stilbildend gewirkt.

Von Zeit zu Zeit müssen im ausufernden Gebiet der Wissenschaften neue Wegweiser aufgestellt werden. Teile der Geisteswissenschaften haben sich als Kulturwissenschaften reformiert und neue Fächer und Schwerpunkte wie Medienwissenschaften, Wissenschaftsgeschichte oder Bildwissenschaften hervorgebracht; auch im Verhältnis zu den Naturwissenschaften sind die traditionellen Kernfächer der Geistes- und Sozialwissenschaften neuen Herausforderungen ausgesetzt. Diese Veränderungen sind nicht bloß Rochaden auf dem Schachbrett der akademischen Disziplinen. Sie tragen vielmehr grundlegenden Transformationen in der Genealogie, Anordnung und Geltung des Wissens Rechnung. Angesichts dieser Prozesse besteht die Aufgabe der Einführungsreihe darin, regelmäßig, kompetent und anschaulich Inventur zu halten.

Zur Einführung ist für Leute geschrieben, denen daran gelegen ist, sich über bekannte und manchmal weniger bekannte Autor(inn)en und Themen zu orientieren. Sie wollen klassische

Fragen in neuem Licht und neue Forschungsfelder in gültiger Form dargestellt sehen.

Zur Einführung ist von Leuten geschrieben, die nicht nur einen souveränen Überblick geben, sondern ihren eigenen Standpunkt markieren. Vermittlung heißt nicht Verwässerung, Repräsentativität nicht Vollständigkeit. Die Autorinnen und Autoren der Reihe haben eine eigene Perspektive auf ihren Gegenstand, und ihre Handschrift ist in den einzelnen Bänden deutlich erkennbar.

Zur Einführung ist in verstärktem Maß ein Ort für Themen, die unter dem weiten Mantel der Kulturwissenschaften Platz haben und exemplarisch zeigen, was das Denken heute jenseits der Naturwissenschaften zu leisten vermag.

Zur Einführung bleibt seinem ursprünglichen Konzept treu, indem es die Zirkulation von Ideen, Erkenntnissen und Wissen befördert.

Michael Hagner
Dieter Thomä
Cornelia Vismann

Inhalt

Einleitung

Der Pragmatismus ist eine »Philosophie der Kreativität«, die versucht, »eine Welt verständlich zu machen, in der Kreativität möglich ist« (Pape 1994: 9). Charles Sanders Peirce hat diese Idee in seiner Philosophie zuerst fruchtbar gemacht. Sie bildet den Ausgangspunkt für eine Reihe pragmatischer Ansätze in den Sprach-, Kultur-, Sozial- und Naturwissenschaften. In dieser Einführung konzentrieren wir uns auf die pragmatistische Beantwortung der sozialwissenschaftlichen Fragen: Was ist soziales Handeln? Wie ist soziale Ordnung möglich? Wie kann sozialer Wandel verstanden werden? *Soziales Handeln* erschöpft sich im Pragmatismus nicht in der rationalen Verfolgung klarer Zwecke und nicht in der Exekution sozialer Normen. Die pragmatistische Handlungstheorie unterläuft den »homo oeconomicus« und den »homo sociologicus«, weil analytisch rekonstruiert wird, wie sich im Handlungsprozess individuelle Zwecksetzungen und generalisierte Verhaltenserwartungen durch kreatives Handeln konstituieren und stabilisieren. Deshalb sind im Pragmatismus grundlegende Motive des Handelns nicht wie im Utilitarismus gegebene Ziele, die Akteure nutzenmaximierend realisieren wollen, aber auch nicht internalisierte soziale Normen, die die Handlungen der Akteure kanalisieren, sondern Handlungsprobleme und Konflikte, die durch experimentelles Handeln überwunden werden müssen. Akteure koordinieren demnach ihre Handlungen, um Handlungsunsicherheiten zu überwinden und nicht aufgrund innerer Sanktionen (Normativismus) oder aufgrund eines Nutzenkalküls (Utilitarismus). *Soziale Ordnung* ist deshalb kein Zustand des Gleichgewichts individueller Interessen und keine autonome – die Grenzen des Handelns bestimmende – normative Struktur, sondern ein Prozess der symbolischen Aushandlung sozialer, subjektiver und objektiver Bedeutungen (*negotiated order approach*). Deshalb ist die Handlungsebene, auf die der Pragmatismus rekurriert, weder die Individualebene noch die Struktur- oder Systemebene, sondern die der symbolischen Interaktion, weil sowohl die Ordnung der Gesellschaft als auch die des Ichs von der semiotischen Interpretation objektiver Problemstellungen abhängt. Ausgangpunkt *sozialen Wandels* sind schließlich Institutionen, Habitualisierungen und generalisierte Strukturen, die zwar durch Handeln entstanden sind und dieses als Handlungsressource ermöglichen, es aber gleichzeitig auch als in Raum und Zeit ausgedehnte Bedeutungen beschränken können. In solchen Fällen formieren sich kollektive Bewegungen, die Restriktionen und Konflikte definieren und versuchen, Institutionen durch experimentelles Handeln zu verändern.

Die »Kreativität des Handelns« ist für den *Pragmatismus* von *Charles S. Peirce* der Schlüssel zur Beantwortung philosophischer Grundfragen: Bewusstsein, Erkenntnisse und Bedeutungen entwickeln sich nach Peirce im Verlauf der kreativen Lösung von Handlungsproblemen (Kap. 1). Das ist der rote Faden, den die *Chicago School of Philosophy* aufgegriffen hat. Die Sozialpsychologie *George Herbert Meads* und *John Deweys* zeigt, wie Akteure durch kreative Kommunikationsprozesse sowohl Ich-Identität als auch gesellschaftliche Strukturen konstituieren, wie Individuierung durch Sozialisierung stattfindet (Kap. 2). In der *Chicago School of Sociology*, die sich im Anschluss an Mead und Dewey entwickelt hat, kommt das Thema Kreativität in *William I. Thomas'* Theorem der Situationsdefinition zum Ausdruck. Im Handlungsprozess müssen Akteure permanent ihre subjektiven Ziele sowie die objektiven Strukturen der Situation kreativ definieren, um Handlungsprobleme überwinden zu können. Für *Robert E. Park* sind ökonomische und politische Strukturen mit sozialen und kulturellen Ordnungen durch einen Kreislaufprozess kreativen und kollektiven Handelns vermittelt. Diese kreative Konstitution neuer sozialer Ordnungen und neuer Formen der Ich-Identität ist das Thema der empirischen Studien, die die Chicago School of Sociology über die sozialen Welten der Stadt Chicago durchgeführt hat (Kap. 3). Nach dem Zweiten Weltkrieg hat vor allem *Herbert Blumer* das pragmatistische Projekt fortgeführt. Sein Ziel war es zu zeigen, dass die Soziologie beim Verständnis sozialer Welten von kreativen symbolischen Interaktionsprozessen ausgehen muss. Mit dem Begriff des *Symbolischen Interaktionismus* als Label für den von ihm initiierten soziologischen Ansatz macht er deutlich, dass Bedeutungen und Ordnungen der subjektiven, sozialen und objektiven Welt im kreativen Prozess symbolvermittelten Handelns entstehen und nicht auf funktionale Erfordernisse oder auf individuell-nutzenorientierte Handlungen zurückgeführt werden können (Kap. 4). Schließlich kennzeichnen heute Kreativität und Interpretativität als Schlüssel zum Verständnis sozialer Welten den soziologischen *Neopragmatismus*, *Norman Denzins'* postmodern gewendeten *Interpretativen Interaktionismus* sowie *Hans Joas'* Theorie der *Kreativität des Handelns* (Kap. 5).

<table>
<tr><td>Pragmatismus
Charles Sanders Peirce (1839-1914)
William James (1842-1910)</td><td>Chicago School of Philosophy
John Dewey (1859-1952)
George Herbert Mead (1863-1931)</td></tr>
<tr><td>Chicago School of Sociology
William I. Thomas (1863-1947)
Robert E. Park (1864-1944)</td><td>Symbolischer Interaktionismus
Herbert Blumer (1900-1987)
Anselm L. Strauss (1916-1996)
Erving Goffman (1922-1982)</td></tr>
<tr><td>Interpretativer Interaktionismus
Norman Denzin</td><td>Neopragmatismus
Hans Joas</td></tr>
</table>

Tab. 1 Historische Entwicklung pragmatistischer Ansätze in den Sozialwissenschaften

1. Charles Sanders Peirce – Philosophie der Kreativität

von Hans-Joachim Schubert

1.1 Der Pragmatismus – die Philosophie der Handlung

Die soziologische Forschungstradition der Chicago School und des Symbolischen Interaktionismus haben ihre ideengeschichtlichen Wurzeln in der Philosophie des Pragmatismus (Joas 1999a). In Auseinandersetzung mit der europäischen Bewusstseinsphilosophie entwickelte der amerikanische Pragmatismus neue Antworten auf die alten philosophischen Grundfragen: Wie ist Erkenntnis möglich? Wie entstehen Bedeutungen? Was ist Wahrheit? Die Hauptaussage des Pragmatismus ist, dass *Erkenntnisse* durch die kreative Lösung von Handlungsproblemen gewonnen werden. Bewusstsein und Verstandeskräfte sind nicht Voraussetzung, sondern Ergebnis des Handlungsprozesses. Auch die *Bedeutung* von Objekten und Sachverhalten wird von den Handelnden in Verwendungszusammenhängen oder Gebrauchssituationen definiert. Der Wert von Dingen und Ideen lässt sich aus der Sicht des Pragmatismus deshalb weder aus dem »Reich des Geistes« (res cogitans) noch aus der »Welt der Dinge« (res extensa) ableiten. Die Objektivität oder *Wahrheit* von Aussagen ist schließlich Ergebnis des Diskurses der Kommunikationsgemeinschaft. Der Pragmatismus setzt also weder das Bewusstsein des Menschen noch den Wert von Objekten als gegeben voraus, sondern untersucht, wie Bewusstsein und Bedeutungen im Handlungsprozess entstehen. Ausgangspunkt dafür, dass sich Erkenntnisse, Bedeutungen und Wahrheiten entwickeln, ist weder das Bewusstsein Einzelner noch die materielle Umwelt, sondern das soziale Handeln, der Prozess symbolischer Interaktion.

Begründet wurde der amerikanische Pragmatismus in den siebziger Jahren des 19. Jahrhunderts an der Harvard University. Dort initiierten Charles Sanders Peirce und William James einen Diskussionskreis junger Wissenschaftler – den »Metaphysical Club« –, in dem zuerst Peirce die Grundideen des Pragmatismus zur Diskussion stellte. Wirkung entfalteten diese aber erst seit 1907 mit der Veröffentlichung von William James' Vorlesungen *Was ist Pragmatismus?* (James 1994). Seither ist der Pragmatismus ein umstrittenes Projekt. Schon Peirce wollte die Interpretation der pragmatistischen Grundideen durch James und andere Pragmatisten nicht akzeptieren und nannte seine Philosophie deshalb seit 1905 nicht mehr »Pragmatismus«, sondern »Pragmatizismus«. Tatsächlich wurde der Pragmatismus lange Zeit vor allem mit dem Werk von James identifiziert, während die Schriften von Peirce kaum wahrgenommen wurden. Besonders in Deutschland wurde der Pragmatismus nicht sorgfältig rezipiert und vorschnell als »Philosophie des Geldes« oder als bloße »Nützlichkeitstheorie« verkannt (Joas 1999b). Die deutschen Kritiker behaupteten, der Pragmatismus würde schlicht das Nützliche zum Wahren erklären. Es könne einfach das als wahr gelten, was für die handelnden Menschen nützlich sei oder ihre Bedürfnisse befriedige. Diese Kritik ist heute verstummt. Allerdings wurde die Bedeutung des Pragmatismus erst in den 1960er Jahren neu bestimmt; als nämlich die vorherrschende analytische Philosophie aufgrund interner Problemstellungen einen »linguistic turn« (Rorty 1967) oder eine »pragmatische Wende« vollzog und dabei Einsichten entwickelte, die in den Schriften des Pragmatismus schon entfaltet worden waren, bislang aber nicht erkannt wurden (Apel 1973). Diese

Rezeptionsgeschichte erklärt die Aktualität von Peirce. Sein Werk wird heute innerhalb der Philosophie und in den Kultur- und Sozialwissenschaften extensiv diskutiert.

1.2 Der »Geist des Cartesianismus«

Was sind nun die Grundgedanken des Pragmatismus? Peirce beginnt seine Philosophie mit einer Kritik am »Geist des Cartesianismus« – und das, obwohl er René Descartes (1596-1650) als »Vater der modernen Philosophie« hoch schätzte. Für Peirce war es Descartes' großes Verdienst, den »Skeptizismus (in der Theorie) zuzulassen und die Praxis der Scholastiker, die Autorität als letzte Quelle der Wahrheit zu betrachten, aufzugeben«. Die Philosophen des Mittelalters – die Scholastiker – konnten keinen anderen Maßstab für die Geltung von Aussagen finden als die Autorität der Bibel und Gottes. Sie stellten sich vor, dass die Ordnung der Welt nur von einer außerweltlichen Instanz garantiert sein könne. Einen Zweifel an Gott betrachteten sie als sinnlos, denn seine Existenz sahen sie durch die Existenz der Welt bewiesen. Der Glaube an Gott wurde damit zur Bedingung für die Objektivität von Erkenntnissen. In Anselm von Canterburys (1033-1109) »Credo ut intelligam« (»Ich glaube, damit ich verstehe«) kommt diese Ansicht zum Ausdruck. Descartes gilt als Begründer der modernen Philosophie, weil er, so Peirce, erstens – anders als die Scholastiker – lehrte, dass die Philosophie mit einem »universalen Zweifel beginnen muss« und sich nicht dogmatisch auf die Methode der Autorität berufen dürfe, und weil er zweitens »eine natürliche Quelle für wahre Prinzipien« suchte und nicht Gott oder die Bibel als endgültigen Maßstab der Wahrheit akzeptierte.

Das neue Fundament für wahre Erkenntnis fand Descartes, so Peirce, nicht im Sein der empirischen Dinge der Welt, denn die äußere Welt kann nur vermittelt über unsere Erkenntniskräfte (das Denken) wahrgenommen werden. Durch diesen radikalen erkenntnistheoretischen Zweifel wurde Descartes auf das Bewusstsein des Individuums verwiesen. Einzig der Geist des Individuums bietet die unveränderliche Grundlage für wahre Erkenntnis. »Cogito ergo sum« (»Ich denke, also bin ich«) heißt das bekannte Diktum Descartes'. Das wahre Sein der Dinge – also auch die eigene Existenz (das Ich) – kann nur über das Bewusstsein erfahren werden. Das Denken konstituiert das Sein. Damit vollzog Descartes eine radikale Abkehr von der Philosophie des Mittelalters. Er glaubte, so Peirce, »dass der letzte Prüfstein der Gewissheit im individuellen Bewusstsein zu finden ist« (ich denke) und nicht im Sein, in der Existenz der Dinge (»also bin ich«). Wahrheit liegt für Descartes deshalb im menschlichen Verstand, »so vollzog er auf dem direktesten Wege den Übergang von der Methode der Autorität zu derjenigen der Apriorität« (Peirce 1976: 183). Wahrheit wird vor der Erfahrung (a priori) der intuitiv gegebenen Außenwelt durch unser Bewusstsein garantiert, welches wir durch die Methode der Introspektion ergründen können.

Aus der Sicht von Peirce lässt sich der Cartesianismus durch vier Hauptmerkmale charakterisieren. Erstens: Descartes stellte die Maxime auf, dass die Philosophie damit beginnen muss, alle Bedeutungen radikal in Zweifel zu ziehen, und keine Gewissheiten oder Autoritäten als wahr und gegeben akzeptieren darf. Das kennzeichnet die Abkehr des Cartesianismus von der »Methode der Autorität« und damit die Öffnung des philosophischen Diskurses für einen radikalen erkenntnistheoretischen Zweifel (*Skeptizismus*). Zweitens: Überwunden werden kann dieser Zweifel nach Descartes nur durch den Rekurs auf das individuelle Bewusstsein und den subjektiven Verstand als Garant für Erkenntnis und Wahrheit. Das begründet zugleich den Individualismus (*Solipsismus*) und die *Bewusstseinsphilosophie* Descartes'. Das Fundament der Erfahrung ist demnach das individuelle Bewusstsein, das die Erfahrung der empirischen Welt – der Körper – strukturiert. Descartes trennt das Denken und Bewusstsein strikt von der Sphäre der Dinge und Körper. Damit etabliert Descartes drittens den Dualismus von *Körper und Geist*. Der Geist (Bewusstsein, Verstand) ist die Voraussetzung und der Maßstab für die Erkenntnis der empirischen Welt (Körper, Dinge). Das Reich der empirischen Außenwelt (res extensa) ist damit klar vom Reich des Geistes (res cogitans) unterschieden. Viertens: Sichere Erkenntnisse können wir deshalb nicht durch Assoziation der Außenwelt gewinnen, sondern nur durch Introspektion des individuellen Bewusstseins jenseits aller empirischen Erfahrung (a priori). Descartes' *Apriorismus* hat als Ausgangspunkt von Erkenntnissen nicht die Erfahrung, sondern den Geist.

Peirce war mit diesem Erklärungszusammenhang nicht einverstanden. Vor allem in seinen beiden Aufsätzen »Die Festlegung einer Überzeugung« und »Wie unsere Ideen zu klären sind« (Peirce 1976), die häufig als Gründungsdokumente des Pragmatismus bezeichnet werden, opponierte er gegen jede dieser vier Annahmen des Cartesianismus, der nach Peirce die gesamte moderne Philosophie kennzeichnet und im Idealismus Immanuel Kants seinen Höhepunkt fand.

1.2.1 Vom Skeptizismus zum sinnkritischen Realismus

Selbstverständlich wollte Peirce hinter das Motiv der aufgeklärten Philosophie Descartes – die Ablehnung der Autorität als letzter Prüfstein – nicht zurückgehen. Allerdings kann nach Peirce die Philosophie – auch wenn keine Autorität mehr zur

Verfügung steht, die Wahrheit garantieren könnte – nicht, wie Descartes meinte, »mit völligem Zweifel beginnen«. Wir müssen hingegen, forderte Peirce, »mit all den Vorurteilen beginnen, die wir wirklich haben [...]. Diese Vorurteile sind nicht durch eine Maxime zu beseitigen, denn es handelt sich bei ihnen um Dinge, bei denen wir gar nicht auf den Gedanken kommen, dass wir sie in Frage stellen *könnten*. Also wird dieser Von-vornherein-Skeptizismus eine bloße Selbsttäuschung sein und kein wirklicher Zweifel.« (Peirce 1976: 40) Peirce bezeichnet den radikalen Zweifel Descartes' als eine »nutzlose Vorbereitung« des Erkenntnisprozesses, denn es macht doch erst dann Sinn, Gewissheiten zu bezweifeln, wenn wir einen Grund dafür haben: »Zwar kann jemand im Laufe seiner Studien Grund dazu finden, das zu bezweifeln, von dem er anfangs überzeugt war, aber in diesem Fall zweifelt er, weil er einen positiven Grund dafür hat und nicht aufgrund der cartesianischen Maxime.« (Peirce 1976: 41) Zweifel entsteht, wenn unsere Überzeugungen, unsere Verhaltensgewohnheiten fragwürdig werden. Trotzdem halten wir manchmal an unseren alten Überzeugungen und Gewohnheiten fest: »Die Macht der Verhaltensgewohnheiten wird manchmal jemanden veranlassen, an alten Überzeugungen festzuhalten, selbst nachdem er in der Lage ist zu sehen, dass sie keine feste Basis haben. Aber die Reflexion über die faktische Situation wird diese Verhaltensgewohnheiten besiegen, und man sollte der Reflexion ihr volles Gewicht zugestehen. Man schrickt oft davor zurück, weil man der Auffassung ist, dass Überzeugungen gesund seien, selbst wenn man genau fühlt, dass sie auf nichts gegründet sind.« (Peirce 1976: 171) Zweifel, Handlungshemmungen, Probleme und Konflikte im Handlungsablauf sind für Peirce der sinnvolle Auslöser des Forschungsprozesses und kein »Von-vornherein-Skeptizismus«. Der radikale *Skeptizismus* von Descartes wird von Peirce zugunsten eines *sinnkritischen Realismus* (Apel 1975: 57) aufgegeben.

1.2.2 Vom individuellen Bewusstsein zur intersubjektiven Handlung

Ausgangspunkt des Erkenntnis- und Handlungsprozesses ist nach Peirce nicht mehr der *Zweifel* an allen *Überzeugungen*, sondern Überzeugungen oder *Handlungsgewohnheiten*, die aufgrund von Zweifeln fragwürdig geworden sind. Nicht jeder Zweifel ist sinnvoll. Realistisch ist nur ein »lebendiger« Zweifel, der tatsächlich in der Denkbewegung oder im Handlungsablauf als Folge von Widersprüchen oder Handlungshemmungen entsteht. Zweifel können dabei entweder aufgrund realer oder auch nur gedachter Handlungsprobleme oder -hemmungen auftreten. Im letzten Fall spricht Peirce von einem »bloß gedachten Zögern«. Als Beispiel dafür beschreibt er, wie er als wartender Zugreisender auf dem Bahnhof aus purer Langeweile den Fahrplan studiert: »Ich vergleiche die Vorteile der verschiedenen Züge, die ich vermutlich niemals benutze, indem ich mir bloß vormache, ich sei in einem solchen Zustand des Zögerns, weil es mich langweilt, dass es nichts gibt, das mir ernsthaft derartige Sorgen bereitet.« (Peirce 1976: 188). Durch den Vergleich verschiedener Reiserouten in Bezug auf ein imaginäres Reiseziel (Handlungsentwurf) entsteht dann ein Zweifel an dem entworfenen Reiseplan, wenn Inkonsistenten oder Unklarheiten des Fahrplans auftauchen (Handlungshemmung), die den fantasierenden Reisenden dazu nötigen, weitere Recherchen zu unternehmen (Experimentierphase), bis er zu einer überzeugenden Reiseroute gekommen ist (neuer Handlungsentwurf) oder bis er seine eigentliche Reise fortführen muss, will er seinen Zug nicht verpassen. Das Bewusstsein ist nicht die erste Voraussetzung für die Gewinnung von neuen Erkenntnissen, sondern die Handlungshemmung, die uns dazu motiviert, nachzudenken. Der Verstand wird nur aktiv, wenn unsere Handlungs- und Denkgewohnheiten gestört werden – erst dann entsteht Bewusstsein. Nicht das »Ich denke« Descartes' ist der Ausgangspunkt für die Erforschung der empirischen Welt, sondern die wirkliche oder gedachte Handlung. Im Handlungsprozess stoßen wir auf Hemmnisse, die das Denken aktivieren und die Suche nach neuen Erkenntnissen initiieren. Damit vollzieht Peirce den *Übergang von der Bewusstseinsphilosophie zu einer Philosophie der Handlung.*

1.2.3 Vom Körper-Geist-Dualismus zur praktischen Intersubjektivität

Wir wissen jetzt, dass Bewusstsein durch die Störung von Denk- oder Handlungsroutinen entsteht, aber wir wissen noch nicht, wie wir den Zweifel – die Handlungshemmung – überwinden können. Wie gewinnen wir neue Überzeugungen, neue Gewissheiten oder neue Handlungsgewohnheiten? Wie verschaffen wir uns Klarheit über unsere Gedanken? Zunächst erklärt Peirce sehr scharfsinnig, dass wir Erkenntnisse nicht durch sinnliche intuitive Eindrücke gewinnen. »Wir haben kein Vermögen der Intuition, sondern jede Erkenntnis wird von vorhergehenden Erkenntnissen logisch bestimmt.« (Peirce 1976: 42) Wie wir sehen werden, hat die Ablehnung der Intuition als Vermögen der Erkenntnis für Peirce einen ganz wichtigen Stellenwert für seine Semiotik, Bedeutungs- und Wahrheitstheorie. Erkenntnisse können nur *vermittelt* über Interpretations- und Handlungsprozesse gewonnen werden. Selbst sinnliche Eindrücke und körperliche Erfahrungen gehen als Erkenntnisse nicht unvermittelt in unser Bewusstsein über – sind nicht intuitiv gegeben. Zunächst erscheint die Annahme einer Erkenntnis aus unmittelbaren Sinneseindrücken aber nicht unrealistisch. Wenn wir zum Beispiel ein Stück Gewebe ertasten, scheint es doch so zu sein, als ob diese Erfahrung ganz unmittelbar ist und durch keine andere Erfahrung vermittelt werden muss. Das bestreitet Peirce, denn »man kann die verschiedene Beschaffenheit eines Gewebes durch Fühlen unterscheiden, aber nicht unmittelbar, denn man muss seine Finger über das Gewebe führen. Dies zeigt, dass man genötigt ist, die Sinnesempfindung eines Augenblicks mit denen eines anderen zu vergleichen.« (Peirce 1976: 18) Erkenntnisse über die Beschaffenheit eines bestimmten Gewebes können wir nur im Vergleich unterschiedlicher Erfahrungen gewinnen. Selbst die flüchtigsten sinnlichen Eindrücke werden nur durch die Relation zwischen Eindrücken zu Erkenntnissen. Peirce verdeutlicht das an unseren sinnlichen Erfahrungen, d.h. an allen über Nervenpunkte gemachten Wahrnehmungen. Er sagt, dass immer »Bedingungen für die Erkenntnis einer Relation zwischen [...] Eindrücken vorhanden« sind. Relationierungen, Vergleiche – die Zweifel motivieren können, wenn dabei Unstimmigkeiten auftauchen – finden selbst bei dem geringsten Kontakt unserer Sinne mit äußeren Dingen statt, auch wenn wir den Vergleichscharakter der Wahrnehmung in der alltäglichen Erfahrung meist nicht realisieren. »Da es jedoch eine große Zahl von Nervenpunkten gibt, auf die durch eine sehr große Zahl aufeinanderfolgender Reizungen eingewirkt wird, werden die Relationen der daraus resultierenden Sinneseindrücke fast unfassbar kompliziert sein.« (Peirce 1976: 20) Wir erkennen die Dinge der äußeren Welt nicht als fragmentarische intuitive Eindrücke, sondern nur aufgrund der geistigen Vermittlung mit anderen sinnlichen Eindrücken. Die Welt der Dinge und die des Geistes sind deshalb im Erkenntnisprozess aufeinander bezogen. Die sinnliche Wahrnehmung wird immer durch die vergleichende und Schlüsse ziehende Tätigkeit des Verstandes strukturiert. Der Verstand andererseits würde ohne sinnliche Eindrücke nicht nur leer bleiben, sondern tatsächlich entwickelt er sich erst aufgrund der Auseinandersetzung mit Widerständen der Außenwelt. Wie wir schon gesehen haben, entsteht das Bewusstsein ja erst in Folge von Handlungsproblemen, die unser Handeln stören. Peirce löst den cartesianischen Körper-

Geist-Dualismus handlungstheoretisch auf. Unser Bewusstsein über die Bedeutung der Dinge entsteht im tätigen oder denkerischen Gebrauch mit diesen Dingen – im Rahmen von »praktischer Intersubjektivität« (Joas 1980). Zusammenfassend lässt sich sagen, dass sich die Erkenntniskritik von Peirce »in erster Linie gegen einen *Intuitionismus* (richtet), der behauptet, dass sich unsere Urteile aus Elementen unmittelbar gegebener und schlechthin gewisser Ideen oder Sinnesdaten aufbauen. Tatsächlich berührt sich kein noch so elementares Erlebnis ohne semiotische Vermittlung mit seinem Objekt.« (Habermas 1991: 17)

1.2.4 Von der Apriori-Methode zur wissenschaftlichen Methode

Mit der Ablehnung des Intuitionismus als Vermögen der Erkenntnis hängt auch Peirces Kritik an der cartesianischen Methode der Erkenntnis, der Introspektion, zusammen. Unter Introspektion versteht Peirce die »direkte Wahrnehmung der inneren Welt« (Peirce 1976: 29), der subjektiven Gefühls- oder Erfahrungswelt ohne Vermittlung mit der äußeren, objektiven oder sozialen Welt. Können wir Erfahrungen machen, die sich nur auf die Innenwelt stützen und überhaupt nicht in Relation zur Außenwelt stehen? Peirce nennt hier zum Beispiel Gemütsbewegungen, die nicht als »Prädikate von Dingen der Außenwelt« entstehen und »auf das Gemüt allein zu beziehen sind«. Aber selbst ganz subjektive Gefühle – wie das von einem unverwechselbaren »Ich« – sind nicht als innere Tatsachen gegeben, sondern entstehen erst in Auseinandersetzung mit der Außenwelt, auch wenn diese Außenwelt zum Beispiel als schlechtes Gewissen nach innen verlagert wird. Selbst moralische und scheinbar ganz subjektive Vorstellungen von »Gut und Böse sind Weisen des Fühlens, die zuerst als Prädikate entstehen, sie sind daher entweder Prädikate des Nicht-Ich oder von vorhergehenden Erkenntnissen bestimmt« (Peirce 1976: 30). Erkenntnisse entstehen durch die symbolische Vermittlung von Objekten der Außenwelt, sie können deshalb nicht vor der Erfahrung der Außenwelt durch die Introspektion des Bewusstseins gewonnen werden. Peirce überwindet also auch den cartesianischen Apriorismus:

»In einem grundsätzlich diskursiven Erfahrungsprozess gibt es keinen absoluten Anfang. Alle Kognitionen sind, ob bewusst oder nicht, logisch durch vorangehende Kognitionen bestimmt [...]. Die methodische Kritik von Peirce am Cartesianismus richtet sich gegen eine *Introspektion*, die sich auf private Evidenzen von sogenannten Bewusstseinstatsachen stützen muss, ohne anhand nachprüfbarer Kriterien Schein und Wirklichkeit sicher unterscheiden zu können. Demgegenüber sind symbolische Ausdrücke und Zeichenkomplexe allgemein zugängliche Tatsachen, deren Interpretation öffentlicher Kritik ausgesetzt ist, so dass nicht ein Einzelner anstelle der Gemeinschaft der Forscher [...] als letzte Instanz der Beurteilung angerufen werden muss.« (Habermas 1991: 17)

Erkenntnisse können nur im Rahmen praktischer Intersubjektivität gewonnen werden und nicht durch individuelle und apriorische Bewusstseinsakte, denn selbst logische Schlüsse gründen, wie wir sehen werden, auf einem sozialen Prinzip. »*Wir haben kein Vermögen der Introspektion, sondern alle Erkenntnis der inneren Welt ist durch hypothetisches Schlussfolgern aus unserer Erkenntnis äußerer Fakten abgeleitet.*« (Peirce 1976: 42) Gewissheiten entstehen nicht durch die »Methode der Autorität« (indem wir glauben, um zu verstehen) – und auch nicht durch die »Methode der Apriorität«, indem wir vor aller Erfahrung introspektiv unser Bewusstsein ergründen –, sondern durch die »Methode der Wissenschaft«, durch »hypothetisches Schlussfolgern aus unserer Erkenntnis äußerer Fakten« im Hinblick auf die Zustimmung einer »unendlichen Kommunikationsgemeinschaft«.

1.3 Wissenschaftstheorie: Deduktion, Induktion und Abduktion

In diesem Teilkapitel werden wir Peirces »Methode der Wissenschaft« beschreiben. Wir werden uns mit der Frage beschäftigen, wie Schlüsse aus äußeren Fakten gezogen werden – wie empirische Beobachtung mit abstraktem Wissen vermittelt ist. Peirce beschreibt drei Formen des Schließens: Deduktion, Induktion und Abduktion oder Hypothese. Alle drei Schlüsse sind »Formen der Klassifizierung von Argumenten«, die die logische Anwendung von Argumenten – den Zusammenhang von Regel und Fall – beschreiben. Im deduktiven Schluss schließen wir vom Allgemeinen auf das Besondere. Die Deduktion ist die »Anwendung allgemeiner Regeln auf besondere Fälle. Der sogenannte Obersatz wie z.B. *Alle Menschen sind sterblich* legt diese Regel nieder. Die andere Prämisse oder der Untersatz stellt einen Fall zu dieser Regel fest; wie *Henoch war ein Mensch.* Die Konklusion wendet die Regel auf den Fall an und stellt das Resultat fest: *Henoch ist sterblich.*« (Peirce 1976: 230)

Deduktion

Regel: Alle Menschen sind sterblich.
Fall: Henoch und Elias waren Menschen.
Resultat: Henoch und Elias waren sterblich.

Im induktiven Schluss wird umgekehrt vom Besonderen auf das Allgemeine geschlossen. Die Induktion ist »der Schluss von *Fall* und *Resultat* auf die *Regel*« (Peirce 1976: 231). Wenn Henoch und Elias Menschen waren (Fall) und beide gestorben sind (Resultat), dann kann die allgemeine Regel gelten, dass Menschen sterblich sind. Der induktive Schluss legt nahe, dass etwas, was für einige gilt, für alle gelten kann. Die Induktion ist nur ein wahrscheinlicher Schluss, da nicht mit unbedingter Sicherheit festgestellt werden kann, dass das, was für den Einzelfall gilt, auch für alle weiteren Fälle gelten muss.

Induktion

Fall: Henoch und Elias waren Menschen.
Resultat: Henoch und Elias sind gestorben.
Regel: Menschen sind sterblich.

Peirce interessiert sich vor allem für die Abduktion, die er auch Hypothese oder Retrodiktion nennt. In seinen Pragmatismus-Vorlesungen von 1903 erklärt er sogar, dass »die Frage des Pragmatismus« nichts anderes ist »als die Frage nach der Logik der Abduktion« (Peirce 1976: 407). Einen abduktiven oder hypothetischen Schluss wagen wir, wenn wir »eine Induktion völlig über die Grenzen unserer Erfahrung hinaus ausweiten« (Peirce 1976: 245). Wenn wir nicht nur das, was wir für einige Fälle wissen, für alle annehmen wie bei der Induktion, sondern wenn wir auf einen neuen Fall schließen, der zu einer neuen Regel führt. Im abduktiven Schluss wird ein Fall neu konstruiert und in einen bisher unbekannten Erklärungszusammenhang gestellt, so dass die Entwicklung einer neuen Regel initiiert werden kann. Die Abduktion oder Hypothese »ist der Schluss von *Regel* und *Resultat* auf einen *Fall*« (Peirce 1976: 231). In dem von Peirce verwendeten Musterbeispiel erscheint die Abduktion zunächst überhaupt nicht spektakulär: Wenn alle Menschen sterblich sind und Henoch und Elias gestorben sind, waren beide Menschen.

Abduktion

Regel: Alle Menschen sind sterblich.
Resultat: Henoch und Elias sind gestorben.
Fall: Henoch und Elias sind Menschen.

Wenn wir den Zusammenhang so darstellen, ist der Schluss auf einen unbekannten Fall nicht möglich, aber erst dann gewinnt die Überlegung von Peirce an Brisanz. Erst wenn wir, wie in einem Experiment, eine Variable des logischen Zusammenhangs verändern, können wir auf neue Erkenntnisse stoßen. Wie ist in unserem Beispiel der Fall zu beurteilen, wenn das Resultat die Regel nicht bestätigt, wenn wir also das Resultat negieren, aber die Regel beibehalten: Henoch und Elias waren nicht sterblich, aber alle Menschen sind sterblich, dann waren Henoch und Elias ...? Der logische Schuss auf diesen Fall würde eine neue Einsicht eröffnen. Wer oder was waren Henoch und Elias? Sie sehen aus und verhielten sich wie Menschen, waren aber nicht sterblich, obwohl alle Menschen sterblich sind. Die einfachste Möglichkeit, diesen Fall zu lösen, wäre der Schluss: Henoch und Elias waren keine Menschen. Das ist nach Peirce aber noch keine kreative Abduktion. Dafür müssen wir »einen kühneren und gefährlicheren Schritt machen«, indem wir zum Beispiel annehmen, »dass sie Götter oder irgendetwas dieser Art seien« (Peirce 1976: 236 f.). Beim abduktiven Schließen entdecken wir etwas bisher Unbekanntes an einem bestimmten Fall und wenden nicht nur eine gegebene Regel an oder bestätigen bzw. negieren Fälle durch eine Regel. Die Bildung einer Hypothese findet im »context of discovery« statt und nicht nur im »context of justification«. Es wird dabei etwas entdeckt und nicht gerechtfertigt oder überprüft.

Abduktion

Negation des Resultats: Henoch und Elias waren nicht sterblich.
Regel: Alle Menschen sind sterblich.
Negation des Falls: Henoch und Elias waren Götter.

Eine kreative Abduktion ist dadurch gekennzeichnet, dass sie nicht nur Fälle klassifiziert wie z.B. eine Induktion, sondern dass sie eine neue Erklärung des Zusammenhangs von Regel, Resultat und Fall in Aussicht stellt. Sie bringt eine neue Idee ans Licht. Newton und der Apfel sind dafür ein gutes Beispiel: Newton lag auf einer Wiese, sah einen Apfel vom Baum fallen, was ihn auf die Idee der Gravitation brachte. Vor Newton war für alle Menschen ein fallender Apfel nur ein fallender Apfel; niemand wäre auf die Idee gekommen, ihn mit dem Mond in Beziehung zu setzen. Newton entdeckte – als er den Fall eines Apfels beobachtete – anscheinend unvermittelt das Gravitationsgesetz, das für den Fall des Apfels fortan als Regel galt (bis Einstein). Aus psychologischer Sicht beschreibt Peirce das Auftauchen einer neuen Idee wie ein schockartiges Erlebnis: »Die abduktive Vermutung (suggestion) kommt uns wie ein Blitz. Sie ist ein Akt der *Einsicht*, obwohl extrem fehlbarer Einsicht. Zwar waren die verschiedenen Elemente der Hypothese schon vorher in unserem Verstande; aber erst die Idee, das zusammenbringen, welches zusammenzubringen wir uns vorher nicht hätten träumen lassen, lässt die neu eingegebene Vermutung vor unserer Betrachtung aufblitzen.« (Peirce 1976: 404) Newtons Idee von der Gravitation war nun keine Klassifikation des Besonderen und kein neues Arrangement von Bekanntem, sondern eine ganz neue Theorie über den Kosmos. Newton hat natürlich die Gravitation nicht erfunden, aber er hat das Konzept der Gravitation entdeckt und dies war für die wissenschaftliche Gemeinschaft seiner Zeit ein radikal neuer Gedanke, also ein abduktiver und kein induktiver Schluss:

»Die Abduktion ist der Vorgang, in dem eine erklärende Hypothese gebildet wird. Es ist das einzige logische Verfahren, das irgendeine neue Idee einführt, denn die Induktion bestimmt einzig und allein einen Wert, und die Deduktion entwickelt nur die notwendigen Konsequenzen einer reinen Hypothese. Die Deduktion beweist, dass etwas der Fall sein *muss*; die Induktion zeigt, dass etwas tatsächlich wirksam ist; die Abduktion vermutet bloß, dass etwas der Fall sein mag.« (Peirce 1976: 400)

Die Deduktion ist der einzige Schluss, der mit Notwendigkeit und Sicherheit erfolgt. Das hat aber auch seine Schattenseite, denn mit der Deduktion kann kein Erkenntnisfortschritt erzielt werden. Wir erfahren dabei nur, ob eine Regel auf alle Fälle angewendet werden kann oder nicht. Es wird aber kein neuer Erklärungszusammenhang aufgedeckt. Deshalb bezeichnet Peirce die Deduktion als einen *analytischen Schluss*. Demgegenüber stellen Induktion und Abduktion erkenntniserweitende oder *synthetische Schlüsse* dar.

1.4 Vom synthetischen Schluss a priori zur Abduktion

Peirce verfolgt mit dem Versuch, die Logik synthetischer Schlüsse zu entwickeln, das gleiche Ziel wie Immanuel Kant (1724-1804) in seiner *Kritik der reinen Vernunft*. Das Werk Kants ist für Peirce die größte Herausforderung und der wichtigste Anknüpfungspunkt zugleich (Apel 1975). Auch Kant will erklären, wie es möglich ist, Schlüsse zu ziehen und Begriffe zu bilden, die die Natur nicht nur abbilden, sondern die die mannigfaltigen Eindrücke der Wahrnehmung vereinheitlichen, auf einen Begriff bringen. Im Unterschied zu Peirce glaubte Kant jedoch, dass wir neben analytischen Schlüssen aus der Erfahrung synthetische Schlüsse *jenseits* aller empirischen Erfahrung ziehen konnen. Wie war es Pythagoras möglich, so fragt Kant, die mathematischen Regeln für die Berechnung eines gleichschenkligen Dreiecks aufzustellen, wenn es in der Natur kein exakt gleichschenkliges Dreieck – kein anschauliches Vorbild – gibt, wenn wir dies nicht erfahren und sinnlich wahrnehmen können. Die abstrakte Idee, die Fläche eines Dreiecks mit einem mathematischen Begriff zu bezeichnen, muss deshalb eine von der Natur unabhängige Voraussetzung haben. Kants zentrale Frage lautet daher: »ob es eine dergleichen von der Erfahrung und selbst von allen Eindrücken der Sinne unabhängige Erkenntnis gebe. Man nennt solche Erkenntnisse a priori, und unterscheidet sie von den empirischen, die ihre Quellen a posteriori, nämlich in der Erfahrung, haben.« (Kant 1982: 45) Kurz gefasst: »Wie sind synthetische Urteile a priori möglich?« (Kant 1982: 59) Wie können wir Begriffe bilden und Einsichten gewinnen, die unabhängig von der Anschauung oder Wahrnehmung sind? Nach Kant kann das Vermögen der Anschauung oder der Assoziation von Dingen der äußeren Welt nicht erklären, dass wir einheitliche Begriffe für die unendlich vielen Bilder der Wahrnehmung finden können – dass wir die Welt verstehen können. Deshalb kann nach Kant nur der »reine Verstand« die Objektivität der Erkenntnis bewahren. Nur ein apriorisches Erkenntnisvermögen kann das Mannigfaltige der empirischen Erfahrungen auf ein einheitliches Urteil oder eine abstrakte Idee zurückführen. An dieser Frage ist nach Kant der Empirismus von David Hume (1711-1776) gescheitert. Nach Hume ist der menschliche Verstand oder Geist wie ein Gefäß, das gefüllt wird, indem wir die Außenwelt durch psychologische Assoziationsmechanismen in uns aufnehmen. Der Geist ist wie ein Löschblatt, das durch äußere Eindrücke seine spezifische Musterung erhält. Selbst abstrakte Begriffe oder »abstrakte Ideen« wie »Regierung, Kirche, Verhandlung, Eroberung« können nach Hume auf einfache Ideen zurückgeführt werden, die wir durch Erfahrung (experience) gewinnen und die somit Abbild der Realität sind. Allerdings können wir nur selten in unserem Geist »alle einfachen Ideen, aus denen die komplexen Ideen zusammengesetzt sind«, ausbuchstabieren. Trotzdem ist die empirische Erfahrung für Hume die einzige Erkenntniskraft (Hume 1985: 70). Nach Kant jedoch erkennen wir »durch die reine Synthesis des Verstandes, welche a priori der empirischen zum Grunde liegt« (Kant 1982: 141). Nur der Verstand kann »das Mannigfaltige der Vorstellungen« (Kant 1982: 138) zugunsten einer synthetischen Einheit überwinden. Er stiftet die Einheit der inneren (Ich) und der äußeren Welt (der sozialen und materialen Objekte).

Peirce löst das Problem, wie wir synthetische Urteile bilden können, ganz anders als Immanuel Kant in seiner *Kritik der reinen Vernunft* und auch anders als David Hume in seinem *Treatise of Human Nature*. Er kritisiert sowohl den Nominalismus Kants als auch den Empirismus Humes. Nach Kant bestimmen die a priori gegebenen Kategorien des reinen Verstandes die Wahrnehmung und Bedeutung von Objekten. Das transzendentale Subjekt strukturiert das Objekt der Erfahrung. Nach Hume verhält es sich genau umgekehrt; die Assoziation und Wahrnehmung von empirischen Objekten bestimmt die Formen und Strukturen unseres Verstandes und unseres Denkens. Die Assimilation der Objekte prägt das Subjekt.

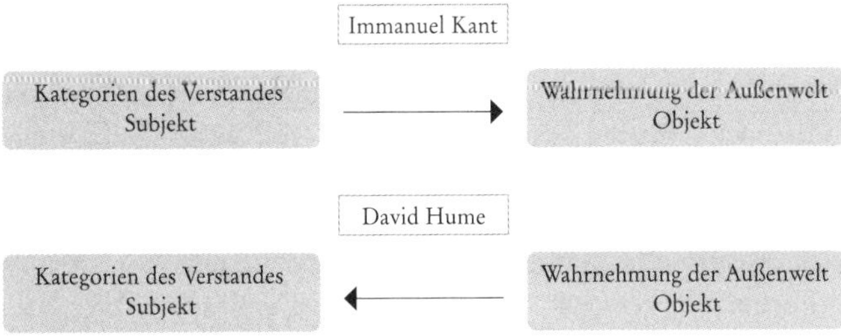

Abb. 1: Idealismus versus Empirismus

Peirce analysiert das Verhältnis zwischen Subjekt und Objekt hingegen nicht als zweistellige Relation, sondern als ein dreistelliges Verhältnis zwischen dem Interpretanten, dem Objekt und den verwendeten Zeichen. Mit seinem semiotischen und handlungstheoretischen Ansatz kann Peirce die Fragen – Wie ist Erkenntnis möglich? Wie entstehen Bedeutungen? Was ist Wahrheit? – ganz anders beantworten als Hume (Empirismus) und Kant (Nominalismus). *Erkenntnisse* können wir nur durch zeichenvermitteltes abduktives Schließen auf äußere Tatsachen (Objekte) gewinnen und nicht aufgrund psychologischer Assoziationsmechanismen (Hume) oder apriorischer Bewusstseinsstrukturen (Kant). Bei Peirce wird das Verhältnis zwischen Subjekt und Objekt durch eine zeichenvermittelte Interpretation hergestellt. Die *Bedeutung* von Objekten ist nicht durch die Objekte selbst gegeben, wie bei Hume, aber auch nicht, wie bei Kant, auf den Verstand allein zurückzuführen. Sie entsteht hingegen in einem interpretativen oder praktischen Umgang – im Gebrauch – mit diesen Objekten, im Rahmen intersubjektiver Handlungs- oder Kommunikationszusammenhänge. Die *Wahrheit* oder Geltung der gewonnenen Bedeutungen stabilisiert sich dann im Hinblick auf die räumliche und zeitliche Ausweitung dieser Handlungs- und

Kommunikationszusammenhänge und ist nicht durch Verstandeskategorien garantiert (Kant) und nicht allein durch Gesetze der Wahrnehmung (Hume). Allgemeine Bedeutungen von Objekten oder Sachverhalten können nach Peirce nur intersubjektiv und nicht von einem Subjekt allein generiert werden, deshalb reguliert die Idee einer »unendlichen Kommunikationsgemeinschaft« den Anspruch auf Wahrheit. »Das Reale ist also das, in dem schließlich früher oder später Information und schlussfolgerndes Denken resultieren würden und das daher unabhängig von meinen und deinen Einfällen ist. So zeigt eben der Ursprung des Begriffs der Realität, dass dieser Begriff wesentlich den Gedanken einer GEMEINSCHAFT einschließt, die ohne definitive Grenzen ist und das Vermögen zu einem definiten Wachstum der Erkenntnis besitzt.« (Peirce 1976: 76) Der Maßstab für die Geltung von Aussagen über Objekte oder Sachverhalte ist die argumentative Zustimmung der Kommunikationsgemeinschaft. Zwischen das bezeichnete Objekt und das vom Subjekt verwendete Zeichen für das Objekt schiebt sich bei Peirce der Interpretant – vor allem in Form von Argumenten –, der die Bedeutung von Zeichen für Objekte definiert.

1.5 Semiotik: Zeichen, Objekt und Interpretant

Peirce erklärt die Konstitution von Erkenntnissen, Bedeutungen und die Möglichkeit von wahren Aussagen durch die semiotische Vermittlung von Zeichen, Interpretant und Objekt. Deshalb verdient seine Semiotik nähere Aufmerksamkeit. Während die *Syntaktik* die Beziehungen der Zeichen untereinander (die Syntax der Sprache) und die *Semantik* das Verhältnis der Zeichen zu außersprachlichen Objekten oder Sachverhalten untersucht, thematisiert die *Semiotik* den Zusammenhang zwischen dem Denken, der

Gegenstandserfahrung und dem Zeichengebrauch. Mit *Semiose* meint Peirce »eine Aktion oder einen Einfluss, der aus einer Kooperation dreier Objekte besteht oder diese einschließt, wie z.B. ein Zeichen, sein Objekt und sein Interpretant, wobei dieser trirelative Einfluss auf keinerlei Weise in Aktionen zwischen zwei Objekten aufgelöst werden kann.« (Peirce 1976: 520) Bedeutung ist ein Relationsphänomen, das im dreipoligen Verhältnis zwischen Zeichenträger, Objekt und Interpretant konstituiert wird. Alle bedeutungsvollen Zeichen sind Resultat von *Interpretationen* (I), bei denen *Zeichenträger* (Z) verwendet werden, die sich auf *Objekte* oder *Sachverhalte* (O) der Außen- oder Innenwelt beziehen. Objekte (O) sind außerhalb unseres Denkens gegeben, sie müssen aber, um Bedeutung zu gewinnen, mit Hilfe von Zeichenträgern (Z) angezeigt und definiert werden. Dies kann aber nur im Rahmen von Verwendungs- und Interpretationszusammenhängen (I) geschehen.

Der sinnkritische Realismus von Peirce wendet sich also gegen einen zweipoligen Abbildrealismus, der die bedeutungskonstitutive Ebene der Interpretation ausblendet und nur davon ausgeht, dass Objekte (Sachverhalte) durch Zeichen (Theorien) abgebildet werden oder mit diesen zumindest korrespondieren. Auf der anderen Seite richtet sich Peirce auch gegen eine nominalistische Bedeutungstheorie, bei der die Erfahrungsmöglichkeiten der Außen- und Innenwelt auf transzendentale Bewusstseinskategorien zurückführt werden, ohne die Vermittlung von Erfahrungen durch Zeichen zu berücksichtigen. »Nun hat ein Zeichen als solches drei Bezüge: erstens ist es ein Zeichen in Relation *zu* einem Gedanken, der es interpretiert; zweitens ist es ein Zeichen *für* ein Objekt, für das es jenem Gedanken gleichbedeutend steht, drittens ist es ein Zeichen *in* einer Hinsicht oder Qualität, die es mit seinem Objekt in Verbindung bringt.« (Peirce 1976: 54)

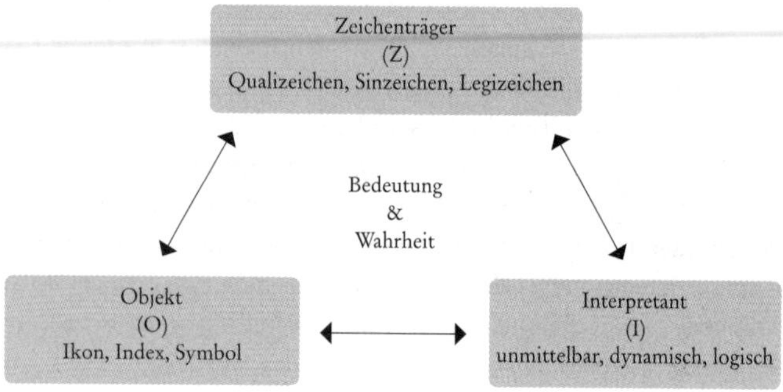

Abb. 2: Die Struktur des peirceschen Zeichenbegriffs

1.5.1 Der Zeichenträger: Qualizeichen, Sinzeichen und Legizeichen

Der Zeichenträger ist der materielle Zeichenkörper des Zeichens, wie zum Beispiel die Grafik eines gedruckten Wortes, die Schallwellen oder Lautfolgen einer sprachlichen Äußerung oder die sichtbare Ausdrucksgeste einer körperlichen Gebärde. Unter der »materiellen Qualität eines Zeichens« ist nach Peirce »z.B. bei dem Wort *Mensch* das Faktum zu verstehen, dass es (geschrieben) aus sechs Buchstaben besteht, zweidimensional und ohne Relief ist« (Peirce 1976: 56 f.). Im Grunde können alle materialen Objekte als Zeichenträger verwendet werden. Peirce gliedert die Zeichenträger in drei Kategorien: Unter einem *Qualizeichen* versteht er alles, was an einem Zeichen reproduktionsfähig ist, wie der Ton, die Farbe oder die Form. Ein *Sinzeichen* ist die *sin*guläre materiale Realisierung des Zeichens, z.B. nur das eine von mir im Folgenden geschriebene Wort »Mensch«. Mit dem Begriff *Legizeichen* erfasst Peirce hingegen die allgemeine Bedeutung von Zeichenträgern. Das Wort »Mensch« bleibt das gleiche Legizeichen, auch wenn es anstatt geschrieben z.B. gesprochen wird (dann wäre »Mensch« das gleiche Legi-, aber ein anderes Qualizeichen), auch wenn es beliebig oft reproduziert wird (dann wäre »Mensch« das gleiche Legi-, aber ein anderes Sinzeichen). Legizeichen sind funktional in das Sprachsystem eingebunden, aber ihre Bedeutung kann nicht auf die Syntax allein zurückgeführt werden. Die Bedeutung des Substantivs »Mensch« (Z) erschließt sich nur in Relation mit dem bezeichneten Objekt (O) und der Verwendungsweise durch Interpretanten (I). In der deutschen Sprache wird damit eine bestimmte Klasse von Lebewesen bezeichnet, die als solche von der Sprachgemeinschaft aufgrund von Unterschieden zu anderen Lebewesen definiert worden ist. Wie alle sprachlichen Zeichen wäre das Zeichen »Mensch« ohne ein außersprachliches Objekt und ohne einen intersubjektiven Verwendungszusammenhang sinnlos.

1.5.2 Das Objekt: Ikon, Index, Symbol

Peirce definiert das Objekt im Rahmen seiner triadischen Zeichenbestimmung als die Ursache der Zeichenbildung. Ein Objekt gewinnt seine Identität als Objekt, wenn wir seine Bedeutung in einem Interpretationszusammenhang bezeichnen und definieren. Dadurch kann jede denkbare Einheit der realen oder ideellen Welt als Objekt für eine Zeichenrelation zugelassen werden. Aber Objekte sind – auch wenn ihre Bedeutung konstruiert wird – keine reinen Konstrukte unseres Handelns, denn »es gibt reale Dinge, deren Eigenschaften völlig unabhängig von unseren Meinungen über sie sind; dieses Reale wirkt auf unsere Sinne nach regelmäßigen Gesetzen ein, und obwohl unsere Sinnesempfindungen so verschieden sind wie unsere Beziehungen zu den Gegenständen, können wir doch, indem wir uns auf die

Gesetze der Wahrnehmung stützen, durch schlussfolgerndes Denken mit Sicherheit feststellen, wie die Dinge wirklich sind; und jeder, wenn er hinreichende Erfahrung hätte und genug darüber nachdächte, wird zu der einen einzig wahren Konklusion geführt werden.« (Peirce 1976: 167) Wir stoßen im Handlungsprozess auf Objekte (outward clash), die wir im Zeichenprozess nicht vollständig erfassen können und die deshalb weitere Forschungen motivieren. Die Bedeutung von diesen »dynamischen Objekten« kann also nicht allein auf unsere Gedanken oder Interpretationen zurückgeführt werden, sondern sie besitzen eine Existenz außerhalb der Gedankenwelt, die Gegenstand des Forschungsprozesses ist. Die peircesche Zeichentrias kann demnach nicht auf das Verhältnis zwischen dem Interpretanten und dem Zeichen reduziert werden, wie das bei dekonstruktivistischen oder postmodernen Bedeutungstheorien häufig der Fall ist. Für die Dekonstruktivisten ist Realität nur beliebiger Inhalt für symbolische Interpretationen. Das äußere Objekt wird dann zum bloßen Spielball interpretativer Konstruktionen. Aufgrund der Widerständigkeit der äußeren Welt ist das für Peirce keine realistische Perspektive.

Nicht realistisch ist für Peirce auch die kantsche Vorstellung von Dingen an sich, die nicht erkannt werden können. Wie bei Descartes bleiben wir auch bei Kant Gefangene unserer Erkenntniskräfte. Deshalb können wir nicht erkennen, wie die Dinge an sich wirklich sind. Trotzdem sind diese transzendentalen Dinge an sich für Kant eine Voraussetzung aller Erkenntnisse. Nach Peirce verstrickt sich Kant allerdings in einen Widerspruch, wenn er sagt, dass es jenseits unserer Erfahrungswelt Dinge an sich gibt, von denen wir nicht sprechen können, denn dann spricht er von Dingen, von denen er sagt, dass wir von ihnen nicht sprechen können. Die Annahme eines prinzipiell unerkennbaren Dinges an sich wird von Peirce nicht akzeptiert, denn die Dinge können von uns gar nicht anders als mit Bezug auf mögliche Erkenntnis gedacht werden. »Erkenntnis ist nach Peirce dadurch charakterisiert, dass wir uns eine konsistente Meinung über die Dinge in der Welt bilden und nicht in einer einheitlichen Welt-›Vorstellung‹.« (Apel 1975: 53) Selbstverständlich müssen sich aber auch bei Kant im Erkenntnisprozess Verstand und empirische Welt immer aufeinander beziehen, denn: »Gedanken ohne Inhalte sind leer, Anschauungen ohne Begriffe blind« (Kant 1982: 98). Allerdings haben die Inhalte bei Kant keine konstitutive Bedeutung. Vorrang hat der Verstand, denn nur er kann die Mannigfaltigkeit sinnlicher Eindrücke und Anschauungen zu einem einheitlichen Begriff eines Objektes reduzieren. Wir könnten nur deshalb von einem Objekt sprechen, weil Gesetze des Verstandes – als conditio sine qua non aller Wahrheit – die Einheit von Objekten garantieren. »Verstand ist, allgemein zu reden«, so Kant, »das Vermögen der Erkenntnisse. Diese bestehen in der bestimmten Beziehung gegebener Vorstellungen auf ein Objekt. Objekt aber ist das, in dessen Begriff das Mannigfaltige einer gegebenen Anschauung vereint ist. Nun erfordert aber alle Vereinigung der Vorstellungen Einheit des Bewusstseins in der Synthesis derselben. Folglich ist die Einheit des Bewusstseins dasjenige, was allein die Beziehung der Vorstellung auf einen Gegenstand, mithin ihre objektive Gültigkeit [...] ausmacht.« (Kant 1982: 139) Anhand dieses Zitats wird der Übergang von Kant zu Peirce deutlich: An die Stelle der von Kant vorausgesetzten apriorischen Bewusstseinsstrukturen treten bei Peirce Interpretationsprozesse (I), die durch Handlungsprobleme in Gang gesetzt werden und in deren Verlauf Zeichen (Z) definiert werden, die die Bedeutung von Objekten (O) festlegen.

Bei Kant werden aber nicht nur die Objekte der Außenwelt durch die Einheit des Bewusstseins assimiliert, sondern auch die Innenwelt. Auch das empirische Selbst des Menschen, seine Identität als unverwechselbares Individuum, ist abhängig von apriorischen Bewusstseinstrukturen, von einem transzendentalen Selbst, denn »nur dadurch, dass ich das Mannigfaltige der [Vorstellungen] in einem Bewusstsein begreifen kann, nenne ich dieselbe insgesamt *meine* Vorstellung; denn sonst würde ich ein so *vielfältiges verschiedenes Selbst* haben, als ich Vorstellungen habe, deren ich mir bewusst bin. Synthetische Einheit des Mannigfaltigen der Anschauungen, als a priori gegeben, ist also der Grund der Identität der Apperzeption selbst, die a priori allem meinem bestimmten Denken vorhergeht.« (Kant 1982: 138) Wären wir abhängig von der Wahrnehmung der empirischen Welt, könnten wir nach Kant die äußeren Eindrücke, die auf uns einströmen, nicht zu einem kohärenten und konsistenten Selbstbild synthetisieren, denn die äußere Welt stellt sich uns zunächst nur als unendlicher Fluss von scheinbar ganz disparaten Erscheinungen dar. Deshalb muss dem empirischen Selbst ein transzendentales Selbst vorausgehen, das »alle meine Vorstellungen begleiten können« muss. Bei Peirce hingegen ist das »Selbst« das Resultat eines Schlusses, der im Handlungsprozess gezogen wird. Die Vorstellung von einem »Ich« entwickelt sich in der Sozialisation des Kindes als synthetischer, abduktiver Schluss in Folge von Handlungsproblemen. Das Selbst des Kindes bildet sich nur in Auseinandersetzung mit der objektiven und sozialen Welt. Die Widerstände dieser Welten motivieren das Kind, ein Selbstbild zu konstruieren, indem es sein Ich von den Objekten der Außenwelt und von anderen Subjekten abgrenzen muss. An die Stelle des apriorisch gegebenen »Ichs« bei Kant tritt so bei Peirce eine sozial konstituierte Ich-Identität: »Ein Kind hört, dass man sagt, der Ofen sei heiß. Aber er ist es nicht, sagt es; und in der Tat, jener zentrale Körper berührt ihn nicht, und nur was jener berührt, ist heiß oder kalt. Aber dann berührt er ihn, und das Kind findet das Zeugnis der anderen schlagend bestätigt. Auf diese Weise wird es seiner Unwissenheit bewusst und muss notwendig ein Selbst annehmen, dessen Eigenschaft diese Unwissenheit ist.« (Peirce 1992: CP 5.233, Übersetzung vom Autor). Wie wir im nächsten Kapitel sehen werden, hat George Herbert Mead diesen pragmatistischen Grundgedanken zu einer Theorie der Ich-Identität und Sozialisation ausgearbeitet.

Wir wissen jetzt, dass sich die Bedeutung von Objekten der Innen- und Außenwelt durch eine zeichenvermittelte Interpretation konstituiert; wir erfahren von Peirce aber auch Genaueres über die verschiedenen Weisen der Vermittlung von Objekten. Er unterscheidet drei Modi des Objektbezugs, die alle eine zeichentheoretische Dimension besitzen. Ein Objekt kann als *Ikone* dargestellt werden wie das onomatopoetische Zeichen »Kikeriki«. Dies ist aber kein Abbild des dargestellten Objekts (das Krähen eines Hahnes), sondern eine Interpretation des Objekts durch eine Sprachgemeinschaft. In England rufen die Hähne nämlich »cockadoodledoo«. Weitere Beispiele für Icons sind Fotografien, Bilder, Pläne und Grafiken – alle Zeichen, die eine »Ähnlichkeit« mit dem Objekt aufweisen.

Neben dem ikonografischen Objektbezug können Zeichen Objekte *anzeigen*. Pronomina, adverbiale und präpositionale Ausdrücke zum Beispiel sind wichtige Zeichen, weil wir mit ihrer Hilfe die Stellung von Objekten in Raum und Zeit anzeigen und somit situieren und verstehen können. Ein außersprachlicher Index (Indices, Anzeigen) für ein Objekt ist zum Beispiel ein Fingerabdruck, denn er verweist direkt auf das Objekt. Aber auch ein Fingerabdruck hat einen symbolischen Charakter und steht nicht unvermittelt für ein Objekt, denn er muss erst von Experten als Abdruck definiert werden. Auch andere Indices wie Krankheitssymptome sind keine interpretationsfreien Anzeigen für Krankheiten, sondern müssen als solche erst diagnostiziert werden.

Charakteristisch für menschliche Kommunikation ist nicht unbedingt der ikonografische oder indexikalische, sondern der symbolische Bezug zu Objekten. Symbolisierungen von Objekten sind konventionelle Zeichen und Wörter, die keine »Ähnlichkeit« mit Objekten haben und diese auch nicht indexikalisieren. Symbole wie die meisten Wörter der Sprache sind historisch und kulturell definierte Zeichen für Objekte. Ihre allgemeine Bedeutung geht darauf zurück, dass alle Mitglieder einer Sprachgemeinschaft mit diesem Symbol ein ähnliches Objekt oder einen ähnlichen Sachverhalt bezeichnen und sich dieses Objekt oder diese Handlung vorstellen, wenn sie das Symbol verwenden. Das Symbol hat keinen Abbildcharakter, wie Peirce an den Wörtern *Vogel*, *geben* und *Hochzeit* darstellt: »Es zeigt uns nicht den *Vogel*, und es führt vor unseren Augen weder ein *Geben* noch eine *Hochzeit* aus, sondern es setzt voraus, dass wir uns diese Dinge vorstellen können und das Wort mit ihnen verbunden haben.« (Peirce 1990: 199) Bedeutungen entstehen also nicht im Rahmen der zweipoligen Relation zwischen dem Objekt und dem Zeichen, wie das in semantischen Bedeutungstheorien der Fall ist. Inwiefern wir mit einem Symbol (Z) das Objekt (O) richtig bezeichnen, entscheidet sich im Diskurs der Kommunikationsgemeinschaft (I) und nicht allein aufgrund der Beziehung zwischen Symbol und Objekt. Symbole und Begriffe bilden Objekte nicht ab, da sie immer durch die Interpretanten vermittelt werden.

1.5.3 Der unmittelbare, dynamische und logische Interpretant

Die Dimension des Interpretanten oder der Interpretationsgemeinschaft fand bei den meisten Zeichentheorien kaum Beachtung, während sie bei Peirce unreduzierbarer Bestandteil seines triadischen Zeichenmodells ist. Zeichen stehen nicht nur für Objekte, sondern sie zeigen diese Objekte oder Sachverhalte für etwas oder jemanden an. Zeichen bilden sich in der Beziehung zwischen Interpretanten, Zeichenträgern und Objekten. Auch am dritten Pol seines Zeichenmodells bildet Peirce drei Subkategorien: Der *unmittelbare Interpretant* rezipiert Zeichen unmittelbar, z.B. als Gefühl bei der Wahrnehmung von Musik; dann ist der Interpretant die subjektive Gefühlswelt, die die einzelnen Töne (Zeichenträger) des Musikwerkes (Objekt) interpretierend in ein Gefühl umsetzt. Beim *dynamischen Interpretanten* führt die Interpretation von Zeichen zu Handlungen. Dies ist der Fall, wenn wir zum Beispiel eine rote Ampel (Zeichen) als Ausdruck für Verkehrsregeln (Objekt) durch »stehen bleiben« interpretieren (Interpretant). Die Handlung des »Stehenbleibens« ist dann der Interpretant, der die Bedeutung des Zeichens (rote Ampel) in bezug auf einen Sachverhalt (Verkehrsregeln) festlegt. Der *logische Interpretant* schließlich, wie etwa ein Wort (Rhema), ein Satz (Dicizeichen) oder ein Schluss (Argument) interpretiert Zeichen hinsichtlich ihrer Wahrheit. Die Vermittlung von Zeichen und Objekt wird hier nicht durch ein Gefühl oder eine konkrete Handlung hergestellt, sondern durch Wörter, Sätze oder Argumente, die darauf abzielen, die Bedeutung des Objekts durch das Zeichen festzulegen. Wenn wir eine Behauptung aufstellen wie: »Das ist eine Ampel«, dann wird durch diese Aussage behauptet (I), dass wir mittels der verwendeten Zeichenträger (Z) das Objekt Ampel (O) richtig anzeigen. Die Verwendung von Zeichen für Objekte wird also von Interpretanten – hier eine Behauptung – festgelegt. Deshalb ist seine Stellung im Zeichenmodell von Peirce von herausragender Bedeutung. Dies lässt sich wiederum in Abgrenzung zur nominalistischen Position Kants am besten darstellen.

Bei Kant wird die Bedeutung von Objekten durch den Verstand reguliert. Zeichen, Wörter, Symbole und Sprache allgemein sind demnach nur Instrumente eines zeichenfreien Bewusstseins. Die Interpretation von Zeichen in Bezug auf Objekte spielt nach Kant für die Definition der Bedeutung dieser Objekte keine Rolle. Bedeutungen werden hingegen nur durch den Verstand hervorgebracht und nicht durch intersubjektive Interpretationsprozesse wie bei Peirce. Interpretationsprozesse können nach Kant die Mannigfaltigkeit der Anschauung nicht synthetisieren, denn, wie es scheint, können Interpreten Zeichen beliebig verwenden. Kant sagt: »*Einer verbindet die Vorstellung eines gewissen Worts mit einer Sache, der andere mit einer anderen Sache*; und die Einheit des Bewusstseins, in dem, was empirisch ist, ist in Ansehung dessen, was gegeben ist, nicht notwendig und allgemein geltend.« (Kant 1982: 141; Hervorheb. vom Autor) Die Bildung synthetischer Urteile wird bei Kant nicht wie bei Peirce durch die intersubjektive Interpretation von Zeichen, sondern durch Verstandeskategorien ermöglicht. Er thematisiert den interpretativen Zusammenhang (I) von objektiver Welt (O) und Zeichenwelt (Z) nur am Rande. Peirce zeigt hingegen, dass die Bedeutung von Wörtern für Objekte durch Interpretationen im Rahmen einer Kommunikationsgemeinschaft zustande kommt: Wenn *einer die Vorstellung eines gewissen Wortes mit einer Sache, der andere mit einer anderen Sache verbindet*, kommt es nicht auf transzendentale Verstandeskräfte an, die die Einheit der Mannigfaltigkeit herstellen können, wie Kant sagt, sondern auf die Verständigung zwischen dem einen und dem anderen. Der eine kann im Diskurs oder im gemeinsamen Handeln mit dem anderen klären, welche einheitliche Bedeutung beide mit dem Wort verbinden, und wenn sie sich nicht einigen können, können sie sich mit weiteren Diskursteilnehmern über die Verwendung der bedeutungsstrittigen Objekte verständigen. Die Bedingung der Möglichkeit für eine objektive Erkenntnis liegt für Peirce in dem Gedankenexperiment einer »unendlichen« oder »logischen Kommunikationsgemeinschaft«, die die Bedeutung von Zeichen für Objekte in einem Forschungsprozess interpretativ klären könnte; eine kontrafaktische Annahme, die aber ein objektives Urteil denkbar macht und damit auch als regulative Idee handlungswirksam werden kann. Logisches Schließen ist nach Peirce ein semiotisch vermittelter und deshalb sozialer Prozess. Wenn die Logik auf einem »sozialen Prinzip« (Peirce 1976: 218) beruht, wie Peirce sagt, kann sich die Wahrheit eines logischen Schlusses nicht nur in Bezug auf das Forschungsobjekt beweisen, sondern muss einer intersubjektiven Prüfung der Forschergemeinschaft standhalten.

1.6 Pragmatistische Maxime – der Kreislauf kreativen Handelns

Anhand der pragmatistischen Maxime von Peirce lässt sich die »Philosophie der Kreativität« von Peirce noch einmal zusammenfassend darstellen und die Frage klären, wie Peirce den Zusammenhang zwischen Erkenntnis, Bedeutung und Wahrheit herstellt. Die prägnanteste Formulierung der pragmatistischen Maxime der Sinnklärung lautet:

> »Überlege, welche Wirkungen, die denkbarerweise praktische Relevanz haben könnten, wir dem Gegenstand unseres Begriffs in unserer Vorstellung zuschreiben. Dann ist unser Begriff dieser Wirkungen das Ganze unseres Begriffes des Gegenstandes.« (Peirce 1976: 195)

Peirce veranschaulicht diese Regel an einem Beispiel: Was meinen wir, »wenn wir ein Ding *hart* nennen. Offensichtlich dies: dass es von vielen anderen Substanzen nicht geritzt werden wird« (Peirce 1976: 195). Wir bezeichnen einen Diamanten deshalb als hart, weil wir im Gebrauch feststellen, dass wir mit ihm andere Substanzen ritzen können und dass diese Wirkung in allen nur vorstellbaren Gebrauchssituationen auftritt. Die Bedeutung des Dispositionsbegriffs »Härte« klärt sich im Gebrauch von verschiedenen harten Gegenständen. Wir werden immer dann dazu motiviert, unser Wissen über »Härte« zu erneuern – neue Erkenntnisse zu gewinnen –, wenn wir wahrnehmen, dass eine Substanz, von der wir bisher annahmen, sie sei die härteste gewesen, von einer anderen Substanz geritzt werden kann (Handlungshemmung). Die neue Bedeutung von »Härte« klärt sich im experimentellen Handlungsprozess, wenn wir die Ursachen der »Härte« aufklären können. Die Wahrheit unserer neuen Erkenntnisse über »Härte« kann sich so lange stabilisieren, wie wir die Zustimmung der Forschergemeinschaft erhalten.

Erkenntnisse gewinnen wir also, wenn Gegenstände oder Sachverhalte in Gebrauchssituationen Wirkungen erzeugen, die wir interpretierend wahrnehmen (sinnkritischer Realismus). Die praktische Relevanz (Bedeutung) eines Begriffs muss sich im Gebrauch des Gegenstandes, durch seine Wirkungen beweisen (Gebrauchstheorie der Bedeutung). Die Geltung einer Aussage (Wahrheit) kann nur vorläufig, durch den Vorgriff auf alle nur vorstellbaren Wirkungen und auf die Zustimmung einer universalen Kommunikationsgemeinschaft festgelegt werden (Diskurstheorie der Wahrheit). Kreativität zeigt sich im Handlungsprozess, wenn eingewöhnte Gebrauchssituationen zweifelhaft werden und wir durch experimentelles Handeln neue Thesen oder Ideen entwickeln müssen, die die Lösung von Handlungsproblemen in Aussicht stellen.

Ausgangspunkt des Handelns sind also in der Lebenswelt immer schon gegebene Bedeutungen (Abb. 3). Akteure müssen erstens signifikante Symbole verwenden, wenn sie soziale Beziehungen zu anderen Handlungsteilnehmern eingehen, denn nur unter dieser Voraussetzung kann *Ego* einen sinnvollen Handlungsanschluss für *Alter* bieten. »Habits« in Form tradierter kultureller Werte, institutionalisierter sozialer Normen und etablierter subjektiver Überzeugungen – der »stream of thought« – bieten das Material des kommunikativen Prozesses. Das Handeln bezieht sich immer auf bestehende Handlungsgewohnheiten und Überzeugungen, denn, so Peirce, wir können nicht »mit völligem Zweifel«, sondern nur mit »all den Vorurteilen beginnen« (1976: 40). Viele Bedeutungen bleiben über lange Zeiträume Teil des praktischen Bewusstseins; strukturieren Handeln als internalisierte oder sogar inkorporierte Gewohnheiten oder Traditionen und werden vielleicht niemals Teil experimentellen Handelns, auch wenn selbst praktische Handlungen Institutionen nicht nur reproduzieren, sondern immer interpretieren.

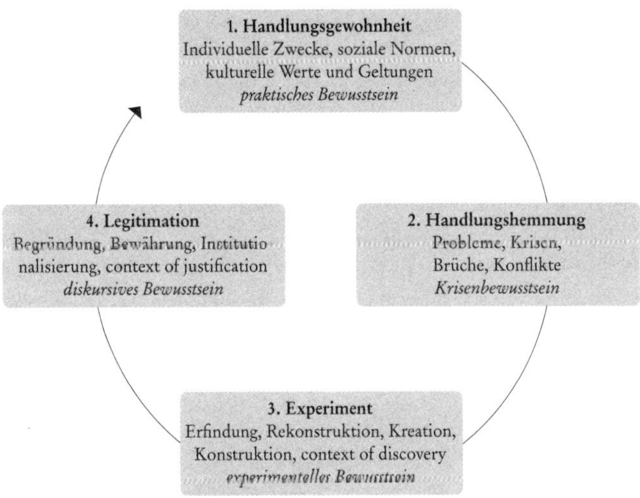

Abb. 3: Der Kreislauf kreativen Handelns

Der Übergang zwischen praktischem und experimentellem Bewusstsein ist fließend, denn es entstehen im Handlungsprozess ständig – zweitens – Handlungshemmungen, Konflikte, Probleme, Risiken und Unsicherheiten. Da sich sowohl die Subjektivität beteiligter Akteure als auch Elemente sozialer Strukturen ständig wandeln, repräsentieren generalisierte Symbole niemals absolute Bedeutungsgleichheit. Mit jedem Handlungsschritt verändern sich Situationen, jedem kommunikativen Akt ist die Öffnung neuer Bedeutungen inhärent (Stufe 2 und 3) und nicht nur das Telos der Versöhnung (Stufe 4). Allerdings lassen sich Gewohnheiten, Regeln und Institutionen – unsere »Vorurteile« – nicht durch eine »Maxime« beseitigen, wie es, so Peirce, der »Von-vornherein-Skeptizismus« René Descartes' vorsieht, sondern nur durch einen »lebendigen Zweifel«; wenn unsere Überzeugungen mit einem »outward clash« konfrontiert werden, dann werden Geltungen wie soziale Normen und individuelle Zielsetzungen bewusst, die vorher im Alltag unhinterfragte praktische Bedeutung besaßen und jetzt rekonstruiert werden müssen. Geltungen können erst dann bezweifelt werden, wenn Krisen Handlungsgewohnheiten stören. Für Pragmatisten ist deshalb die Idee einer phänomenologischen Epochè oder theoretischen Urteilsenthaltung kommunikationstheoretisch ausgeschlossen, denn »alles Denken geschieht in Zeichen« (Peirce 1976: 31), deren Bedeutung in vorgängigen intersubjektiven Handlungssituationen definiert wurde und auf die sich Akteure in aktuellen Situationen beziehen müssen, um neue Erkenntnisse zu gewinnen.

Erst wenn Handlungsblockaden nicht mehr im Fluss des Handelns behoben werden können, erregt der »Zweifel«, so Peirce, »den Verstand zu einer Aktivität«, so dass auf die Handlungshemmung drittens die Phase der Rekonstruktion, des kreativen Experimentierens folgt, in der durch den Rückgriff auf alte Geltungen neue Lösungsmöglichkeiten für Handlungsprobleme gesucht werden. In dieser Handlungsphase entsteht das experimentelle Bewusstsein darüber, Bedeutungen verändern zu können. Darin sehen die Pragmatisten den Kern des »Handelns«; in der Fähigkeit, experimentell neue Geltungen und Bedeutungen zu erfinden.

Damit Handlungskrisen überwunden werden können, müssen neue Überzeugungen oder Hypothesen in einer vierten Handlungsphase als gerechtfertigt und sinnvoll ausgewiesen werden. Nach Peirce liegt die »einzige Rechtfertigung«, eine Abduktion oder Hypothese aufzustellen, darin, »dass die Deduktion aus ihrer Vermutung (suggestion) eine Vorhersage ziehen kann, die durch die Induktion getestet werden kann« (Peirce 1976: 400). Dem Entwurf einer neuen Hypothese muss die induktive Annahme einer neuen Regel folgen, welche deduktiv überprüft und durch Gründe gerechtfertigt werden kann, so dass schließlich in einer fünften Stufe bewährte und legitimierte Regeln habitualisiert oder institutionalisiert werden können (Peirce 1976: 188).

2. The Chicago School of Philosophy – George Herbert Mead

von Harald Wenzel

Mit dem Werk George Herbert Meads, der zusammen mit John Dewey um 1892 die Chicago School of Philosophy gründete, gelangen wir in jene Zone pragmatistischer Philosophie, die klar die höchste Anschlussfähigkeit für soziologische und sozialtheoretische Fragen aufweist. Dabei stärkt Mead nicht einfach nur den sozialphilosophischen Entwicklungsstrang im Pragmatismus – das tut er auch, insbesondere in seiner Philosophie der Sozialität (Mead 1969). Im Zentrum seines Werkes steht jedoch nicht die Philosophie, sondern die Sozialpsychologie und in deren Mittelpunkt: der Begriff der symbolischen Interaktion. Diese Sozialpsychologie unterscheidet sich freilich von einem Verständnis der Disziplin, das im Fach Psychologie bis heute dominiert: die »psychologische« Sozialpsychologie fragt nach der *sozialen Beeinflussung* psychischer Prozesse. Mead vertritt hingegen eine »soziologische« Sozialpsychologie und fragt nach den *sozialen Bedingungen* psychischer Prozesse. Weder Peirce noch Dewey erheben Sozialität in dieser Art zu einem Grundprinzip pragmatistischen Denkens, weder Peirce noch Dewey stellen eine derart enge Verklammerung des Pragmatismus mit den sozialen Problemen der Gesellschaft und ihrer Lösung in sozialen Reformen her, wie Mead das tut.

In diesem Kapitel wollen wird das Werk Meads in den für die pragmatistische Sozialtheorie wesentlichen Schwerpunkten vorstellen. In einem ersten Schritt wird Meads Denken von der physiologischen Psychologie zur Sozialpsychologie nachgezeichnet (2.1). Ein zweiter Schritt befasst sich mit den Grundlagen dieser Sozialpsychologie: mit der Bedeutung symbolischer Interaktion als Mechanismus der Entstehung reflektierender Intelligenz aus einer subhumanen Sozialität, aus dem Tier-Mensch-Übergangsfeld heraus (2.2). Symbolische Interaktion ist dann auch der Schlüsselbegriff für die Rekonstruktion der Genese des individuellen, reflektierenden Selbst. Ohne dessen Kreativität sind soziale Reformen, ist die Lösung sozialer Kooperationsprobleme nicht denkbar (2.3).

2.1 Von der physiologischen Psychologie zur Sozialpsychologie

George Herbert Mead wendete sich in seinen Studien zunächst der physiologischen Psychologie zu. Diese hatte sich um die Jahrhundertwende weitgehend von dem Zwang, mit rigiden theologischen Lehren konform zu gehen, emanzipiert. Die Abgrenzung von der Theologie ging auch auf den Einfluss der Evolutionslehre Darwins zurück, die die Beziehung von Organismus und Umwelt als Grund für die Entwicklung von Gattungen zu ihrem Ausgangspunkt macht. Die daran anschließende funktionalistische Psychologie steht am Beginn einer neuen Phase der pragmatistischen Philosophie und Sozialtheorie. Sie betrachtet das Psychische als Funktion im Verhalten und knüpft dabei an Überlegungen an, die William James (1950) in seiner Psychologie entwickelt hat. James kritisiert eine substanzialistische Auffassung des Psychischen, wie sie in der assoziationalistischen Psychologie des Britischen Empirismus (John Locke, David Hume) zum

Ausdruck kam. Für ihn ist das Bewusstsein eine Funktion im Verhaltensprozess des Organismus, mit dem sich der Organismus in Beziehung zu seiner Umwelt setzt.

Die neue Disziplin der Psychologie arbeitet sich an den von der Philosophie ererbten Problemen ab. Schon James ' Bestimmung des Psychischen, erst recht aber dessen funktionalistische Definition durch Dewey sind als Lösung für ein zentrales Problem der Philosophie gedacht: Sie wollen den Dualismus von Körper und Seele (Physis und Psyche), Materie und Geist, Erkanntem und Erkennendem, Empfindung und Idee, Tatsache und Wert überwinden und zählen deshalb zur »Revolte gegen den Dualismus« (Lovejoy 1955). Ihre unmittelbaren Gegenspieler in der Disziplin der Psychologie sind jene Positionen, die die Psychologie dualistisch auf der Basis eines psychophysischen Parallelismus begründen oder sie einseitig in einen Monismus überführen wollen: entweder in Richtung einer Seelenschau, eines Introspektionismus oder im Sinne eines Behaviorismus, einer bloßen Verhaltensschau sozusagen.

Schlüsseltext der funktionalistischen Psychologie und Ausgangspunkt für Meads Aufbruch zur Sozialpsychologie ist Deweys Aufsatz »The Reflex Arc Concept in Psychology« (Dewey 1975). Im Modell des Reflexbogens werden unabhängiger Reiz, innere Reizverarbeitung und äußerliche motorische Reaktion als diskrete Elemente zu einer *kausal-mechanischen Abfolge* zusammengestellt. Dieses Modell kann seine Verwandtschaft mit der assoziationalistischen Psychologie nicht leugnen. Dewey stellt die *organische Einheit* eines zielgerichteten Handlungsprozesses gegen diese Auffassung, indem erst das Reaktionsverhalten darüber entscheidet, was eigentlich der Reiz war, auf den es antwortet. Es gibt immer verschiedene Reaktionsmöglichkeiten, und solange die Interpretation des Reizes nicht festgelegt ist, ist auch die Reaktion nicht bestimmt. »Der Reiz muss erst konstituiert sein, damit eine Reaktion auftreten kann. Dies genau ist die Nahtstelle, aufgrund derer eine Unterscheidung von Empfindung als Reiz und Bewegung als Reaktion erst auftaucht.« (Dewey 1975: 106) Am Anfang des Handelns steht eine Hemmung, einander widerstreitende Impulse tragen das Handeln auch aus tief eingefahrenen Spuren von Routine und Gewohnheit heraus: Handeln ist ein Anhalten des Verhaltensflusses. Die einander widerstreitenden Impulse verlangen eine Koordination: In einem hypothetischen Entwurf wird dieses Handlungsfeld *rekonstruiert.* »Die Suche nach einem Reiz ist die Suche nach den genauen Bedingungen des Handelns; d.h. nach jenem Zustand, der bestimmt, wie eine beginnende Koordination vollendet werden sollte.« (Dewey 1975: 107) Reiz und Reaktion sind demnach nicht zwei diskrete, in kausaler Beziehung stehende Elemente, sie gleichen eher zwei unterschiedlichen Perspektiven, um das Fortschreiten des Aktes vom Problem zur Lösung nachzuvollziehen. Was das Problem war, das durch das Handeln gelöst wurde, wird erst in seiner Lösung offenbar; Reize/Probleme sind interpretative Konstrukte – und der Handlungsakt ist immer auch ein Akt der Interpretation. Die Charakterisierung des Handelns als problemlösend wird – wie schon bei Peirce – zum Grundprinzip des Pragmatismus von Dewey und Mead.

Dewey gewinnt die wichtige Einsicht, dass es keine diskreten psychischen Elemente gibt, die – sei es durch Reiz-Reaktions-Assoziation, sei es in Gestalt eines bloßen Parallelismus – entsprechenden Elementen in der physischen Welt eindeutig zugeordnet sind. Das Psychische hat eine irreduzible, eigene, besondere Qualität. Mead knüpft an diese Einsicht Deweys an, insbesondere in seiner zentralen Arbeit zur funktionalistischen Psychologie, »Die Definition des Psychischen« (Mead 1980a: 123). Der psychophysische Parallelismus, wie er z.B. im Werk von Wilhelm Wundt vorliegt, will zugleich Theorie der subjektiven wie auch der objektiven Erfahrung sein. Er schreibt damit die Problematik eines philosophischen Dualismus nur fort. Mead setzt sich in seiner Untersuchung mit einer Reihe weiterer Ansätze auseinander, die sich allesamt in der einen oder anderen Form als durch diesen Dualismus belastet erweisen: Sie reduzieren das Psychische entweder auf die Qualität des Subjektiven und Privaten oder schreiben ihm vorschnell allgemeine, objektive Geltung zu. Es ist der hypothetisch-pluralistische Ansatz der Psychologie von William James, der diese Bestimmungsversuche in sich aufhebt: Das Psychische ist subjektiv, privat, zugleich aber weist es über sich hinaus auf allgemeine, sachliche Geltung; das Psychische ist Phase, Funktion in einem umfassenderen Prozess des Handelns:

> »Ein psychischer Zustand, insofern er funktional ist, [kann] keine Empfindung von etwas sein [...], das nicht in diesem Zustand enthalten ist. Sein funktionaler Charakter beschränkt den Bezugsrahmen dieses Zustands auf diese Funktion, welche die einer Rekonstruktion desintegrierter Koordinationen ist.« (Mead 1980a: 133)

James' Analyse des Bewusstseinsstroms, die Einsicht, dass das Psychische als unmittelbare, subjektive Erfahrung funktional in einen umfassenderen Zusammenhang eingeordnet ist, ergänzt sich mit Deweys Kritik des Reflexbogens, mit dessen Überzeugung vom problemlösenden Charakter des Handelns. Auch für James liegt die Subjektivität und Willensfreiheit des handelnden Individuums in der Analyse und Bewertung konfligierender Handlungsantriebe; es gibt keinen Handlungsantrieb, der das Geschehen determiniert, es bedarf der Reflexion des Individuums auf diese Situation, aus der heraus spontan eine kreative Lösung, eine neue Organisation des Handelns entsteht – die sich in der folgenden praktischen Umsetzung allerdings noch bewähren muss, zunächst also nur den Charakter einer Hypothese hat. Gleichsam aufgespannt zwischen Handlungshemmung und hypothetischer Problemlösung zeigt sich die Willensfreiheit und Subjektivität des Individuums – mit der neuen Organisation des Handelns entsteht auch eine neue Organisation der Identität des Individuums. Wir können uns frei entscheiden, ein Anderer zu sein, uns zu verändern (es ist eine andere Frage, ob es uns gelingt, diese Hypothese auch in die Praxis umzusetzen) (Mead 1980: 76 ff.). James nennt diese Phase der Identität das »Ich« (englisch: *I*). Andererseits kann das Individuum und sein Selbstdeutungswissen auch Objekt, Bedingung und Ausgangsreiz des Handelns sein, James spricht hier vom »Mich« (englisch: *me*) (James 1986: 279 ff.). Das »Ich« ist ein Moment im Bewusstseinsstrom, es ist nicht direkt zugänglich, weil jeder Akt der Zuwendung selbst wiederum ein Moment im Bewusstseinsstrom wäre – es ist nur retrospektiv, objektiviert, als »Mich« zugänglich.

Mead bringt den Übergang vom »Ich« zum »Mich«, die Fähigkeit, das eigene Selbst (Ich-Identität) zum Objekt zu machen, unmittelbar mit unserer Erfahrung vom Mitmenschen, vom *Alter ego*, in Zusammenhang. Die Mitmenschen – und nicht physische Objekte – sind die primären Gegenstände unserer Erfahrung und entscheiden über deren allgemeine, objektive Geltung (Mead 1980a: 134). Medium der Bildung und Veränderung unserer eigenen Identität ist die Kooperation mit Anderen. Meads spezifischer Einsichtsgewinn besteht darin, den sozialen Prozess der Identität auf das rekonstruktive Handlungsmodell der funktionalistischen Psychologie zu beziehen. Individuelle Identität bildet sich in der Koordination sozialer Handlungsantriebe, die miteinander in Konflikt geraten sind (Mead 1980a: 138 ff.). In diesem Punkt geht Mead über James und Dewey hinaus einen entscheidenden Schritt voran:

»Gegenstandsbereich der funktionalistischen Psychologie ist jenes Stadium der Erfahrung, innerhalb dessen wir ein unmittelbares Bewusstsein konfligierender Handlungsantriebe haben, die dem Objekt seinen Charakter als Objekt nehmen und uns insofern in einer Haltung der Subjektivität zurücklassen, während derer aber aufgrund unserer rekonstruktiven Tätigkeit, die zum Begriff des Subjekts »Ich« (im Unterschied zum Begriff des Objekts »Mich«) gehört, ein neues Reiz-Objekt entsteht.« (Mead 1980a: 143 ff.).

Die funktionalistische Psychologie erklärt, wie aus dem Verhaltensstrom des Individuums Handlungen auftauchen und mit ihnen Bewusstsein und Denken. Am Ende der Handlung steht die Rekonstruktion einer vormals problematisch gewordenen Welt, die nun wieder in Routine und Gewohnheit zurücksinken kann. Die funktionalistische Psychologie stellt jedoch eine instabile Position dar; sie hat der Psychologie ihrer Zeit nicht den Weg weisen können – der schließlich (auch) zum Behaviorismus führt, in dem alle mentalistischen Begriffe überflüssig werden. Die Schwäche der funktionalistischen Psychologie liegt aber nicht darin, dass sie dem Denken zu viel Bedeutung einräumt, im Gegenteil: Denken wird im Funktionalismus noch nicht zu einem selbsttragenden Prozess, der sich von der externen Anregung durch äußere Handlungsprobleme emanzipieren kann. Die Willensfreiheit des Individuums muss sich nicht nur an der Rekonstruktion problematischer Handlungssituationen beweisen, die dem Individuum alternativenlos aufgezwungen werden, sie muss auch noch die Wahl des Problems mit umfassen. Die eigentümliche Diskursivität des Denkens wird erst auf der Basis einer Sozialpsychologie begreifbar, die Denken als eine Form internalisierter Kommunikation betrachtet.

Ab 1900 bietet Mead an der University of Chicago Seminare zur Sozialpsychologie an. Diese von ihm immer wieder gegebenen Kurse sind der Ort, an dem der Begriff der symbolisch vermittelten Interaktion, der bis heute ein zentrales Element des Symbolischen Interaktionismus und der pragmatistischen Sozialtheorie ist, allmählich in seinen ganzen Konsequenzen entfaltet wird. Mit dem Aufsatz »Social Psychology as Counterpart to Physiological Psychology« von 1909 (Mead 1980b) beginnt Mead eine Reihe von kurzen Aufsätzen zu veröffentlichen, in denen diese Entwicklung nachvollzogen werden kann (Mead 1980c, 1980d, 1980e, 1980f). Einflussreich geworden ist Meads Sozialpsychologie jedoch erst mit den posthum veröffentlichten Nachschriften des Sozialpsychologie-Kurses, die Charles W. Morris unter dem Titel *Mind, Self, and Society* herausgegeben hat (Mead 1978).

2.2 Symbolische Interaktion: Die Entstehung von Bewusstsein und Denken aus der Sozialität

Wenn die Sozialpsychologie die Schwächen der funktionalistischen Psychologie vermeiden will, dann sollte sie auch die Wählbarkeit, die Kontingenz der Probleme, an denen sich bewusstes Handeln abarbeitet, verständlich machen können – und damit den kontinuierlichen Denkprozess und den nahezu beliebigen Wandel seiner Gehalte (Mead 1980a: 109 f.). Es liegt nahe, dass die Wählbarkeit von Handlungsproblemen in einer Sozialpsychologie sich als sozial begründet erweist. Mead wendet diesen Nachweis jedoch evolutionistisch: Er will Bewusstsein und Denken nicht nur als Resultat sozialer Prozesse erweisen, sondern zugleich auch als Endpunkt eines Evolutionsprozesses, der von subhumanen Tiergesellschaften über das Tier-Mensch-Übergangsfeld zum Homo sapiens führt.

Dies bedeutet zunächst einen radikalen Wandel im Verständnis von Sozialität. Sozial ist nicht erst der Zusammenschluss prinzipiell einsamer – und denkender – Individuen in der Humangesellschaft, sozial sind schon subhumane Lebensformen. Mead muss sich vor allem mit bewusstseinsphilosophisch geprägten Formen der Psychologie auseinandersetzen, die soziale Lebensformen und Kommunikation als Entschluss eines individuellen Bewusstseins auffassen. Nach Mead muss das individuelle Bewusstsein hingegen als Resultat sozialen Verkehrs betrachtet werden und nicht als seine Voraussetzung (Mead 1980b: 202). Vor dem individuellen Bewusstsein steht das Bewusstsein des Sozialen.

Die Evolution zur Humankultur heißt dann, die Transformation sozialer Instinkte und Antriebe subhumaner Lebensformen nachzuzeichnen. Instinktgebundene Kooperation und Arbeitsteilung, das Aufeinander-Angewiesensein im Vollzug der lebenserhaltenden Aktivitäten sind wesentliche Merkmale von Sozialität schon im Tierreich. Man denke nur daran, dass Wölfe im Rudel jagen oder bestimmte Vogelarten ihre Artgenossen vor Gefahren warnen. Die Bedeutung der Umwelt für einen Organismus impliziert immer eine Auswahl, die von lebenserhaltenden Aktivitäten des Organismus abhängig ist. Mead erweitert diese evolutionstheoretische Einsicht, indem er zeigt, dass die Umwelt zunächst in sozialen Objekten besteht, deren Bedeutung in den reziproken Aktivitäten der Artgenossen konstituiert wird.

Soziale Objekte sind zunächst durch die Bindung an soziale Instinkte und Antriebe gegeben. Der gemeinsame Kampf gegen einen Aggressor von außen, die sexuelle Reproduktion, die elterliche Fürsorge für die Nachgeborenen: All dies sind Beispiele für instinktgebundene soziale Handlungen, für soziale Objekte. Schon bei Tieren ist Verhalten nicht rigide instinktgesteuert. Die Instinktbindung wird durch soziale Erfahrungen modifiziert – z.B.

im Spiel von Jungtieren, in dem aggressive von freundlichen Instinkten gezügelt werden. Hier sind die zwei Grundkategorien von Instinkten benannt: aggressive, feindselige Instinkte stehen freundlichen gegenüber. Letztere lassen ein organisiertes *Miteinander*, d.h. funktional differenziertes Verhalten zu, während Erstere auf Selbstbehauptung, d.h. auf Überleben im Kampf *gegen* Andere, die Feinde, zielen. Sie wirken entdifferenzierend, zerstören soziale Ordnung – z.B. die Hierarchie in einem Rudel – und setzen damit generelle, rücksichtslose Überlegenheit gegen die Anerkennung spezifischer Fähigkeiten. Nicht soziale Instinkte als solche, sondern ihre Modifikation und soziale Organisation sind es, die den *Ausgangspunkt* für die Entwicklung humaner Sozialität markieren. Die soziale Organisation von instinktgebundenem Handeln vollzieht sich in der wechselseitigen Präsentation von verhaltensauslösenden Reizen.

»Unter einem sozialen Instinkt wird eine genau definierte Handlungsbestrebung verstanden, die durch Reize eines artgleichen Individuums ausgelöst wird. Wenn selbstbewusstes Verhalten aus kontrollierten und organisierten Antrieben entsteht, wenn diese Antriebe ihrerseits auf soziale Instinkte zurückgehen und wenn schließlich die Reaktionen auf soziale Reize ihrerseits eine Reizwirkung auf entsprechende soziale Handlungen bei anderen ausüben, *dann vollzieht sich offensichtlich menschliches Verhalten vom Beginn seiner Entwicklung an in einem sozialen Medium.*« (Mead 1980b: 203, Hervorh. v. Verf.).

Dieses soziale Medium ist *Kommunikation.* Schon Tiere zeigen in ihrem Ausdrucksverhalten, in ihren Gebärden, den Artgenossen Reaktionsbereitschaften an. Gebärdenreize sind Handlungsanfänge, symbolisieren eine mögliche Reaktion. Kommunikation besteht dann zunächst im Austausch solcher Reize, denen der Vollzug der dadurch symbolisierten Handlungen gar nicht notwendig folgen muss. Gegenüber den Tieren nimmt beim Menschen die Häufigkeit der Handlungshemmungen zu. Mit der steigenden bewussten Aufmerksamkeit auf sein Verhalten erhöhen sich beim Menschen auch der Umfang der Gebärdenkommunikation und der Grad der Differenzierung der Gebärden. Die Gebärden fungieren nun nicht mehr primär als Ausdruck von Emotionen, wie dies für das instinktgebundene Handeln der Tierwelt durchaus noch typisch ist. Schon gar nicht kann die Gebärde des Menschen als *bewusster* Ausdruck von Emotionen betrachtet werden: Diese Auffassung von Charles Darwin kritisiert Mead, weil sie die Bedeutung der Gebärden für Kommunikation unterschlägt.

In Wilhelm Wundts *Völkerpsychologie* (2008) liegt jedoch ein Vorläufer der Sozialpsychologie vor, die Mead entwickelt. Wundt sieht sehr wohl den Charakter der Affektäußerung bei Gebärden. Doch dass er die tierischen Stimmlaute und die menschlichen Sprachlaute zum Ausgangspunkt seiner Überlegungen macht, zeigt schon, dass ihn die kommunikative Funktion von *Lautgebärden* interessiert. Wundt stellt die Lautgebärde in den Zusammenhang einer parallelistischen Gefühlslehre: Dem Gefühl als subjektivem Erfahrungsgehalt wird eine Vorstellung als objektiver Erfahrungsgehalt parallelgeführt. Wird *Alter* durch eine Lautgebärde *Egos* zur Nacherzeugung des Gefühls stimuliert, so soll dadurch auch der objektive Vorstellungsgehalt aufgerufen werden. Die Assoziation weiterer Vorstellungsinhalte zum Aufgerufenen bei *Alter* können dann wiederum Lautgebärden auslösen: Aus der bloßen *Mitbewegung*, der Nacherzeugung von Gefühlen, wird so eine *Antwortbewegung* und eine Kommunikation der Lautgebärden. Wundt entdeckt die kommunikative Funktion der Lautgebärden. In diesem Punkt geht er wesentlich über Darwin hinaus, doch er teilt mit ihm die Auffassung, dass die Ausdrucksäußerungen auf der Basis eines schon vorhandenen individuellen Bewusstseins erfolgen. Diese erweist sich als entscheidende Schwäche, wenn es darum geht, die Unähnlichkeit von Gebärdenreiz und Antwortreaktion zu erklären. Kommunikation als Nacherzeugung von Gefühlen oder als Nachahmung setzt auf diesem Hintergrund immer ein Bewusstsein der Bedeutung des Verhaltens voraus. Erst dann kann ja die Übereinstimmung von Original und Imitation Ziel des Handelns werden.

Doch offensichtlich gibt es in der Tierwelt nachahmendes Verhalten, ohne dass ein individuelles Bewusstsein dafür Voraussetzung wäre: z.B. im Sinne der Prägung der Jungtiere auf das Verhalten der Elterntiere oder im Fall des Fluchtreizes bei Herdentieren. Nicht das abstrakte Bewusstsein der Nachahmung eines Originalverhaltens ist hier ausschlaggebend, sondern der organische Lebensprozess sorgt für eine Verstärkung von Verhaltensweisen, die den Anschein bewusster Imitation erzeugen (Mead 1978: 99f.). Im Übrigen ist der Fall einer wechselseitigen Ergänzung, einer Koordination des Verhaltens durch Kommunikation, d.h. durch die Verknüpfung eines Reizes mit einer unähnlichen Antwortreaktion schon in der Tierwelt viel häufiger anzutreffen als – scheinbar – imitatives Verhalten. Mit Vorliebe illustriert Mead diese Gebärdenkommunikation am Beispiel des Hundekampfes. Der erste Hund greift an, der zweite weicht zurück – er imitiert also nicht das Verhalten des ersten, sondern ergänzt es. In der Anzeige der Droh- und Unterwerfungshaltungen kommt eine Gebärdenkommunikation zwischen den Hunden zustande: Das Drohen des ersten Hundes hat für den zweiten Hund eine Bedeutung, die Unterwerfung – auch ohne dass diese Bedeutung dem Hund ins Bewusstsein tritt. Anders im Boxkampf: Der erste Kämpfer öffnet seine Deckung, um den zweiten Kämpfer zu einem Angriff zu verleiten, bei dem er seine Deckung vernachlässigt und damit dem ersten Kämpfer die Chance eines erfolgreichen Angriffs eröffnet. Hunde können kein Bewusstsein der Bedeutung ihres Verhaltens haben; sie können auch nicht das Verhalten Anderer antizipieren. Grundlegender Ausgangspunkt für Meads Sozialpsychologie ist die Sozialität des organischen Lebensprozesses und nicht das individuelle Bewusstsein. Bedeutungen entstehen in der Kommunikation und setzen ein Bewusstsein nicht voraus.

Meads triadische Bedeutungstheorie ist deshalb schon für den Fall einer nichtbewussten Kommunikation, für subhumane Lebensformen gültig: Bedeutung entsteht in der dreistelligen Relation zwischen 1. der Gebärde eines ersten Organismus, 2. der Reaktion auf diese Gebärde durch einen zweiten Organismus und 3. dem Resultat der Gesamthandlung. Die Bedeutung des Gebärdenreizes des ersten Organismus liegt in der handlungsvollendenden Reaktion des zweiten Organismus. »Bedeutung impliziert eine Bezugnahme der Gebärde des einen Organismus auf das Ergebnis der ganzen sozialen Handlung, auf das diese hinweist oder das sie initiiert, insofern ein anderer Organismus auf diese Bezugnahme entsprechend antwortet; und diese entsprechende Antwort ist die Bedeutung der Gebärde.« (Mead 1978: 117) Grundlage der Bedeutung ist demnach die soziale Gesamthandlung, auf die das Verhalten der Organismen in ihrer Koordination bezogen ist – und nicht ein individuelles Bewusstsein. Die Bedeutung sozialer Objekte ist Voraussetzung für die Entstehung von Bewusstsein und nicht umgekehrt.

Wundts Begriff der Lautgebärde ist für Mead der Schlüssel, um die Entstehung eines Bewusstseins von Bedeutungen zu klären. Die Lautgebärde erlaubt *Ego*, nicht nur bei *Alter* eine Reaktion auszulösen, sondern auch bei sich selbst – eine Selbstaffektion: Die Gebärde wird von ihm zugleich als Laut geäußert *und als Laut gehört.* Anders als bei Wundt löst die Lautgebärde bei *Ego* keine im einsamen Bewusstsein gegebene, objektive Bedeutung aus, sondern erst die Antwortreaktion *Alters* verleiht ihr

Bedeutung. Es ist diese Antwortreaktion *Alters*, diese Bedeutung, die *Ego* mit der Selbstaffektion durch seine Lautgebärde verbindet. Bewusstsein entsteht bei *Ego* zuerst als Bewusstsein eines sozialen Objekts: der sozialen Gesamthandlung, die durch *Alters* Antwortreaktion komplettiert wird. *Ego* kann bei sich nun dieselbe Reaktion auslösen wie bei *Alter*, es kann in die Rolle von *Alter* wechseln (*role-taking*), dessen Reaktion antizipieren:

»Insofern das Individuum also sich selbst gegenüber die Haltung eines anderen einnimmt und insofern es in einem gewissen Sinn in sich selbst die Bestrebung zu der Handlung erzeugt, die sein Verhalten bei einem anderen Individuum hervorruft, zeigt es sich selbst die Bedeutung einer Gebärde an.« (Mead 1980g: 294)

Reize, Lautgebärden, sprachliche Äußerungen, die sich *Ego* in ihrer Bedeutung selbst anzeigen, bewusst machen kann, nennt Mead auch *signifikante Symbole*. Der Begriff der durch signifikante Symbole vermittelten Interaktion zwischen *Ego* und *Alter* kann nicht mehr als Ausdruck von Emotionen verstanden werden: Wer eine Drohung ausspricht, versetzt sich nicht selbst in Angst und Schrecken (Mead 1978: 216). Die durch die Lautgebärde ermöglichte Selbstaffektion ist jedoch kein zureichendes Kriterium für die Entstehung eines Bewusstseins an Bedeutungen. Auch Tiere können Stimmlaute produzieren und sich dabei gleichzeitig selbst hören – man denke nur an Singvögel. Die entscheidende Entwicklungsvoraussetzung für den Homo sapiens ist ein leistungsfähiges Großhirn bzw. ein hochentwickeltes Zentralnervensystem. Mead macht keine Aussagen über die evolutionäre Dynamik der Entstehung von Sprache und Bewusstsein, er beantwortet nicht die Frage, wie Sprache und Kommunikation gattungsgeschichtlich entstanden sind. Seine Sozialpsychologie klärt lediglich die evolutionäre Logik in diesem Prozess.

Dass Probleme nicht nur von selbst auftauchen (das tun sie natürlich auch), sondern auch frei gewählt werden können, um einen Handlungsprozess in Gang zu setzen, war eines der Probleme, das die Sozialpsychologie im Unterschied zur funktionalistischen Psychologie zu lösen versprach – ebenso wie das Problem der stetigen Wandelbarkeit der Inhalte des Denkens. In welchem Sinn erlaubt also gerade der Begriff der symbolisch vermittelten Interaktion, die Kontinuität und Wandelbarkeit des Denkens zu verstehen? Dass mit einem auf Kommunikation basierten sozialen Leben die Zahl der Handlungshemmungen enorm zunimmt, ist eher ein beiläufiger Punkt; wichtig ist nun, dass auf die Handlungshemmungen und den Konflikt widerstreitender Handlungsbestrebungen hin tatsächlich eine ausführliche Reflexion erfolgen kann und eine intelligente Anpassungsreaktion vorbereitet wird: Im Prozess der *Analyse der problematischen Situation* wird deutlich, was Denken eigentlich ist:

»[...] die Individuen, auf deren Verhalten unser eigenes Verhalten antwortet, [verändern] ihrerseits ständig ihr Verhalten in dem Maße [...], in dem unsere Reaktionen zutage treten. Unsere Orientierung an ihren wechselnden Reaktionen findet daher durch einen Prozess der Analyse unserer eigenen Reaktionen auf ihre Reize statt. In diesen sozialen Situationen treten nicht nur miteinander in Konflikt liegende Handlungen auf, die eine verschärfte Definition der Reizelemente erfordern, sondern auch ein Bewusstsein der eigenen Haltung als einer Interpretation der Bedeutung eines sozialen Reizes. Wir sind uns unserer Haltung bewusst, weil sie für Veränderungen im Verhalten anderer Individuen verantwortlich ist.« (Mead 1980c: 219)

Reflexion meint die Zurückwendung auf die eigene Erfahrung, die wir uns als sprachlich verkörperte nun bewusst machen können. Sie mündet gerade nicht unmittelbar in ein soziales Handeln: Von der Antizipation der Reaktion des *Alter ego* schreitet sie *nicht* fort zur Präsentation des Reizes, der diese Reaktion tatsächlich auslöst. Sie mündet vielmehr in weitere Reflexionsschritte. Natürlich kann diese Kette in eine durch sorgfältige Analyse vorbereitete komplexe Haltung unsererseits münden, deren Anzeige *Alter ego* gegenüber diesen zu einer – antizipierten – Verhaltensänderung bringt. Typisch für Denken – auch gerade im Sinne von Nachdenken, Überlegen – ist es jedoch, dass es ohne einen äußerlichen Abschluss im Handeln bleiben kann. Es bleibt dann bei der Vergegenwärtigung von Reaktionsbereitschaften, die wiederum Reiz für weiteres Denken werden, Denken zu einem selbsttragenden, kontinuierlichen Prozess werden lassen. Mead spricht von der *Internalisierung der Kommunikation* mit signifikanten Symbolen, als die der Prozess des Denkens verstanden werden muss. Diese Internalisierung von Kommunikation macht auch den diskursiven Charakter des Denkens deutlich: Es gibt so etwas wie eine »innere Notwendigkeit«, von einem Gedanken zum nächsten zu gehen, Gedanken fliegen uns – in der Regel – nicht einfach zu, die Rolle der Intuition im Denken ist vergleichsweise gering. Denken besteht also darin, sich selbst – natürlich immer nur vorläufig – am Handeln zu hindern. Die Vergegenwärtigung einer Reaktionsbereitschaft führt nicht zum Ausagieren der Reaktion, sondern zu einem weiteren Reflexionsschritt, zur Vergegenwärtigung weiterer Reaktionsbereitschaften, und all das führt zu einer differenzierten Analyse problematischer Handlungssituationen, die der gestiegenen Komplexität eines durch Kommunikation verdichteten sozialen Lebens korrespondiert. Mead spricht wie Dewey von der *reflexiven Intelligenz* oder vom – schwer übersetzbaren, weder »Geist« noch »Bewusstsein« erfassen die Bedeutung befriedigend – »mind« des Handelnden, um diese Fähigkeit zur rationalen Analyse von problematischen Situationen zu charakterisieren.

In diesem Zusammenhang muss noch einmal betont werden, dass die Charakterisierung der Handlungsanalyse als »rational« hier keine Garantie für den Handlungserfolg darstellt. Rationalität ist kein Äquivalent für Gewissheit und Sicherheit; die rationale Analyse der problematischen Handlungssituation führt lediglich in eine Hypothese, auf deren Basis die Rekonstruktion gelingt – oder auch nicht. Doch die Rationalität der Analyse des Handelns ist auch bei Mead tiefer gegründet als nur in einem die umgangssprachliche Kommunikation internalisierenden Denken. Dieses schließt ja per se nicht aus, dass es als partikularer Akt vollzogen wird, der sich an Seitenwegen entlang, über holprige Strecken und in Sackgassen hinein bewegt (denn all das passiert auch!). Rational ist Denken dann, wenn es nicht einfach über mehr oder minder zufällige Wege führt und einem Trial-and-error-Verhalten gleicht, sondern jene bekannten Abkürzungen und ausgeschilderten Schnellstraßen benutzt, die direkt zum Erfolg führen, was heißen soll: Es muss sich im Medium bewährter Erfahrungen bewegen, die Gestalt von Universalien annehmen.

Universalien, wie Mead sie versteht, liegen zwischen den reinen, zeitlosen Ideen der Metaphysik und partikularen, unwiederholbaren und nicht verallgemeinerbaren Erfahrungen (Mead 1978: 122ff.). Universalien entstehen im sozialen Prozess. Sie beruhen darauf, dass der sachliche Gehalt unserer Erfahrung im sozialen Prozess immer wieder überprüft wird. Universalisierung, d.h. die soziale Generalisierung dieser Erfahrung, ihre breite Akzeptanz durch die Zeitgenossen, sichert erst die objektive Geltung von Erfahrung. Sie blenden partikulare Perspektivendifferenzen ins Irrelevante ab; sie betonen die Ähnlichkeit und nicht die Verschiedenheit der Probleme. Es handelt sich um ein Rezeptwissen, das von partikularen Problemstellungen abstrahiert – es muss kein Hammer sein, der den Nagel in die Wand treibt, es genügt ein harter, schwerer, gut greifbarer Gegenstand. Und genauso wie ein Nagel in die Wand getrieben wird, lässt sich auch ein Keil zwischen zwei Gegenstände treiben. Universalien bilden schließlich das *diskursive Universum*: »Ein diskursives Universum ist einfach ein System gemeinsamer oder sozialer Bedeutungen.« (Mead 1978: 130) Universalien bilden das kulturelle Gerüst der Gesellschaft, ihr Deutungswissen und ihren Erfahrungsschatz. Damit sind die Themen der Sozialpsychologie Meads abgesteckt. Im letzten Abschnitt wird dargestellt, wie im Prozess der Identitätsbildung soziale Erfahrungen und individuelle Kreativität miteinander zusammenhängen.

2.3 Vom kreativen Selbst zur sozialen Reform

Die Rekonstruktion der Genese einer Identität des Ichs, eines Selbst bildet die zentrale und wohl auch populärste Textschicht in Meads Werk. Das Bewusstsein des eigenen Selbst ist nicht etwas, was der Ausbildung des menschlichen Organismus zu reflexiv intelligentem Verhalten erst in einem zweiten Schritt folgte. Identität und Bewusstsein entstehen in einem gleichursprünglichen Prozess, der sich in Kommunikationen, in symbolisch vermittelter Interaktion vollzieht:

> »Der Prozess des Denkens oder des Intellekts – die Internalisierung und innere Dramatisierung der äußeren Konversation signifikanter Gebärden durch das Individuum, das seine wichtigste Form der Interaktion mit anderen Individuen derselben Gesellschaft darstellt, ist die früheste Erfahrungsphase in der Genese und Entfaltung des Selbst.« (Mead 1978: 216)

Ego zeigt sich die Reaktionsbereitschaft von *Alter* in der Lautgebärde selbst an, macht sie sich bewusst. Das ist der Grundbaustein einer individuellen Identität: die Fähigkeit zur Übernahme der Rolle des Anderen (*role-taking*). Das durch die Reaktion von *Alter* vervollständigte soziale Objekt bietet *Ego* die Chance, sich selbst, seine eigene Reaktionsbereitschaft zum Objekt zu machen. Wenn es in sich selbst die Haltung hervorruft, die es auch bei *Alter* stimuliert, dann macht es sich selbst zum Objekt, wie auch *Alters* Reaktion zum Objekt wird. Dieses über den Mechanismus der Kommunikation von signifikanten Symbolen »objektivierte« Selbst nennt Mead in Anknüpfung an die Psychologie von William James das »Mich« (*me*).

Sich die besondere Reaktion eines bestimmten Anderen zu vergegenwärtigen, sie zu verinnerlichen und wieder auszuagieren ist der erste Schritt, mit dem das Kind den Weg zur Entwicklung eines Selbstbewusstseins beschreitet. Typisch für diese erste Entwicklungsphase des Selbst ist das *Spiel* (*play*) mit imaginären Kameraden, in deren Rollen das Kind nacheinander schlüpft. Es lernt verschiedene Rollen, aber diese Rollen bilden nur eine relativ ungeordnete Sammlung von Einzelstücken, sie stehen nur rudimentär in systematischen Beziehungen untereinander. Eine solche systematische Organisation verschiedener Rollen innerhalb eines Handlungsprozesses ist wiederum typisch für das *Wettspiel* (*game*). Im Wettspiel muss das heranwachsende Kind die Haltungen aller beteiligten Mitspieler übernehmen können, es muss die Arbeitsteilung, die funktionale Differenzierung dieser Rollen beherrschen, z.B. die Zusammenarbeit zwischen Außen und Mittelstürmer beim Fußballspiel.

Aus einem solchen Verständnis funktionaler Rollenzusammenhänge speist sich das Begreifen aller sozialen Handlungszusammenhänge:

»Damit ein gegebenes menschliches Individuum ein Selbst in vollem Sinn entwickeln kann, reicht es nicht aus, dass es einfach die Haltungen anderer menschlicher Individuen gegenüber sich selbst und anderen im sozialen Prozess übernimmt und den ganzen sozialen Prozess lediglich in dieser Hinsicht zu seiner individuellen Erfahrung macht: Es muss eben so, wie es die Haltungen anderer Individuen gegenüber sich selbst und untereinander einnimmt, auch deren Haltungen gegenüber den verschiedenen Phasen oder Aspekten der gemeinsamen sozialen Tätigkeit oder der sozialen Aufgabe einnehmen, an denen sie alle als Mitglieder einer organisierten Gesellschaft oder sozialen Gruppe beteiligt sind; und es muss dann dadurch, dass es den Zusammenhang dieser individuellen Haltungen der organisierten Gesellschaft oder Gruppe wiederum generalisiert, mit verschiedenen sozialen Projekten zugleich oder mit verschiedenen umfassenderen Phasen des allgemeinen sozialen Prozesses, die sein Leben ausmachen und von denen diese Projekte spezifische Verkörperungen darstellen, umgehen können.« (Mead 1978: 197)

Die Genese des Selbst erscheint hier als Übergang von der Vergegenwärtigung der Reaktionsbereitschaft eines partikularen Anderen zur Vergegenwärtigung der gesamten Gesellschaft und ihrer Erwartungen, wie sie sich am Standort des Einzelnen bündeln, zur Vergegenwärtigung des, wie Mead ihn nennt, *generalisierten Anderen.* Jedes Mitglied der Gesellschaft trägt in gewissem Sinn die ganze Gesellschaft in sich – oder doch zumindest seine eigene Version davon. Das sind nicht nur die allgemeinen Verhaltensnormen, das ist auch der Sachgehalt, der die besondere Funktion des Gesellschaftsmitglieds im funktionalen Gesamtgefüge der Gesellschaft charakterisiert. Das Selbst reflektiert die Strukturen und die komplexen Handlungszusammenhänge der Gesellschaft in seiner eigenen Struktur, in seinem »Mich«, d.h., es nimmt Anteil am gesellschaftlichen Erfahrungsschatz, sein Bildungsprozess gründet auf den universalisierten, etablierten, überlieferten Problemlösungen der Gesellschaft. In dieser Perspektive scheint die Herausbildung eines Selbst einseitig den Konservatismus und die Konformitätserwartungen der Gesellschaft zu betonen. Diese Einseitigkeit wird austariert: Dem Konformitätsdruck der Gesellschaft tritt die individuelle Handlungsfreiheit und Originalität des Selbst gegenüber.

Auf die Vergegenwärtigung des generalisierten Anderen im »Mich« reagiert das Selbst in der Phase des »Ich« (*I*). Das Selbst besteht aus zwei Prozessphasen. Man könnte auch sagen, es handle sich hier um eine von zwei Betrachtungsweisen des Selbst und seiner Genese. Keineswegs determinieren der generalisierte Andere und seine Erwartungen das Handeln des Individuums. Der ganze Handlungsakt ist auch hier eine organische Einheit und keine kausal-mechanische Folge diskreter Elemente: Genauso wie die Reaktion im problemlösenden Handeln erst festlegt, was der auslösende Reiz des Handelns war, so legt auch erst die Reaktion des Selbst fest, welche Bedeutung die Erwartungen des generalisierten Anderen im Handlungsakt haben. Die grundlegende Alternative besteht hier in der Wahl, mit diesen Erwartungen *konform zu gehen* oder von ihnen *abzuweichen*. Die spontane Entscheidung des Individuums für eine der beiden Alternativen basiert auf der Analyse der Handlungssituation, auf den im generalisierten Anderen verkörperten Universalien, aber sie wird von dieser Situation nicht determiniert. Die tatsächliche Reaktionsantwort des »Ich« auf die Vergegenwärtigung des generalisierten Anderen im »Mich« ist immer spontan, unberechenbar, unsicher.

Das im eigentlichen Sinn agierende »Ich« ist nicht zu fassen – man kann sich sozusagen nicht schnell genug zurückwenden, um noch einen Zipfel davon zu erhaschen. Wir können uns ein vergangenes Ich ins Bewusstsein rufen, aber es wird dann nur in der Form des »Mich« auftreten können – diese Bestimmungen werden Mead schon in der Auseinandersetzung mit James klar. Das »Ich« ist unmittelbar, es ist bei seiner Arbeit nicht zu beobachten. »Wir können uns keine Reaktion vergegenwärtigen, während wir reagieren [...] Das ›Ich‹ kann deshalb niemals als ein Objekt im Bewusstsein existieren.« (Mead 1980f: 239f.).

In der konformen Reaktion – die bis hin zur Selbstaufopferung gehen kann – gibt das Selbst den Werten der Gesellschaft Priorität. In der Abweichung des »Ich« vom »Mich« entfaltet das Selbst seine Originalität und Kreativität. Es schlägt eine neue Problemlösung vor. Alles Handeln präsentiert neue Problemlösungen, da keine Handlungssituation mit ihren Problemen sich exakt wiederholt. Doch ist deren Neuheit eine Neuheit im Detail, die unter Gewohntem und Erwartetem versteckt bleibt. Abweichungen vom Erwarteten überschreiten eine Schwelle, setzen voraus, dass die gesellschaftliche Umwelt sie auch als Abweichung wahrnimmt. Mead behandelt diese Abweichungen nicht einfach als Normverstoß; jede Abweichung hat das Potenzial, die bestehenden Erwartungen der Gesellschaft zu verändern. Ebenso sorgt die Gesellschaft dafür, dass Abweichungen entweder unterbleiben oder bei Eintreten sanktioniert werden. Zwischen diesen sich scheinbar ausschließenden Alternativen liegt für Mead ein Aushandlungsprozess, ein Kampf des Abweichenden um Anerkennung, ein Kampf der Gesellschaft um Zurückweisung des Neuen. Für die Durchsetzung sozialer Reformen ist die Frage entscheidend, wie das Neue gegen das Beharrungsvermögen des Bestehenden zur Geltung kommen kann: Wie kann das Individuum seine Handlungsweise gegen die Missbilligung der Gemeinschaft rechtfertigen und behaupten? Indem es sich auf eine höherstufige Gemeinschaft beruft und damit letztlich an die Vernunft appelliert. Die Moral einer Gemeinschaft ist nicht statisch. Es sind einzelne Menschen, die mit ihren abweichenden Meinungen den stetigen Wandel der Moral in Gang halten. Mead sieht in der abweichenden Reaktion des »Ich« die Basis für einen – optimistisch eingeschätzten – *Mechanismus sozialer Reformen*:

»Der einzige Weg, auf dem wir uns gegen die Missbilligung der gesamten Gemeinschaft wenden können, besteht darin, eine höhere Stufe von Gemeinschaft dagegenzusetzen, die diejenige, welcher wir faktisch gegenüberstehen, in gewissem Sinn überstimmt. Eine Person kann einen Punkt erreichen, an dem sie sich gegen die ganze restliche Welt stellt; sie kann sich ihr allein entgegenstellen. Aber um das zu tun, muss sie mit der Stimme der Vernunft reden.« (Mead 1978: 210f.)

Mead koppelt diese Überlegungen zur Kreativität und zur Entstehung des Neuen mit einer rudimentären Theorie des Genies: Die Fähigkeit des Genies, sich den sozialen Prozess zu vergegenwärtigen ist weiter entwickelt als bei anderen Zeitgenossen, seine Reaktion auf den generalisierten Anderen ist wahrhaft neu, originär und einmalig. Ein Genie ist in der Lage – innerhalb seines Lebensbereichs – tiefgehenden sozialen Wandel zu bewirken wie z.B. Religionsstifter, Wissenschaftler, Künstler, aber auch große Persönlichkeiten, die Führungsrollen zu übernehmen vermögen (Mead 1978: 262ff.). In gewissem Sinn jedoch, so schwächt Mead ab, ist jeder ein Genie – mehr oder weniger profund, auf seinem Gebiet. Selbstbewusstsein geht immer mit dem Gefühl der Überlegenheit über andere einher. Von einer ursprünglich instinktgebundenen, einen Feind oder Gegner ausgrenzenden Selbstbehauptung ausgehend transformiert sprachliche Kommunikation diesen undifferenzierten Überlegenheitsanspruch in die Fähigkeit zur Lösung der spezifischen Probleme, der funktional differenzierten Aufgaben, die dem Einzelnen an seinem Standort innerhalb der Gesellschaft gestellt sind (Mead 1978: 252).

Genauso wenig, wie das »Ich« auf dem Wege der Konfrontation neue Problemlösungen durchsetzen kann, können dann die Institutionen des »Mich« einfach mit einer Ausgrenzung und Sanktionierung der abweichenden Reaktion des »Ich« reagieren. Genauso wie das Individuum seine neue Lösung besonders dann durchsetzen kann, wenn es die sozialen Probleme, auf die es reagiert, umfassend und tiefgehend verstanden und in seiner neuen Lösung absorbiert hat, muss sich auch die soziale Umwelt diesem Versuch öffnen können, bereit sein, eine zunächst nur auf der Alternative Ausgrenzung/Einschließung beruhende Beziehung in eine funktionale, wechselseitig ausgehandelte Beziehung zu transformieren. Das Gegenstück zum »Genie« ist dann ein soziales Feld, das sich in stetigem Umbau weiter fortentwickelt. Mead erklärt diesen Gedanken unter Bezugnahme auf das soziale Reformprojekt des Politikers:

»Nehmen wir das Beispiel eines Politikers oder Staatsmannes, der ein Projekt verwirklicht, bei dem er die Haltung der Gemeinschaft in sich selbst hat. Er weiß, wie die Gemeinschaft auf seinen Vorschlag reagieren wird. Er reagiert auf diesen Ausdruck der Gemeinschaft in seiner eigenen Erfahrung – er fühlt mit ihr. Er hat eine Gruppe organisierter Haltungen, die die der Gemeinschaft sind. Sein eigener Beitrag; das ›Ich‹ in diesem Fall, ist ein Projekt der Reorganisation, das er der Gemeinschaft anbietet, wie es sich ihm präsentiert. Natürlich verändert er sich, insofern er dieses Projekt vorbringt und es zu einer politischen Frage macht. Als Resultat des von ihm präsentierten Projekts ist eine neue soziale Situation entstanden. Der ganze Vorgang läuft sowohl in seiner eigenen als auch in der Erfahrung der Gemeinschaft ab. Er ist in dem Maße erfolgreich, wie das resultierende ›Mich‹ die Haltung aller in der Gemeinschaft wiederzugeben in der Lage ist.« (Mead 1978: 231)

Die Genese des Selbst erscheint hier unter dem Aspekt, wie es dem Selbst gelingt, die Gesellschaft und ihre Organisation zu verändern, zu erneuern. Dies ist nicht möglich, ohne dass das Individuum sich selbst verändert und erneuert; und dazu muss es von den Erwartungen des generalisierten Anderen abweichen und die Geltung dieser Erwartungen grundlegend in Frage stellen. Doch das sich selbst und die Gesellschaft rekonstruierende

Individuum befindet sich nicht in Konfrontation mit der Gesellschaft; denn es kann seine Überlegenheit nur darin finden, der Gesellschaft zu zeigen, dass sein Reformvorschlag ein tieferes Verständnis des Problems und entsprechend eine bessere Lösung darstellt. Das Selbst muss sich dem sozialen Prozess anverwandeln, um ihn zu reformieren und in dieser Reform nicht nur den sozialen Prozess, sondern auch sich selbst zu verändern. »Wir müssen andere sein, um uns selbst sein zu können.« (Mead 1978: 327)

Mikro- und Makroordnungen – Individuierung und Sozialisierung (Habermas 1992) – bilden bei Mead vor dem Hintergrund pragmatistischer Handlungsbegriffe einen kreislaufförmigen Zusammenhang (Abb. 4). Im Sozialisationsprozess gewinnen Kinder – ausgestattet mit einer weltoffenen Natur (Meads Begriff dafür ist »I«) – im »play« zunächst 1. die Perspektiven »signifikanter anderer«, der Mitglieder ihrer Primärgruppe (»me«); dabei kommt es zwangsläufig zu Widersprüchen zwischen den Urteilen und Ansprüchen, die Mutter, Vater und Geschwister an das Kind richten, so dass Sozialisanden 2. einerseits dazu motiviert werden, sich ein eigenes Urteil zu bilden, um überhaupt – konfrontiert mit Widersprüchen – handeln zu können. Deshalb ist nach Mead das »Selbst« (»self«) eine »objektive Phase« im Handlungsprozess. Andererseits gewinnen Sozialisanden einen eigenen Standpunkt nur dadurch, dass sie konkrete Perspektiven Einzelner zugunsten der des »generalisierten anderen« (Mead 1978) durchbrechen, d.h. Regeln verstehen, die die Handlungen Einzelner koordinieren, so dass sie – wie im Wettkampf (»game«) – unterschiedliche, ja konträre Positionen einnehmen und sich damit in sozialen Strukturen selbst positionieren können – wahrnehmen, dass sie Teil der sozialen Welt sind. Individuierung geht einher mit Sozialisierung. Im Fortgang des Sozialisationsprozesses erfahren Akteure, dass sich auch generalisierte Regeln und soziale Normen unterschiedlicher Handlungsbereiche, Gesellschaften oder historischer Perioden widersprechen, so dass sie Konventionen 3. zugunsten der Vorstellung eines »logischen Universums« durchbrechen, d.h. potenziell ein postkonventionelles Bewusstsein entwickeln können, weil sie realisieren, dass gesellschaftliche Strukturen veränderbar sind. Die Konstitution gesellschaftlicher Strukturen und individueller Identität ist kreislaufförmig miteinander verstrickt. Das sich permanent wandelnde »Selbst« entsteht als »Resultante abduktiver Schlüsse« (Peirce 1976: 168), die im Prozess der Vergesellschaftung gezogen werden. Aufgrund der Erfahrung, dass Situationen definiert werden können, entwickeln Akteure Handlungsfreiheit und Handlungsautonomie; andererseits werden dabei, durch die Inklusion und Integration differenzierter Perspektiven, soziale Ordnungen generalisiert.

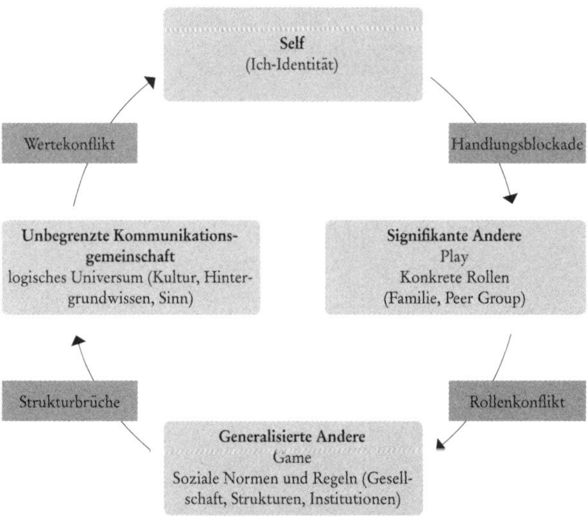

Abb. 4: Perspektivenübernahme und -genese

3. The Chicago School of Sociology
von Hans-Joachim Schubert

Die Chicago School of Sociology dominierte zwischen 1895 und 1940 die Soziologie in den USA (Turner 1988). Sie ist als lockerer Forschungszusammenhang durch drei Merkmale gekennzeichnet: Alle Chicagoer Soziologen orientierten sich – erstens – an den Grundbegriffen der pragmatistischen Handlungstheorie von George Herbert Mead und John Dewey. Zweitens teilten sie das Interesse an einem Forschungsgegenstand: Sie untersuchten – am Beispiel der Stadt Chicago und unter den Bedingungen von Kapitalismus und Demokratie – die Wechselwirkung zwischen ökonomischen und politischen Entwicklungen (Industrialisierung, Urbanisierung und Einwanderung) und dem Wandel sozialer und kultureller Ordnungen. Der Anspruch, die soziale Welt mit prozessanalytischen und rekonstruktiven Methoden zu untersuchen, bildet die dritte Gemeinsamkeit der Chicagoer Soziologen. Sie wollten sich weder auf den Alltagsverstand noch auf die spekulativen Methoden der älteren Soziologie noch auf die hypothesenprüfenden Verfahren der aufstrebenden Naturwissenschaften verlassen. Zusammenfassend lässt sich die Chicago School »als Verbindung von pragmatistischer Philosophie, politisch-reformerischer Ausrichtung auf die Möglichkeiten von Demokratie unter den Bedingungen rapider Industrialisierung und Urbanisierung sowie von Versuchen zur Empirisierung der Soziologie unter starker Betonung vorwissenschaftlicher Erfahrungsquellen charakterisieren« (Joas 1992: 27). Die Handlungstheorie des amerikanischen Pragmatismus –

dies wird im Folgenden gezeigt – bildet den Hintergrund, der die soziologischen Begriffe (3.1) und die empirischen Studien (3.2) der Chicago School of Sociology miteinander verbindet.

3.1 William I. Thomas und Robert E. Park: Die Theorie der Chicago School

Der Grundbegriff des Pragmatismus ist das *kreative* oder *experimentelle* Handeln. Dieser theoretische Ausgangspunkt verpflichtete die Chicago School darauf, Prozesse der Aushandlung und Konstitution individueller Zwecke, sozialer Normen und kultureller Werte zu untersuchen. Während die europäische Soziologie im Dualismus von »Gemeinschaft« und »Gesellschaft«, von »Normativismus« und »Utilitarismus« verharrte und deshalb die soziale Welt nur unter dem Aspekt sozial-normativer Integration (Gemeinschaft) einerseits und rationaler oder funktionaler Integration (Gesellschaft) andererseits untersuchte, nahmen die Chicagoer Soziologen vor dem Hintergrund der pragmatistischen Handlungstheorie auch solche sozialen Ordnungen in den Blick, die durch kreatives Handeln als Formen einer »negotiated order« integriert sind. Die Chicago School hat in ihren klassischen empirischen Arbeiten vor allem die experimentelle Konstitution *reflexiver* Normen, Institutionen und Organisationen, *posttraditionaler* Lebensstile und Milieus sowie *schöpferischer* Persönlichkeits- und Charaktertypen – jenseits von Gemeinschaft und Gesellschaft – untersucht.

Das pragmatistische Forschungsinteresse an Experimenten lebensweltlicher Gruppen, neue Kommunikations- und Beziehungsformen zu entwickeln, unterscheidet die Chicago School von zeitgenössischen europäischen Soziologen. Mit der zunehmenden Differenzierung und Urbanisierung der Gesellschaft sahen diese den Zerfall bindender sozialer Normen und kultureller Werte zugunsten einer zweckrationalen Organisation des sozialen Lebens einhergehen, einen Übergang von *Gemeinschaft* zu *Gesellschaft*. Nach *Ferdinand Tönnies* (1991) etwa verfallen im Zuge gesellschaftlicher Modernisierung Gemeinschaften wie Familien, Nachbarschaften und Freundschaften, in denen Individuen durch enge persönliche Beziehungen, Gefühle und Solidarität (Wesenswille) verbunden waren. Es entstehen hingegen Gesellschaften, die vorwiegend durch zweckrationale Erwägungen (Kürwille) und Auseinandersetzungen zwischen Interessengruppen charakterisiert sind. Damit verändern sich auch, so Tönnies, soziale Herrschaftsformen: Während in »Gemeinschaften« die Menschen zwar durch Tradition, Sitte und Religion stark miteinander verbunden waren, waren sie gleichzeitig genau deshalb voneinander getrennt, denn sie blieben aufgrund der Wirkung askriptiver Bindungen ihrer ethnischen Herkunft und ihrem sozialen Stand verhaftet. Soziale Mobilität war kaum möglich. In »Gesellschaften« hingegen, so Tönnies, verlieren Traditionen an Bedeutung, während zweckrationale und funktionale Ordnungen an Integrationskraft gewinnen. Soziale Bindungen sind in »Gesellschaften« durch Arbeitsteilung, Gesetze und rationale Entscheidungsprozesse geregelt. Diese Ordnungsmodi befreien die Einzelnen zwar zunehmend von Standesgrenzen, sind aber gleichzeitig dafür verantwortlich, dass eine Distanz im emotionalen Bereich entsteht.

Die Zeitdiagnose *Max Webers* fällt ähnlich aus. Rationalisierungsprozesse in der Kultur und die Bürokratisierung nicht nur der Ökonomie führen zu einer sinnentleerten und kalten Welt, die durch das »stahlharte Gehäuse« der Bürokratie beherrscht und von »Verstandesmenschen ohne Geist« und »Genussmenschen ohne Herz« bevölkert wird (Weber 1984: 188 f.). Auch *Émile Durkheim* (1992) diagnostizierte, dass »organische Solidarität« (Wertbindungen) durch »mechanische Solidarität« (funktionale Abhängigkeiten) abgelöst wird und dass bei einer zu schnell fortschreitenden Arbeitsteilung gesellschaftliche »Anomie« droht. Von allen europäischen Soziologen gewinnt *Georg Simmel* den stärksten Einfluss auf die Chicago School. Sein Grundbegriff der »Wechselwirkung« (Interaktion) durchbricht wie die pragmatistische Handlungstheorie den in Europa vorherrschenden Dualismus von Utilitarismus und Normativismus. Allerdings bleibt auch seine Zeitdiagnose stark von einer Verfallsperspektive bestimmt. In seinem Aufsatz »Die Großstadt und das Geistesleben« kommt Simmel zu dem Schluss, dass in den Großstädten »der Widerstand des Subjekts« aufgrund der Herrschaft des Geldes, des Verstandes und der Übermacht der »objektiven Kultur« nivelliert wird. Die Geldwirtschaft und der »intellektualistische Charakter« des modernen Lebens »verhindern, dass die gemüthaften Anteile das Leben bestimmen« (Simmel 1984: 195). Damit sich die Menschen gegenüber der »Exaktheit und minutenhaften Präzision« der großen gesellschaftlichen Organisationen noch Geltung verschaffen können, müssen sie so oberflächliche Eigenschaften wie »Apartsein«, »Kaprice«, »Prätentiösentum« und »Blasiertheit« ausbilden (Simmel 1984: 197). Nur noch durch augenfällige Besonderheiten gelingt es den Einzelnen, sich in der Großstadt Geltung zu verschaffen. Das Großstadtleben bringt den Menschen Simmel zufolge somit zwar Freiheit von Zwängen der Tradition, formt jedoch gleichzeitig den reservierten und oberflächlichen Individualisten.

Die europäischen Klassiker der Soziologie diagnostizierten also, dass sich aufgrund zunehmender Arbeitsteilung, Urbanisierung und Rationalisierung hierarchische, traditionale Gemeinschaftsordnungen auflösen und individualisierte, zweckrational und funktional integrierte Massengesellschaften entstehen. Diese Alternative stellte sich für die Chicago School nicht. Vor dem

Hintergrund der pragmatistischen Handlungstheorie nahm sie wahr, dass die strukturelle Differenzierung der Gesellschaft mit einer Demokratisierung und Reflexivierung sozialer und kultureller Ordnung in Wechselwirkung steht. Im Unterschied zur zeitgenössischen europäischen Soziologie, für die moderne Gesellschaften entweder durch übergreifende Normen und Werte (Sozialintegration) oder durch zweckrationale organisierte Funktionssysteme (Systemintegration) geordnet sind, analysierten die Chicagoer Soziologen »soziale Ordnung« als permanenten *Definitionsprozess* kultureller Werte, sozialer Normen und individueller Interessen (reflexive Integration). Nach *William I. Thomas* ist »die Stabilität von Gruppeninstitutionen einfach ein dynamisches Gleichgewicht von Vorgängen der *Desorganisation* und *Reorganisation.* Dieses Gleichgewicht ist gestört, wenn Desorganisationsprozesse nicht mehr durch die Versuche der Durchsetzung bestehender Regeln aufgehalten werden können. Es folgt eine Periode der überwiegenden Desorganisation, die zur vollkommenen Auflösung der Gruppe führen kann. Meistens aber wird ihr Einhalt geboten, bevor dieser Punkt erreicht ist. Und zwar geschieht dies durch einen neuen Prozess der Reorganisation, der in diesem Falle nicht in einer bloßen Stärkung der verfallenden Organisation besteht, sondern in der Hervorbringung neuer Verhaltensformen und neuer Institutionen, die den veränderten Anforderungen der Gruppe besser entsprechen.« (Thomas 1965: 308) Darin steckt die radikale Herausforderung der Chicago School und des amerikanischen Pragmatismus: Soziale Ordnung wird als permanenter Definitions-, Interpretations- und Wandlungsprozess konzeptualisiert und nicht als Struktur übergeordneter Normen und Werte oder rationaler bzw. funktionaler Institutionalisierung.

Wie wir sehen werden, macht diese Perspektive auch die Aktualität und den Reiz der empirischen Untersuchungen der Chicago School aus. Die Chicagoer Soziologen erforschten zwar in erster Linie die Desorganisationserscheinungen und die massiven sozialen Probleme, die mit der Industrialisierung und kulturellen Rationalisierung in den USA entstanden waren. Sie legten aber zugleich die Konstitution neuer Lebensstile, Milieus und sozialer Gruppen offen, die weder in das Bild eines Verfalls der Gemeinschaft noch in das einer radikalen Individualisierung und Rationalisierung der Gesellschaft passten. Die zeitdiagnostische Alternative lautete für sie nicht Bewahrung versus Verfall von Gemeinschaften, sondern sie sahen, dass die strukturellen Herausforderungen des modernen Großstadtlebens auch durch »kommunikative« und »reflexive« soziale Ordnungen (»negotiated order«) bewältigt werden konnten.

Der enorme Wandel der amerikanischen Sozialstruktur in den 1920er und 1930er Jahre wurde von der Chicago School weder als bloßer Reflex auf Entwicklungen im ökonomischen Sektor (natural order) betrachtet noch vorrangig als Resultat eines allgemeinen Wertewandels (moral order). Das hat *Robert E. Park* in seinen Schriften thematisiert (Matthews 1977). *William I. Thomas* hat dafür mit seinem Begriff der »Definition der Situation« die theoretischen Grundlagen erarbeitet (Baker 1973): *Unsicherheit* kennzeichnet nach Thomas – neben den Gewissheiten individueller Ziele, sozialer Normen und kultureller Werte – jede konkrete *Handlungssituation*. Deshalb ist die *Definition* sowohl »objektiver« kultureller Werte und sozialer Strukturen als auch »subjektiver« Einstellungen und Persönlichkeitsmerkmale integrierter Bestandteil des Handlungsprozesses.

3.1.1 William I. Thomas – Die vier Wünsche

Soziale Handlungen und soziale Ordnungsformen sind, so Thomas, nicht durch die menschliche Natur präformiert, können nicht auf Instinkte oder Triebe zurückgeführt werden. Anthropologisch begründet sind hingegen nur »vier Wünsche«, deren Bedeutungen sich gerade aus der biologischen Ungebundenheit des Menschen erschließen. Thomas unterscheidet zunächst den »Wunsch nach Erleben« vom »Wunsch nach Sicherheit«. Weil die innere Natur dem Menschen keine Handlungssicherheit bietet, ist sein Leben »ein ständiges Experimentieren und Lernen«, eine »ständige Entwicklung, in der nichts unverändert bleibt« (Thomas 1965: 122, 203). Dem Menschen gelingt »eine Anpassung an die Umwelt« nur durch kreatives und experimentelles Handeln. Diese Herausforderung ist auch in der Gefühlswelt der Menschen verankert, nämlich als eine »Sehnsucht nach Aufregung«, als ein »bewusster oder unbewusster Wunsch nach neuem Erleben«. Menschen sind neugierig, weil sie gegenüber ihrer Umwelt »offen« sind. Sie müssen sogar das »Fremde«, das »Andere« und das »Unbekannte« erschließen, um Handlungsfähigkeit zu erwerben. Nicht Reaktionen auf Umweltreize sind in der Natur des Menschen fixiert, organisch fundiert ist hingegen ein »Verlangen nach Erleben« und nach neuen Erkenntnissen. »Der Organismus«, so Thomas, »giert nach Reizen und sucht Expansion und Schock sogar mit Hilfe von Alkohol und Drogen.« Kreatives und experimentelles Handeln wird nicht nur durch bedrohliche Umweltveränderungen motiviert (Sicherung des Überlebens), sondern Menschen streben nach dem »Neuen«, weil ihnen die Erforschung des Unbekannten ein emotionales »Erlebnis« bietet, weil im »Organismus« des Menschen ein »psychologisches Bedürfnis der Neuheit« (Thomas 1965: 166) begründet ist.

Ähnlich wie der Begründer des Pragmatismus Charles Sanders Peirce sieht auch Thomas, dass kreative Handlungen nicht allein durch Bedrohungen oder Gefahren ausgelöst werden, sondern weil das »Neue« und »Unbekannte« eine Attraktion darstellt. Menschen folgen ihrem »schöpferischen Impuls« oder ihrem »Spiel-« bzw. »Kunstfertigkeitsinstinkt«, um neue Erfahrungen zu machen (Thomas 1965: 170). Sie stürzen sich in unsichere Situationen, obwohl ihr Leben normativ gut integriert und effektiv organisiert ist. »Das Verlangen nach neuem Erleben bedeutet daher Bewegung, Veränderung, Gefahr, Instabilität, soziale Unverantwortlichkeit.« (Thomas 1965: 172) Dieser »Wunsch nach Erleben« ist, so Thomas, dem »Verlangen nach Sicherheit« entgegengesetzt, denn auch die »Furcht, gewisse Erfahrungen aus Sicherheitsgründen zu vermeiden, ist in gleicher Weise für das Leben wesentlich« wie das Verlangen nach neuem Erleben. Die biologische Ungebundenheit des Menschen speist nicht nur die Freude an Herausforderungen, sondern eben auch die »Furcht« vor Veränderungen und vor Unsicherheit und motiviert somit die Suche nach »Sicherheit«, nach »Mustern« und nach »regulierter Tätigkeit« (Thomas 1965: 220).

Neben den »Wünschen« nach »Erleben« und »Sicherheit«, die ganz allgemein »Aktivität« bewirken, differenziert Thomas zwei weitere Wünsche, die auch in der Offenheit der menschlichen Natur begründet sind, sich aber spezifisch auf die soziale Welt richten, denn der Mensch kann sich als »soziales Wesen« nur in Gemeinschaft mit anderen entwickeln. Deshalb sind »soziale Beziehungen« nicht nur durch Notwendigkeiten der Kooperation motiviert, sondern auch durch die Wünsche nach »Erwiderung« und »Anerkennung«, welche ihren Ursprung in der primären Sozialisation des Menschen haben. Menschen streben eine »gute Position in ihrer sozialen Gruppe« an, weil sie das »Verlangen« danach haben, anderen »Zuneigung zu erweisen«, sie zu »lieben« und zu »verehren« und von anderen Anerkennung zu erfahren. Diese »Neigungen« – anderen Zuneigung zu erteilen und von anderen »Anerkennung« zu erhalten – sind in primären Eltern-Kind-Beziehungen entstanden, denn die Fürsorge der Eltern für ihre Kinder und die Zuneigung der Kinder zu ihren Eltern stiften ein tiefes Gefühl gegenseitigen Vertrauens – die Wünsche nach »Erwiderung« und »Anerkennung« – und bilden das emotionale Fundament sozialer Beziehungen, auf das Individuen bauen können, wenn sie mit neuen sozialen Situationen konfrontiert werden. Dieses im primären Sozialisationsprozess erworbene emotionale Fundament aktiven Vertrauens kann, so Thomas, nur durch »brutale Angewohnheiten zerstört« werden (Thomas 1965: 177).

Die Wünsche nach »Erleben«, »Sicherheit«, »Erwiderung« und »Anerkennung« begründen die organische Gefühlswelt des Menschen und bilden die Motivationsgrundlage menschlicher Aktivität, stellen aber weder klare »Handlungsziele« dar, noch sind sie »Ursachen« von Handlungen. Deshalb können soziale Handlungen und soziale Ordnungsformen weder teleologisch noch kausal auf diese »Wünsche« zurückgeführt werden. Menschen handeln nicht, um »Wünsche« zu realisieren (teleologische Erklärung), noch sind sie der Grund oder die Ursache sozialer Handlungen (kausale Erklärung). Solche biologisch fundierten Ansprüche bilden hingegen einen emotionalen Hintergrund, der erst im Handlungsprozess definiert, d.h. mit Bedeutungen ausgestattet wird, nämlich dann, wenn Akteure »objektive Werte« schaffen und »subjektive Einstellungen« formulieren.

Die vier Wünsche spiegeln die emotionale Offenheit des Menschen, sie haben keinen Zwangscharakter, motivieren aber die Konstitution »objektiver« sozialer und kultureller Strukturen, denn nur wenn Akteure bindende Regeln in ihrer Lebenswelt etablieren, gewinnen sie einerseits Handlungssicherheit, und nur wenn »objektive Werte« gelten, kann andererseits die »Abweichung« davon ein »Erlebnis« bieten, können Individuen »Einstellungen« entwickeln, durch die sie sich von anderen unterscheiden.

Der Zusammenhang zwischen »objektiven Werten« und »subjektiven Einstellungen« öffnet nach Thomas »zwei grundlegende praktische Probleme, welchen zu allen Zeiten eine nachdenkliche Sozialpraxis ihre besondere Beachtung geschenkt hat: 1. das Problem der Abhängigkeit des einzelnen von der sozialen Organisation und Kultur und 2. das Problem der Abhängigkeit der sozialen Organisation und Kultur von dem einzelnen« (Thomas 1965: 74). Ähnlich wie George Herbert Mead fragt Thomas, welche Wechselwirkung zwischen »sozialen Werten«, also »objektiven kulturellen Elementen des Lebens der Gesellschaft« und den »Einstellungen« der Individuen, also den »subjektiven Eigenschaften der Mitglieder der sozialen Gruppe« bestehen. Bei der Beantwortung dieser Frage entwirft Thomas – analog zur pragmatistischen Bedeutungstheorie von Peirce – keinen Dualismus zwischen »Objekt« (soziale Normen und kulturelle Werte) und »Subjekt« (individuelle Ziele, Motive und Einstellungen). Werte *und* Einstellungen stehen nicht in einer determinativen Beziehung zueinander, sondern entwickeln sich in einem kreislaufförmigen Definitionsprozess: »Die Ursache eines Wertes oder einer Einstellung ist niemals ein Wert oder eine Einstellung allein, sondern die Kombination einer Einstellung mit einem Wert.« (Thomas 1965: 81) Objektive Werte entstehen, indem subjektive Handlungen verallgemeinert werden, und subjektive Einstellungen entstehen, indem allgemeine Werte interpretiert werden. Die Definition von Werten und Einstellungen findet in intersubjektiven Handlungssituationen statt. Jede »praktische Situation« ist deshalb durch die interpretative Vermittlung (Definition) von individuellen Zielen mit allgemeinen Werten charakterisiert. Ganz im Sinne von Peirce zeigt Thomas, dass *Werte* von Subjekten durch definitorische Handlungen (Interpretationen) geschaffen werden, die dann als stabile – aber prinzipiell veränderbare – Bedeutungen in Handlungssituationen eingehen.

Im Unterschied zu einem »Wert« versteht Thomas unter einer *Einstellung* »einen Vorgang des individuellen Bewusstseins, der eine reale oder mögliche Handlung des einzelnen in der sozialen Welt bestimmt« (Thomas 1965: 75). Subjektive Einstellungen wie Präferenzen, Neigungen, Bedürfnisse und Gefühle entstehen – im Gegensatz zu biologisch fixierten instinktiven psychischen Zuständen – in sozialen Handlungszusammenhängen. Einstellungen werden von Individuen durch die Definition objektiver Wertbestände der sozialen Situation gewonnen. »Durch ihren Bezug auf die Handlung und damit auf die soziale Welt unterscheidet sich die Einstellung von dem psychischen Zustand.« (Thomas 1965: 74 ff.) Einstellungen haben zwar prinzipiell einen sozialen Charakter, sie können aber nicht einfach aus sozialen Normen und kulturellen Werten abgeleitet werden. Individuelle Einstellungen, Motive und Ziele sind subjektive Interpretationen (und nicht schlichte Folge) allgemeiner Normen und Werte. Werte bilden indessen keine Sphäre, die von den Handlungen der Individuen autonom ist, sondern sie stabilisieren und verändern sich permanent im Handlungsprozess durch die »Definition der Situation«:

»Die *Situation* ist der Bestand von Werten und Einstellungen, mit denen sich der einzelne oder die Gruppe in einem Handlungsvorgang beschäftigen muss und die den Bezug für die Planung dieser Handlung und die Bewertung ihrer Ergebnisse darstellt. Jede konkrete Handlung ist die Lösung einer Situation. Die Situation beinhaltet drei Arten von Daten:

1. Die objektiven Bedingungen, unter denen ein einzelner oder eine Gesellschaft zu handeln hat, d.h. die Gesamtheit der Werte – wirtschaftlich, sozial, religiös, intellektuell usw. –, die im gegebenen Augenblick direkt oder indirekt den bewussten Status des einzelnen oder der Gruppe beeinflussen.

2. Die bereits bestehenden Einstellungen des einzelnen oder der Gruppe, die im gegebenen Augenblick sein Verhalten tatsächlich beeinflussen.

3. Die ›Definition der Situation‹, d.h. die mehr oder weniger klare Vorstellung von den Bedingungen und das Bewusstsein der Einstellungen. Die Situationsdefinition ist eine notwendige Voraussetzung für jeden Willensakt, denn unter gegebenen Bedingungen und mit einer gegebenen Kombination von Einstellungen wird eine unbegrenzte Vielzahl von Handlungen möglich, und eine bestimmte Handlung kann nur dann auftreten, wenn diese Bedingungen in einer bestimmten Weise ausgewählt, interpretiert und kombiniert werden und wenn eine gewisse Systematisierung dieser Einstellungen erreicht wird, so dass eine von ihnen zur vorherrschenden wird und die anderen überragt.« (Thomas 1965: 84f.)

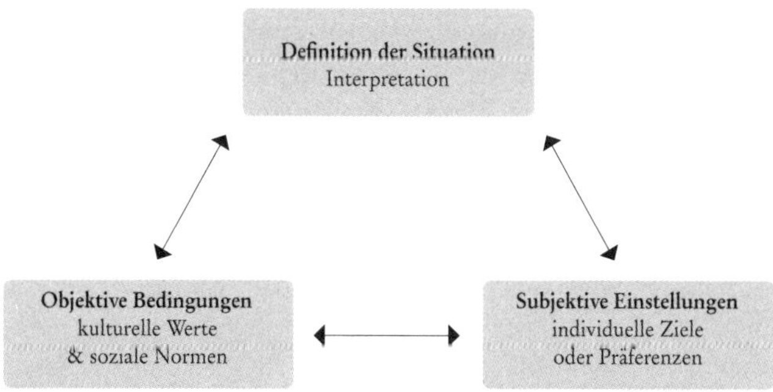

Abb. 5: Die Definition der Situation

Einerseits werden menschliche Handlungen nicht durch »objektive« Ursachen (kausal) erzwungen, denn in der Regel haben Akteure Handlungsoptionen, können auf äußere Ansprüche (z.B. auf eine Drohung) differenziert reagieren (z.B. durch Angriff oder Flucht), je nachdem, wie sie die Handlungssituation interpretieren. Andererseits lässt sich das Handeln der Menschen auch nicht teleologisch auf klare »subjektive« Zielorientierungen zurückführen, denn häufig bleiben individuelle Handlungen (z.B. ob man angreift oder flieht, wenn eine Drohung besteht) Teil »objektiver« sozialer Regeln, Traditionen und Gewohnheiten (z.B. der Ehre oder von Gesetzen). Solche stabilen Handlungserwartungen sind Definitionen sich wiederholender Ereignisse und Situationen, die den Interpretationsaufwand für den Einzelnen so lange minimieren, bis geregelte Handlungsabläufe durch Krisen und Probleme gestört werden. In krisenhaften Situationen bieten jedoch weder »subjektive Ziele« noch »objektive Werte« Handlungssicherheit, so dass Akteure tentativ und kreativ handeln müssen, um Blockaden des Handlungsprozesses zu überwinden:

> »Wenn die Gewohnheiten reibungslos laufen, so lässt die Aufmerksamkeit nach; sie arbeitet nicht mehr. Wenn aber etwas passiert, das den Gang der Gewohnheit unterbricht, so wird die Aufmerksamkeit auf den Plan gerufen und bringt eine neue Verhaltensform hervor, durch welche die Krise überwunden wird.« (Thomas 1965: 288)

Dass in Krisensituationen subjektive Definitionen weder Ausdruck sozialer Normen sind, noch den Rahmen für subjektives, rationales Handeln bilden, macht Thomas am Verhalten eines psychisch kranken »Mörders« deutlich, der Menschen umgebracht hat, »welche die unglückliche Angewohnheit hatten, auf der Straße mit sich selbst zu reden. Aus ihrer Lippenbewegung schloss der Mörder, dass sie ihn beschimpfen und er benahm sich so, als ob dies wahr wäre. *Wenn die Menschen Situationen als real definieren, so sind auch ihre Folgen real.*« (Thomas 1965: 114) Dieser Satz ist in der Soziologie als das »Thomas Theorem« berühmt geworden; es besagt erstens, dass objektive Handlungsstrukturen und Ereignisse (hier Lippenbewegungen) von Akteuren ganz unterschiedlich definiert werden können (z.B. auch als Beschimpfung), zweitens, dass Akteure ihre Handlungen aufgrund ihrer Situationsdefinition ausrichten (z.B. einen Mord begehen, weil sie glauben, dass sie beschimpft wurden), und drittens, dass die Handlungen, die der Definition der Situation folgen, reale Folgen haben (z.B. Tod und Gefängnis).

3.1.3 Persönlichkeitstypen und Zeitdiagnose

Die pragmatistische Bedeutungstheorie geht davon aus, dass Werte (Objekte) und Einstellungen (Subjekte) in Handlungssituationen definiert werden (Interpretation). Thomas macht nun diese triadische Bedeutungstheorie für die soziologische Analyse des Verhältnisses von Kultur und Persönlichkeit fruchtbar. Kulturelle Werte gewinnen keine statische Stabilität und können nicht von intersubjektiven Handlungsprozessen getrennt analysiert werden. Die Gesellschaft stellt den Individuen hingegen »nur Material für ihre schöpferische Entwicklung zur Verfügung, indem sie in der Vergangenheit hervorgebrachte Werte bewahrt« (Thomas 1965: 248). Das »Material« der Gesellschaft in Form sozialer Strukturen und kultureller Werte kann deshalb die Lebensorganisation (»life organization«) der Individuen nicht determinieren. Die Einzelnen haben immer Chancen und Optionen, Handlungsstrukturen zu definieren: Kulturelle Muster können entweder zustimmend und adaptiv übernommen werden, oder der Handelnde »erarbeitet sich selbst eine Definition für jede neue Situation, in

Übereinstimmung mit seiner vorhandenen Einstellung, die immer ausgeprägter wird, weil jede gelöste Situation eine Rückwirkung ausübt, und aus diesen Definitionen schafft er sich allmählich eine Weltanschauung.« (Thomas 1965: 229)

Ähnlich wie George Herbert Mead zeigt Thomas, dass Individuierung (die Erarbeitung einer eigenen Weltanschauung und eines eigenen Selbstbildes) immer durch Sozialisierung (die Definition objektiver Strukturen) stattfindet. Die Formen der Definition gesellschaftlichen »Materials« reichen von der Anpassung des Einzelnen an gegebene bis zur schöpferischen Interpretation neuer objektiver Werte. Auf dieser Grundlage bildet Thomas nun – aus einer »unbegrenzten Zahl von Variationen« – drei Persönlichkeitstypen. Individuen können erstens tradierte kulturelle Orientierungen, Muster oder Schablonen weitgehend übernehmen. »Diese Schablonen harmonisieren vollständig den *Spießbürger*, und deshalb ist der Spießbürger stets ein Konformist, der im allgemeinen die stabilsten Elemente der sozialen Tradition akzeptiert [...]. Im Gegensatz dazu finden wir (zweitens) bei den *Bohemiens* eine unbestimmte Variation von Schablonen.« Der Persönlichkeitstyp des Bohemiens integriert – anders als drittens der *»schöpferische Mensch«* – die Einflüsse der Außenwelt nicht zu einem einheitlichen Selbstbild. Aber »auch der schöpferische Mensch ist nicht vollkommen und ausschließlich schöpferisch, sondern braucht ein gewisses Maß spießbürgerlicher Routine auf gewissen Gebieten, um die schöpferische Tätigkeit auf anderen Gebieten überhaupt erst zu ermöglichen, und ein bisschen Bohèmetum, um in der Lage zu sein, gelegentlich solche fixierten Einstellungen und sozialen Regulierungen abzulehnen, die seinen Fortschritt hindern, auch wenn er sie im Augenblick nicht durch eine positive Organisation auf diesem Gebiet ersetzen kann.« (Thomas 1965: 217 ff.) Kulturelle Werte und soziale Normen bilden keinen restriktiven Rahmen der Sozialisation, sondern liefern »Material« für die »Definition der Situation«. Einerseits haben Individuen selbst in Gesellschaften mit starren Normen und Werten Interpretationschancen, denn »soziale Situationen wiederholen sich niemals spontan, jede Situation ist mehr oder weniger neu, denn jede enthält eine neue Kombination menschlicher Handlungen« (Thomas 1965: 214). Andererseits können Akteure auch in desorganisierten und krisenhaften Gesellschaften autonome und kohärente Ich-Identitäten entwickeln, denn »die soziale Desorganisation deckt sich nicht mit der individuellen Sittlichkeit, und Desorganisation ist nicht gleichbedeutend mit Demoralisierung« (Thomas 1965: 308). Auch desorganisiertes gesellschaftliches »Material« kann zur »Definition« eines konsistenten und kohärenten Selbstbildes verwendet werden, genauso wie es in stark homogenen Gesellschaften zur Desintegration von Persönlichkeiten kommen kann.

Zwischen »Kultur« und »Persönlichkeit« tritt bei Thomas also die »Definition der Situation«. Diesen Gedanken macht er auch für seine Zeitdiagnose fruchtbar. Nach Thomas ist »das wesentliche Merkmal unserer Kultur [...] eine Pluralität konkurrierender Schablonenkomplexe« (Thomas 1965: 244). Das eröffnet einerseits Optionen, individuelle Ziele und Einstellungen durch die Auswahl, Kombination und Neudefinition geeigneter Muster schöpferisch zu verwirklichen. Andererseits kompliziert sich die »Organisation des Lebens« aufgrund der zunehmenden Pluralität kultureller Muster. Dadurch können die Einzelnen mit Interpretationsaufgaben überfordert werden, die einerseits passiv durch den Rückzug auf bestimmte gesellschaftliche oder kulturelle Teilbereiche (Spießer) oder durch den Zerfall einheitlicher Selbstbilder (Bohemien) bewältigt werden können. Andererseits müssen die neuen und disparaten Muster der Kultur und Gesellschaft nach Thomas aber nicht unbedingt den »Genussmenschen ohne Herz« und den »Fachmenschen ohne Geist« (Weber 1984:

189) oder den »blasierten Großstadtmenschen« (Simmel 1984) hervorbringen, sondern können eben auch kreativ von »schöpferischen Individuen« verwendet werden.

3.1.4 Robert E. Park – »Natural« und »moral order«

Robert E. Parks Forschungsinteresse richtete sich in erster Linie darauf, am Beispiel Chicagos den *Zusammenhang* zwischen den enormen Veränderungen der ökonomischen, demografischen und städtebaulichen Strukturen einerseits und dem Wandel der soziokulturellen Bindungen moderner Lebenswelten andererseits aufzudecken. Park bezeichnete den ersten Ordnungstypus als »symbiotic«, »physical«, »natural« oder »spatial order« und den zweiten als »cultural« oder »moral order« (Park 1925a: 4). Die Aufklärung des Verhältnisses zwischen diesen beiden Ordnungsformen war das Hauptthema der Chicago School. Im Chicago der 1920er und 1930er Jahre sind, so Park, durch Wettbewerbs- und Selektionsprozesse eine Fülle ungeplanter, symbiotischer und quasinatürlicher Ordnungs- und Segregationsformen entstanden (»natural order«). Im Zusammenhang mit Bodenspekulationen, Konkurrenzkämpfen und dem ständigen, unüberschaubaren Zustrom von Menschenmassen haben sich neue ethnisch segregierte Stadtviertel, neue Industriezentren, neue Berufsbilder und neue politische Institutionen gebildet. Von diesen quasi-natürlichen Ordnungen, wie sie die »biological economy« oder »ecology« beschreibt, differenziert Park die normative, moralische und kommunikative Ordnung der Gesellschaft (»moral order«), die aus der Perspektive einer von der Ökonomie und Biologie differenzierten »human ecology« erforscht werden muss (Park 1952: 155). Untersuchungsgegenstand der »human ecology« sind nicht die symbiotischen Ordnungen der Gesellschaft mit den Mechanismen »competition« (Ökonomie), »selection« und »succession« (Biologie) (Park 1967c), sondern konventionelle, emotionale, experimentelle und kommunikative Handlungsformen, welche die Konstitution moralischer und kultureller Lebensbereiche (»moral regions«) ermöglichen (Familien, Nachbarschaften, Milieus, Jugendgruppen, Religions-, Kommunikationsgemeinschaften usw.).

Bei der Untersuchung der Wechselwirkungen zwischen »natural order« und »moral order« vertraten die Soziologen der Chicago School weder einen ökonomistischen oder technizistischen noch einen normativistischen oder kulturalistischen Determinismus. Zwischen ökonomischer und demografischer Struktur einerseits und Kultur und sozialer Lebenswelt andererseits besteht kein einfaches Ableitungsverhältnis, so dass etwa aus den demografischen, industriellen und ökonomischen Bedingungen bestimmte Folgen für die soziale und kulturelle Integration der Gesellschaft schlicht abgeleitet werden könnten. Das Verhältnis zwischen »natural« und »moral order« wurde hingegen im pragmatistischen Sinn als kreislaufartiger Reproduktionsprozess betrachtet. Wirtschaft und Technik (physical organization) auf der einen und Kultur und Gesellschaft auf der anderen Seite (moral order) beeinflussen sich demnach in ihren Entwicklungen immer gegenseitig. »The city«, schreibt Park, »possesses a moral as well as a physical organization, and these two mutually interact in characteristic ways to mold and modify one another« (Park 1925a: 4).

Allerdings wird diese pragmatistische Perspektive bei Park – anders als bei John Dewey und George Herbert Mead – nicht immer deutlich. Unter dem Einfluss der europäischen Soziologie bleibt Park oft bei der Kombination eines strategischen (natural order/Gesellschaft) mit einem normativistischen Handlungsbegriff (moral order/Gemeinschaft) stehen, ohne die Konstitution individueller Ziele und sozialer Normen durch kreatives und kommunikatives Handeln zu thematisieren. Einerseits verharrt – vor dem Hintergrund einer dualistischen Handlungstheorie – Parks Gesellschaftsdiagnose bisweilen bei der Vorstellung, dass moralische und normative Ordnungen zugunsten individualistischer und zweckrationaler Strukturen verfallen, andererseits erkennt er aber auch – unter dem Einfluss John Deweys – die Bedeutung von »Kommunikation« für die Entwicklung neuer sozialer Ordnungen, die weder durch zweckrationales noch durch traditionales Handeln gekennzeichnet sind (Park 1967b: 64).

Obwohl Park das Potenzial der pragmatistischen Handlungstheorie nicht immer ausschöpft, steht seine Soziologie – als Ganzes betrachtet – in der Tradition des Pragmatismus. Das zeigt sich vor allem an seinem Konzept des »kollektiven Handelns« (Park 1967d) und an der großen Bedeutung, die er der »öffentlichen Meinung« (Park 1925b) als neuer Form sozialer Ordnung zuspricht. Die massiven sozialen Probleme, die in Chicago vor allem in der »Zone in Transition« (dem innerstädtischen Industrie- und Wohnviertel) auftraten, waren auch für Park kein unausweichliches und damit hinzunehmendes Ergebnis des Industrialisierungs- und Modernisierungsprozesses (natural order), genauso wenig wie sie schlichte Folge eines kulturell indizierten Rationalisierungsprozesses oder des Verfalls von sozialen Normen und kulturellen Werten (moral order) waren (Park 1952: 157). Park forderte hingegen seine Schüler auf, die Gegenseitigkeit von kulturellen Veränderungen und ökonomischen Umbrüchen wie z.B. der Flucht vor normativen Restriktionen sowie beengenden Traditionen des Landlebens (Kultur) und der Entstehung neuer Berufsgruppen in den Städten (Ökonomie) zu untersuchen. Kultur (moral order) und Wirtschaft (natural order) treten dabei gleichzeitig als Ursache und Wirkung des sozialen Wandels in das Blickfeld. Deshalb, so Park, ist der »Ausgangspunkt« des Studiums der sozialen Welt »nicht Struktur, sondern Handlung«, denn »Institutionen und soziale Strukturen« sind »Produkte kollektiver Handlungen« (Park 1955: 15).

3.2 Der Gegenstand der Chicago School: »The City of Chicago«

Das allgemeine Forschungsinteresse der Chicago School bestand darin, die Wechselwirkungen zwischen den massiven strukturellen Veränderungen der nordamerikanischen Gesellschaft nach der Jahrhundertwende (*Industrialisierung*, *Urbanisierung* und *Masseneinwanderung*) und dem Wandel der sozialen Integration der Gesellschaft (Familien-, Milieu-, Persönlichkeitsstrukturen, religiöse, moralische, kommunikative Orientierungen und Handlungsregeln) aufzuklären.

Als *pars pro toto* für diese allgemeinen Prozesse sozialen Wandels diente der Chicago School »The City of Chicago« (Lindner 1990: 75). Das Untersuchungsfeld »Chicago« wurde nicht deshalb gewählt, weil es zufällig vor der Tür der Universität Chicagos lag, sondern weil Chicago damals als die amerikanischste aller amerikanischen Städte galt, in der die moderne Zeit ihren deutlichsten Ausdruck fand. In Chicago waren die enormen sozialen Umbrüche in den nordamerikanischen Großstädten der 1920er und 1930er Jahre unübersehbar. Die sozialen Strukturen der Großstädte veränderten sich im Zusammenhang mit der Industrialisierung, der Landflucht und den Einwanderungswellen radikal. In den Innenbezirken entstanden Ghettos, Slums, Einwanderer- und Arbeiterviertel. Dort häuften sich soziale Probleme wie Armut, Sinnverlust, Orientierungslosigkeit und Vereinsamung. Extreme soziale Ungleichheiten zwischen Arbeitern und Fabrikbesitzern, Entfremdung und hohe Gesundheitsrisiken in der Arbeitswelt, Ausgrenzung ethnischer Gruppen und neue Formen der Kriminalität waren Anzeichen der Desorganisation der Gesellschaft. Neben den Slums und Ghettos der Innenstädte etablierte sich gleichzeitig in den äußeren Zonen der Städte eine breite Mittelschicht, deren Mitglieder gemeinsame normative Überzeugungen teilten und die materiell gut ausgestattet war: Schon 1929 besaß jeder fünfte Amerikaner ein eigenes Auto. Abgegrenzt von der Mittelschicht wiederum richtete sich das neue soziale Milieu der Superreichen in eigenen Wohngebieten ein. 1904 verfügten in den USA ganze 318 Firmen über vierzig Prozent des gesamten industriellen Anlagevermögens. In dieser Zeit entstanden die riesigen Privatvermögen der »Robber Barons« wie das von John D. Rockefeller (Standard Oil), James B. Duke (American Tobacco), Andrew Carnegie (Carnegie Steel Company), William Vanderbilt (Eisenbahnmagnat) oder Gustavo Swift (Fleischindustrie) (Avery/Steinfisch 1992: 124).

Ernest Burgess hat diese Sozialstrukturentwicklungen am Beispiel Chicagos kartografisch festgehalten (siehe Abb. 5). Das Wachstum Chicagos stellte sich in den 1920er Jahren als eine Ausdehnung konzentrischer Kreise oder Zonen dar. Im Zentrum Chicagos entstand innerhalb eines von der Hochbahn kreisförmig umgrenzten Gebiets (Loop) ein Geschäftsviertel mit Banken, Versicherungen, Einkaufspassagen und Bürohochhäusern. Daneben besaßen dort – entlang des Lake Michigan – die Superreichen ihre Stadtvillen und Apartmenthäuser (Zone I). In der Zone II dehnten sich – inmitten großer Industrieanlagen – die Slums und Ghettos der neuen Einwanderer (China Town, Little Sicily, Black Belt) immer weiter aus. Dazwischen entstand ein Künstlerviertel (Towertown), ein Unterhaltungsviertel (Rialto of the Slum), das Gebiet der organisierten Kriminalität (Underworld) und ein Wohngebiet, in dem junge Angestellte vorwiegend in möblierten Zimmern lebten (rooming area). Im Anschluss an diese »Zone in Transition« etablierte sich ein »Second

Immigrant Settlement«. In diese »Zone of Workingmens' Homes« (III) zogen vor allem Immigranten, die es sich leisten konnten, den Slum zu verlassen (z.B. »Deutschland«). In den beiden äußeren Kreisen hat sich schließlich die Mittelschicht in der Residential Zone (IV) eingerichtet. Diese bestand hauptsächlich aus Apartmenthäusern und guten Hotels. Daran schlossen sich die Bungalowanlagen der »Commuter Zone« (V) an.

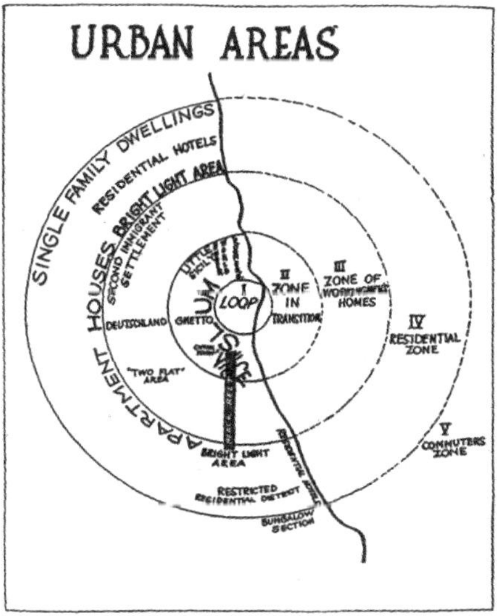

Abb. 5: Urban Areas (Park/Burgess 1925: 55)

Die Chicago School beschäftigte sich fast ausschließlich mit der »Zone in Transition« (II), denn dort fanden die größten Veränderungen und Umbrüche statt, entwickelten sich enorme soziale Probleme, und gleichzeitig entstanden ganz neue Milieus und kleine soziale Welten mit eigenen Normen und kulturellen

Werten, die Angehörigen der Mittelschicht weitgehend fremd blieben. Die Wahl dieses Forschungsgegenstandes durch die Chicagoer Soziologen entsprach ganz dem Geist der pragmatistischen Handlungstheorie, die – ähnlich wie die Chicago School die »Zone of Transition« – die transitive Phase der Handlungskrise und die daran anschließenden experimentellen und kreativen Versuche, neue Handlungsregeln zu finden, beleuchtete. In diesem Sinne sprachen die Chicagoer Soziologen von »der Stadt als sozialem Labor« (Park 1967a) und von »Chicago« als einem »Experiment für die Sozialforschung« (Smith/White 1968).

Anfang der 1920er Jahre initiierte Park zusammen mit Ernest W. Burgess den stadtsoziologischen Forschungsschwerpunkt »The City« (Park/Burgess 1925). Als klassische empirische Studien der Chicago School gelten heute *The Hobo* (2006, zuerst 1923) von Nels Anderson über das Milieu und die Kultur von Wanderarbeitern, *The Gang* (1927) von Frederic Thrasher über Jugendgruppen in Chicago, *The Ghetto* (1928) von Louis Wirth über die jüdische Kulturgemeinschaft, *The Taxi-Dance Hall* (1929) von Paul Cressey über multikulturelle Interaktionen in Tanzclubs mit professionellen Tänzerinnen, *The Jack Roller* (1930) von Clifford Shaw über die Biografie eines Jugendlichen aus dem Slum und *The Gold Coast and the Slum* (1929) von Harvey Zorbaugh über die sozialen Welten und Milieus der Nordstadt Chicagos (Kurz 1984).

Die empirischen Studien der Chicago School zeigen – im Sinne der Handlungstheorie des Pragmatismus – erstens, dass Akteure aktiv Strukturen definieren und differenzieren, und zweitens, dass die durch Differenzierungsprozesse begründete Gefahr eines ungebändigten Individualismus, welche auch und vornehmlich von der Chicago School wahrgenommen wird, nicht nur durch einen Rückzug in traditionale Gemeinschaften einerseits und durch die rationale Selbstbegrenzung des Verstandesmenschen zugunsten der Gesellschaft andererseits gebremst werden kann, sondern dass auch neue soziale Beziehungsformen und Persönlichkeitstypen jenseits von traditionaler Gemeinschaft und rationaler Gesellschaft entstehen können. Diese empirischen Entwicklungen werden im Folgenden an Beispielen der Milieu- und Berufsgruppenforschung der Chicago School verdeutlicht.

3.2.1 Das Milieu der Hobos in Chicago

Während der Weltwirtschaftskrise (1929-1933), als das Nationaleinkommen in den USA um fünfzig Prozent und die gesamte Industrieproduktion um fast vierzig Prozent fiel, als die Lohnsumme aller Beschäftigten um weit mehr als die Hälfte schrumpfte und als über 25 Prozent (1933) der erwerbsfähigen Amerikaner arbeitslos waren (12,5 von fünfzig Millionen), hatten weniger Neureiche, sondern vor allem Arbeiter und Immigranten Probleme, ihre Situation positiv zu definieren. In dieser Zeit kam es zu Hungersnöten und Hungertoden. Erst mit der Kriegswirtschaft in den 1930er Jahren ging die »Great Depression« zu Ende (Junker 1992: 164-172). Während der ökonomischen Krise verfielen traditionale Gemeinschaften, es entstanden aber auch neue Arbeitermilieus wie das der Hobos – der Wanderarbeiter. In *The Hobo* – einer der ersten und vielleicht der berühmtesten Studie der Chicago School – zeigt Nels Anderson, welche reiche Kultur und welches komplizierte Geflecht alltäglicher Handlungsregeln Hobos hervorgebracht haben. An diesem Beispiel wird besonders deutlich, dass selbst – auf den ersten Blick – stark individualisierte und buchstäblich mobilisierte Menschen wie diese Eisenbahntramps neue Gemeinschaftsformen und soziale Kontrollmechanismen konstruiert haben. Hobos waren »migratory worker« (Wanderarbeiter), die wie Saisonarbeiter alle Arten von Arbeiten annahmen, im Unterschied zu diesen aber keinen festen Wohnsitz hatten. Der »American Hobo« definierte sich in erster Linie als Arbeiter. Das unterschied ihn vom »tramp who dreams and wanders« und vom »bum who drinks and wanders«. In den 1920er und 1930er Jahren waren Hobos ein Massenphänomen. Die meisten Wanderarbeiter fuhren – auf der Suche nach Arbeit, aber auch auf der Flucht vor ethnischer Diskriminierung oder aufgrund eines individuellen Freiheitsstrebens – als »blinde Passagiere« auf Güterzügen kreuz und quer durchs Land. Sie arbeiteten als Erntehelfer, Austern- oder Lachsfischer, Schafscherer, Eisschneider, Forstarbeiter oder auf großen Eisenbahn- und Hochhausbaustellen, für welche zeitweilig massenhaft Arbeiter gesucht wurden. In Großstädte strömten Hobos, wenn sie Schutz vor Kälte, medizinische Hilfe oder neue Arbeit suchten. In Chicago hatte sich ein eigenes Hoboviertel – Hobohemia – entwickelt. Dort entstand eine eigene Infrastruktur mit »cheap hotels, lodging-houses, flops, eating joints, outfitting shops, employment agencies, missions, radical bookstores, welfare agencies, economic and political institutions«. In den »natural areas« der Hobos – »Hobohemias« und »Jungles« (permanente Lager auf dem Land) – entwickelten sich neben solchen ökonomischen Institutionen aber auch ganz neue sozio-kulturelle Beziehungs- und Umgangsformen. In den »Jungles« herrschte ein umfangreicher Kanon »ungeschriebener Gesetze« mit obligatorischem Charakter. Dazu gehörten auch Versorgungsregeln für arbeitsunfähige Hobos oder alte »jungle birds«. Vor allem schufen Hobos aber eine sehr spezifische Arbeiterkultur mit einem eigenen Soziolekt und eigenen Kunst- und Kulturgütern. Ihre Kunstformen sind heute noch – über Woody Guthrie, Jack Kerouac oder Bob Dylan – z.B. in den Roadmovies von Jim Jarmusch und den Songs von Tom Waits lebendig. Diese damals neue Hobokunst und -kultur unterscheidet sich sowohl von der Country-and-Western-Kultur der Cowboys des Mittleren Westens als auch von der Kultur der sesshaften Arbeiterschaft. Anderson hat in *The Hobo* eine ganze Reihe Lieder und Gedichte von »Hobo Poeten« gesammelt. Songs, die das Leben auf der Wanderschaft (*The Gila Monster Route*, *Nothing to Do but Go*) und in Hobohemia (*The Stem*) beschreiben, aber auch Protest- und Kampflieder (*The Slave Market*, *Harvest War Song*, *Portland County Jail*) und Unterhaltungslieder (*No Matter Where You Go*) verdeutlichen, dass Hobos in Reaktion auf praktische Probleme ihrer Lebenswelt neue kulturelle Werte, Ausdrucksformen und Bedeutungen definiert haben, eine neue Arbeiterkultur generierten, die ihre sehr spezifischen Erfahrungen von Freiheit und Gebundenheit, von Ungleichheit und Solidarität zum Ausdruck brachte.

Die soziale Großgruppe der Hobos ist also nicht nur eine Klasse – eine Form der Vergesellschaftung – im weberschen Sinn, weil sie nicht allein über die Marktlage definiert ist, nicht nur »auf rational [...] motiviertem Interessenausgleich oder auf ebenso motivierter Interessenverbindung beruht«, sondern auch über soziale und kulturelle Verhaltenserwartungen organisiert ist, die die Lebensführung der Hobos regelten, aber nicht im Sinne einer »ständischen Lage«. Stände sind nach Weber »normalerweise Gemeinschaften«, also eine Lebensform, die »auf subjektiv gefühlter (affektueller oder traditionaler) Zusammengehörigkeit der Beteiligten beruht« (Weber 1980: 21). Durch Affekte und etablierte Traditionen war die Gemeinschaft individualisierter Hobos jedoch nicht gebunden. Ihre Gemeinschaftsform lässt sich hingegen eher als eine »negotiated order« beschreiben, als eine Form »selektiver Assoziation«, in der das Bindungselement weder aus einer rationalen Orientierung an klaren Zwecken noch aus einer irrationalen Orientierung an tradierten Bräuchen und Sitten bestand, sondern in der »Definition der Situation« selbst, aus einem »aktiven Vertrauen« in die Bereitschaft, gemeinsam Probleme zu überwinden. Ein Vertrauen, das sich narrativ, durch das permanente Erzählen ihrer Schicksale herstellte. Die Gemeinschaft der Hobos war eine experimentelle Notgemeinschaft jenseits von Stand, Klasse *und* Individualisierung.

3.2.2 Die neuen Berufe der Dienstleistungsgesellschaft

In den 1920er und 1930er Jahren sind im Zusammenhang mit der rapiden Industrialisierung und Urbanisierung der USA nicht nur neue soziokulturelle Milieus wie das der Neureichen und der Hobos entstanden, sondern auch neue Berufsgruppen. Auslöser dafür waren zunächst extreme demografische Veränderungen. Massenhaft wanderten damals Hobos und vor allem Immigranten aus Europa in die USA und dort vor allem in die Großstädte aus. Damit entstanden akute Sachprobleme wie das der schnellen Versorgung neuer großstädtischer Massen mit billigen Lebensmitteln. Eine Antwort darauf war die externe Differenzierung von Kettenläden und Schnellrestaurants (wie wir sie heute kennen) mit damals neuen internen Formen der Arbeitsteilung und somit der Entwicklung neuer Berufsbilder. Diese Differenzierungen in der Arbeitswelt wurden von den Chicagoer Soziologen nicht als funktionale Reaktionen auf Strukturveränderungen und nicht auf einen marktförmigen Austausch gegebener individueller Interessen zurückgeführt, sondern auf experimentelle Handlungen, die eine schwierige Situation definierten.

Frances Donovan untersucht diese kollektiven Definitionsprozesse in ihren Studien *The Saleslady* und *The Women Who Waits*. Am Beispiel der »waitress« zeigt sie, dass *eine* Voraussetzung für die Entstehung dieses Berufs zunächst die vor allem kulturell motivierte Immigration junger Frauen vom Land in die Stadt war, so dass eine hochgradig flexible Arbeitsorganisation nicht mehr durch geschlechtsspezifische soziale Normen behindert wurde. Allerdings bedeutet das nicht, dass die Arbeitsorganisation im Restaurant aufgrund des Verfalls von Normen zu einer normfreien, rein zweckrationalen Angelegenheit wurde, denn die empirische Rekonstruktion des Arbeitsalltags zeigte, dass die entstandenen Formen der Arbeitsteilung sich nicht aus den funktionalen Anforderungen allein, sondern nur im Zusammenhang mit neuen sozio-kulturellen Bedeutungen und Regeln erklären lassen, die sich im Arbeitsprozess entwickelt haben: nämlich neue Interaktionsrituale sowohl »front stage« zwischen den Kellnerinnen und den Kunden als auch »back stage« im Verhältnis der Kellnerinnen und des anderen Personals zueinander. Diese neuen sozio-kulturellen Verhaltenserwartungen bildeten dann wiederum eine Voraussetzung für die Differenzierung neuer Formen der Arbeitsteilung im Restaurant und für die Entstehung neuer sozialer Bewegungen wie Gewerkschaften und Organisationen der Frauenbewegung.

Träger des Differenzierungsprozesses waren in diesem Fall junge Frauen, die den Grenzen traditionaler Gemeinschaft entkommen wollten. Konfrontiert mit sozialen Problemen in der neuen großstädtischen Situation – das zeigen die Studien von Donovan – entwickelten einige von ihnen Sehnsucht nach alten Gemeinschaftsbindungen, andere wurden zu bindungslosen Erlebnismenschen, empirisch ist die Alternative dazu aber nicht unbedingt der »Verstandesmensch«, sondern Donovan beschreibt auch, dass manche Frauen Individualisierungszwänge schöpferisch und kreativ bearbeiten sowie neue Freiheiten nutzen konnten und deshalb auch fähig waren, auf die Strukturierung der Arbeitswelt Einfluss zu nehmen. Ihnen war der Übergang von den Gemeinschaften des Mittleren Westens in die multikulturelle Großstadt Chicagos gelungen, denn die differenzierte Situation bot auch Chancen, die Reflexivität der Selbstbeziehung zu steigern, und zwar durch die Bildung neuer – z.B. multikultureller – sozialer Beziehungen. Damit entstand ein neuer Persönlichkeitstypus, nämlich der der emanzipierten Frau im Angestelltenmilieu, die ihre Identität nicht in außeralltäglicher Abgrenzung zu und nicht durch Übernahme von gesellschaftlichen Erwartungshaltungen, sondern im Prozess der aktiven Konstitution sozialer wie auch – in diesem Fall – ökonomischer Ordnungsformen entwickelte.

Das von der Chicago School untersuchte Mosaik sozialer Welten Chicagos fügt sich nicht zu einem homogenen Bild sozialer Ordnung zusammen. Die Reichen an der Gold Coast spielten ihr eigenes soziales Spiel, das zur Entstehung eines begrenzten sozio-kulturellen Milieus und zu neuen Persönlichkeitstypen wie dem des distinguierten Aufsteigers führte. In der »Welt möblierter Zimmer« Chicagos wohnten hingegen die »postmodernen« individualisierten Menschen des Dienstleistungsbereichs. In »Towertown«, dem Künstlerviertel Chicagos, entstand ein neues Künstlermilieu – in Ablehnung der Mittelstandskultur – mit neuen expressiven und reflexiven sozialen Normen. Auch »Hobos« bildeten – in Reaktion auf den Zwang zur Mobilität – neue kulturelle und soziale Regeln und Gemeinschaftsformen. In der »Underworld« organisierten sich kriminelle Gruppen, die aus einer komplexen Mischung traditionaler Familien- mit modernen Führungsstrukturen bestanden. Die ethnischen Gruppen im Slum Chicagos wiederum definierten ihre Situation als Einwanderer in ganz unterschiedlicher Form: Die Perser bewahrten ihre Traditionen, die Griechen schlossen sich hingegen als ethnische Geschäftsgruppe zusammen, bei den Italienern blieben zwar Familiennormen von Bedeutung, aber auch neue Jugendgangs wurden zu einem wichtigen Ordnungsfaktor. Die Deutschen bewahrten ihr Vereinswesen und ihre Freizeitkultur, strebten aber danach, möglichst schnell das Ghetto zu verlassen. Der Slum, so Zorbaugh, ist »the most cosmopolitan area in a distinctively cosmopolitan city«. Im Slum kommt es zur Auflösung ethnischer Vorurteile wie auch zu ethnischen Konflikten, zur Enkulturation, Assimilation und zu neuen Kulturformen, zu einem »hybrid something that is neither Sicilian nor Persian nor Polish but of the slum« (Zorbaugh 1976, zuerst 1929).

Zusammenfassend wird deutlich, dass die empirischen Studien der Chicago School den handlungstheoretischen Dualismus zweckrationalen und normorientierten Handelns klassischer europäischer Soziologie durchbrechen und dadurch eine erweiterte Perspektive auf empirische Phänomene sozialen Wandels öffnen. Max Weber und Émile Durkheim sahen mit der zunehmenden strukturellen Differenzierung und kulturellen Rationalisierung westlicher Gesellschaften die Gefahr eines sozial-moralisch ungebändigten Individualismus einhergehen. Eine Gefahr, die für sie nur in zweierlei Hinsicht gebannt werden konnte: Einerseits durch den Rückzug in traditionale Gemeinschaften und andererseits durch eine zwar emotional verankerte, aber doch rationale Selbstbegrenzung des Verstandesmenschen zugunsten der Gesellschaft. Die Chicago School macht hingegen deutlich, dass Akteure aktiv gesellschaftliche Strukturen differenzieren und dadurch Voraussetzungen schaffen, die zwar zu einem »anomischen Individualismus« einerseits und zu einem »stahlharten Gehäuse zweckrationalen Handelns« andererseits führen können, aber auch zu schöpferischen Persönlichkeitstypen, posttraditionalen Gemeinschaften und reflexiv-projektiv organisierten Institutionen, die durch das Bindungselement der »Definition der Situation« integriert sind, durch »aktives Vertrauen« der Handelnden zueinander und zu gesellschaftlichen Systemen – jenseits traditionaler Gemeinschaft und zweckrationaler Gesellschaft.

3.3 Die Methode der Chicago School: Prozessanalyse und Rekonstruktion symbolischer Interaktionen

Die empirischen Studien über die soziokulturellen Lebenswelten Chicagos bilden das Herzstück der Chicago School of Sociology. Diese Konzentration auf methodologisch reflektierte empirische Sozialforschung stellte, im Vergleich zur ersten Soziologengeneration, eine echte Innovation dar, denn die soziologischen Entwürfe während der letzen Jahrzehnte des 19. Jahrhunderts von *Herbert Spencer* in England, *Auguste Comte* in Frankreich und *Lester Frank Ward* in Amerika waren theoretische Spekulationen ohne systematischen Bezug zu empirischen Phänomenen der sozialen Welt. Empirische Beispiele dienten diesen Soziologen nur als Illustration für spekulativ entworfene theoretische Gebäude, die kaum realistische Aussagen über konkrete soziale Fragen zuließen. Von dieser Form der Soziologie verabschiedete sich die Chicago School entschieden. Die allgemeinen Gesetze und historischen Entwicklungstrends oder -stufen, die von der spekulativen Soziologie aufgestellt wurden, entsprachen nicht den Erfahrungen, die ein Sozialforscher in Chicago machen konnte. Schon der Alltagsverstand reichte aus zu erkennen, dass es angesichts der Vielfalt und Unterschiedlichkeit kultureller und sozialstruktureller Welten in Chicago schwerfallen musste, allgemeine Gesetzesaussagen über die soziale Welt im Ganzen zu treffen. Die spekulative Soziologie konnte mit ihren evolutionistischen oder positivistischen Annahmen kein Verständnis fremder Kulturen und neuer Formen der Einbeziehung Fremder entwickeln. Diese Aufgaben verlangten hingegen nach konkreten empirischen Forschungen. Durch praxisnahe Sozialforschung sollte sowohl die ethnozentrische Perspektive der spekulativen Soziologie als auch die Standortgebundenheit des Alltagswissens (common sense) überwunden werden.

Als Handelnde im Alltag, so Thomas in den berühmten »Methodologischen Vorbemerkungen« zur empirischen Studie *The Polish Peasant in Europe and America* (1918-20), gehen wir von der Annahme aus, »dass wir die gesellschaftliche Wirklichkeit kennten, weil wir in ihr leben, und dass wir auf Grund unseres empirischen Wissens die Dinge und Verhältnisse als sicher unterstellen dürften«. Diese »praktische« Einstellung ist zwar für das Alltagshandeln ausreichend, in den Sozialwissenschaften würde dies aber zu einem »planlosen Empirismus« führen, denn die »Bekanntschaft des einzelnen mit der sozialen Realität ist stets begrenzt und stellt nur einen kleinen Teil der ganzen Komplexität sozialer Tatsachen dar. Sie erstreckt sich meist nur über eine Gesellschaft, häufig nur über eine einzige Klasse innerhalb dieser Gesellschaft.« Alltagshandelnde haben nur ein begrenztes Wissen über fremde Kulturen und über andere Milieus innerhalb ihrer eigenen Gesellschaft und können deshalb nicht alle Bezüge herstellen, die für das Verständnis sozialer Phänomene notwendig sind. Neben diesen »äußeren Begrenzungen« haben alltägliche Wissensbestände auch eine »innere Begrenzung«, denn der Alltagshandelnde nimmt seine Umwelt entsprechend seinem »Temperament« und seinen »Interessen« wahr, so dass die Selektion der Umwelterfahrungen »subjektiv« begrenzt bleibt. »Sie gilt nur für dieses Individuum in dieser bestimmten sozialen Stellung.« Die Wahrnehmung der sozialen Welt im Alltagshandeln ist deshalb stark standortgebunden (Thomas 1965: 65).

Aus der Einsicht in die *Begrenztheit* und *Standortgebundenheit* des Alltagswissens zieht Thomas zwei Konsequenzen für die empirische Sozialforschung: Damit erstens die Begrenzungen des Alltagswissens vermieden werden, müssen Sozialforscher für das Verständnis konkreter empirischer Phänomene ein breites Kontextwissen in Anspruch nehmen. Die Lebenswelten von Immigranten z.B. können nicht verstanden werden, wenn dabei nur

Hintergrundwissen der nordamerikanischen Kultur verwendet wird, dafür bedarf es hingegen einiger Kenntnisse über die Handlungsregeln und -gewohnheiten der Herkunftskulturen. Damit zweitens die subjektive Standortgebundenheit der Wahrnehmung sozialer Phänomene relativiert wird, müssen Vergleiche zwischen Kulturen, Milieus oder Lebensläufen stattfinden. Nur durch systematische Vergleiche kann garantiert werden, dass nicht eine spezifische Perspektive Allgemeingültigkeit erhält. Durch die systematische Verwendung von Kontextwissen und durch vergleichende Methoden wird das Problem der Perspektivenhaftigkeit und Grenzen des Alltagswissens in der empirischen Sozialforschung eingeschränkt.

Die Methode des »allgemeinen Menschenverstandes« ist jedoch noch aus zwei weiteren Gründen für die empirische Sozialforschung ungeeignet. Wenn wir im Alltag das Handeln anderer Menschen verstehen, gehen wir davon aus, »1. dass die Menschen auf die gleichen Einflüsse gleich reagieren, ohne Rücksicht auf ihre individuelle oder soziale Vergangenheit [...] 2. dass die Menschen spontan, ohne äußere Einflüsse, Tendenzen entwickeln, welche sie in die Lage versetzen, gegebene Bedingungen voll und einheitlich auszunutzen [...]« (Thomas 1965: 69). Diese beiden Annahmen Alltagshandelnder sind aber aus pragmatistischer Sicht unzutreffend. Tatsächlich können – wie wir gesehen haben – gleiche äußere Einflüsse oder Bedingungen von Akteuren unterschiedlich definiert und gesellschaftliche Optionen in unterschiedlicher Weise verwendet werden. Einfaches kausalanalytisches Denken, das einer bestimmten »Ursache« immer und überall eine bestimmte »Wirkung« zuordnet, ist für die soziologische Analyse nicht brauchbar, denn äußere Einflüsse (Ursachen) können in ungeahnter Weise interpretiert und definiert werden (Wirkungen); deshalb hat eine »Ursache« nicht immer die gleiche »Wirkung«. Der Zusammenhang zwischen Ursachen (äußere Einflüsse) und Wirkungen (Handlungen) folgt keiner »Logik« und keinem »Gesetz«, denn Akteure nehmen erstens »äußere Einflüsse« unterschiedlich wahr und reagieren zweitens experimentell und differenziert in Handlungssituationen. Äußere Handlungsbedingungen stellen nicht nur zwingende und zu kontrollierende Faktoren dar, sondern bieten auch Chancen und Optionen; sie sind das »Material« kreativen Handelns. Nach Thomas wird das Problem der doppelten Kontingenz des Handelns (dass *Ego* und *Alter* kreativ handeln können) nicht durch übergeordnete Normen und Werte gelöst, sondern durch die »Definition der Situation«, durch die kontinuierliche Konstitution und Reorganisation generalisierter Bedeutungen.

Weil »objektive Bedingungen« und »bestehende Einstellungen« in konkreten sozialen Situationen definiert werden, muss die empirische Sozialforschung bei der Untersuchung sozialer Phänomene einerseits Dokumente und Daten verwenden, die kulturelle Muster und gesellschaftliche Strukturmerkmale repräsentieren (z.B. Statistiken und Berichte von Ämtern und Institutionen), und andererseits solche Dokumente, die zeigen, wie diese Bedingungen von Individuen im Handlungsprozess definiert werden (z.B. biografische Interviews, persönliche Briefe oder Tagebücher), so dass Sozialforscher den reziproken Prozess der Konstitution von Strukturen und Persönlichkeitsmerkmalen rekonstruieren können. Mit seiner »biographischen Methode« will Thomas verständlich machen, wie objektive Bedingungen von Akteuren in konkreten Handlungssituationen definiert werden. Diesen Zusammenhang hat Thomas in seiner empirischen Arbeit stets realisiert. In der monumentalen Studie von Thomas und Florian Znaniecki über polnische Einwanderer in Nordamerika (*The Polish Peasant in Europe and America*, 1918-20) wurden sowohl »objektive« amtliche Statistiken und Medienberichte als auch persönliche »Briefe« analysiert, so dass deutlich wurde, »wie« die Einwanderer ihre Situation in Nordamerika bewältigt haben, welche Rolle dabei die Institutionen und sozialen Bedingungen sowohl ihrer Herkunfts- als auch der Ankunftsgesellschaft spielten und welche neuen Formen sozialer Ordnung sie als Antwort auf praktische Problemstellungen entwickelten. In *The Unadjusted Girl* (1969) hat Thomas solche Situationsdefinitionen und Verhaltensformen junger Frauen rekonstruiert, die nicht mit etablierten Normen und Werten der nordamerikanischen Gesellschaft übereinstimmten. Dabei hat er sich einerseits auf Dokumente sozialer Institutionen (etwa von psychiatrischen oder karitativen Einrichtungen) bezogen und andererseits auf biografische Dokumente junger Frauen, so dass er die Frage aufwerfen konnte, ob ihre Situationsdefinitionen – die von Vertretern der Institutionen als Abweichungen interpretiert wurden – in bestimmten Fällen auf neue Generalisierungen verweisen, auf Handlungsformen, die den Ausgangspunkt neuer sozialer Normen darstellen.

Die Wirkung *äußerer Einflüsse* und *Bedingungen* ist gemäß der pragmatistischen Bedeutungstheorie abhängig von der *Interpretation* und *Definition der handelnden Subjekte*. Daraus folgt für die empirische Sozialforschung, dass sie die Situationsdefinitionen und symbolischen Interaktionsprozesse der Handelnden prozessanalytisch rekonstruieren muss, wenn sie das Handeln der Menschen und die Konstitution sozialer Institutionen verstehen will. Sozialwissenschaftler können sich beim Verständnis sozialer Phänomene nicht auf »subjektive« und nicht auf »objektive« Kriterien verlassen, sondern müssen die Situationsdefinitionen der Handelnden *verstehen*, um soziale Tatsachen zu *erklären*, denn soziale Ordnung ist nicht kausale Folge oder Funktion äußerer Einflüsse und Bedingungen, sondern ein Prozess interpretativen Handelns.

Aus der Einsicht in den interpretativen und konstitutiven Charakter der sozialen Welt, in die Begrenztheit und Standortgebundenheit des Alltagswissens und in die Kontextualität individueller Handlungen, Einstellungen und biografischer Verläufe haben die Chicagoer Soziologen eine Reihe *rekonstruktiver* und *interpretativer Methoden* der Sozialforschung entwickelt: Die erste Forderung, die Park an seine Studenten richtete, war, sich der Fremdheit des sozialen Lebens auszusetzen und tatsächlich *Feldforschung* zu betreiben und mit *Primärdaten* zu arbeiten. Seine Studenten sollten sich darin üben, »das Leben zu sehen« (*to see life*). Ein erster Schritt dazu ist, so Park, sich im Untersuchungsmilieu aufzuhalten (*nosing around*) und Versuche zu unternehmen, die Perspektive der dort Handelnden zu übernehmen (vgl. Lindner 1990). Dabei sollten die Forschenden nicht mit theoretisch und begrifflich vorentschiedenen, sondern mit offenen und »deskriptiven Fragestellungen« operieren, um die Situationsdefinitionen der Probanden nicht durch eigene Vorannahmen und Verhaltenserwartungen zu übergehen. Wenn Forscher hingegen mit einem engen Fragenkatalog ins Feld gehen, kann dies dazu führen, dass nur die eigenen Vorurteilsstrukturen oder Erkenntnisinteressen repliziert werden und die Perspektive der Befragten viel zu kurz kommt. Der Sozialforscher muss also schon bei der Materialerhebung der Gefahr der Präformierung des Untersuchungsfeldes durch die eigene Standortgebundenheit begegnen.

Die Sicht von Probanden wird am deutlichsten durch Texte *informeller Interviews*, durch Protokolle *teilnehmender Beobachtungen* und vor allem »persönliche Dokumente« wie Briefe, Tagebücher oder Berichte wiedergegeben, denn diese Dokumente stellen Passagen aus den *natürlichen Entwicklungsgeschichten* (*natural history*) der Handelnden dar. Wissenschaftliche Fragestellungen und Erhebungsmethoden müssen den Probanden die Chance lassen, ihre eigenen Situationsdefinitionen darzulegen, denn in der empirischen Sozialforschung stellt sich das Interpretationsproblem gemäß des Thomas Theorems der »Situationsdefinition«

schon beim Entwurf von Hypothesen und bei der Datenerhebung, aber natürlich erst recht bei der Auswertung des erhobenen Materials: Weil soziale Beziehungsformen, Organisationen und Strukturen *Stabilität* in fortlaufenden Interaktions- und Definitionsprozessen gewinnen, ist für deren Verständnis eine *prozessanalytische Einstellung* notwendig. Durch die *biografische Methode* kann der Prozess der Identitätsbildung im Rahmen von Lebenszyklen (*life cycle*), durch *community studies* die Entstehung von Gemeinschaftsstrukturen und durch rekonstruktive *Organisationsstudien* die Aushandlung von Strukturen der Arbeitsteilung verstanden werden. Um schließlich die Reichweite und das Abstraktionsniveau gewonnener Erkenntnisse aus *Fallstudien* (*case studies*) zu erweitern, können – in einem nächsten Schritt – einzelne Studien miteinander verglichen werden. Durch diese *ethnografische Kontrastierung* werden allgemeine Aussagen mit einem höheren Validitätsgrad und theoretische Begriffe gewonnen. Heute sind diese interpretativen und rekonstruktiven Methoden der Chicago School fester Bestandteil qualitativer Sozialforschung (vgl. Strübing 2004).

4. Symbolischer Interaktionismus
von Hans Joas und Wolfgang Knöbl

Sowohl der Pragmatismus wie auch die Chicago School büßten in den 1940er und 1950er Jahren an Popularität ein, ihr ehemals großer Einfluss nahm zugunsten des von Talcott Parsons begründeten Strukturfunktionalismus stark ab. Es war nun vor allem ein Schüler von George Herbert Mead, der diesem Trend entgegenarbeitete und es dann auch schaffte, Mitstreiter um sich zu scharen. Die Rede ist von Herbert Blumer (1900-1987), der zwischen 1927 und 1952 Mitglied des Soziologie-Departments an der University of Chicago gewesen war, bevor er dann nach Berkeley in Kalifornien ging. Blumer hatte sich im Department in Chicago in bewusster Anknüpfung an das meadsche Erbe etabliert und war zu einer Art intellektuellen Leitfigur derjenigen geworden, denen dieses Erbe am Herzen lag. Gleichzeitig entwickelte er sich auch auf *nationaler* Ebene zu einer treibenden Kraft hinter den Bemühungen, diejenigen Soziologen zu organisieren, die an die pragmatistische Tradition anknüpfen wollten. Immerhin war er dabei so erfolgreich, dass er zwischen 1941 und 1952 als Herausgeber der einflussreichsten amerikanischen Soziologie-Zeitschrift, dem *American Journal of Sociology*, fungierte und schließlich auch 1956 zum Vorsitzenden der amerikanischen Soziologenvereinigung, der American Sociological Association, gewählt wurde.

Es war schließlich auch Blumer, der 1938 den Begriff des »Symbolischen Interaktionismus« in einem Artikel zur Sozialpsychologie prägte. Diese zusammengesetzte Begrifflichkeit gilt es zu erklären. »Interaktion« verweist auf die *Wechselseitigkeit des Handelns*, die Verschränktheit des Handelns mehrerer, wobei »Interaktion« ursprünglich wohl die Übersetzung des simmelschen Begriffs der »Wechselwirkung« war. Damit ist die gerade aus den meadschen Schriften zu gewinnende Einsicht gemeint, dass die Soziologie den Menschen nicht als isoliertes Wesen betrachten dürfe, sondern ihn als ein solches betrachten müsse, das immer schon in *inter*subjektiven Zusammenhängen agiert, das also in ein ganzes Geflecht von Handlungen zweier oder mehrerer Personen verstrickt ist. So weit zu »Interaktion«. Der adjektivische Begriffsbestandteil »symbolisch« darf nun nicht missverstanden werden: Gemeint ist damit selbstverständlich nicht, dass Interaktionen nur symbolisch-übertragenen Charakter hätten, dass sie quasi nicht ›wirklich‹ oder ›real‹ seien; gemeint ist auch nicht, dass sich der Symbolische Interaktionismus nur um Handlungen kümmert, die hochgradig symbolisch aufgeladen sind, wie wir dies vielleicht aus religiösen Riten kennen. Der Begriff will vielmehr sagen, dass jene Theorie das Handeln als »symbolvermittelte« Interaktion (dies ist der angemessenere Ausdruck, den Jürgen Habermas eingeführt hat) begreift, also als ein Handeln, das auf Symbolsysteme wie Sprache oder Gebärden angewiesen ist. Und diese Symbolvermitteltheit menschlichen Handelns wird deshalb besonders betont, weil sich daraus Schlussfolgerungen ziehen lassen, die anderen Theorierichtungen nicht zugänglich sind.

So weit zur Begriffsbedeutung, zu jenem von Blumer Ende der 1930er Jahre geprägten »Etikett«, das sich freilich erst sehr langsam durchsetzte: Der Begriff war noch in den folgenden zwei Jahrzehnten wenig verbreitet, und erst in den 1960er und 1970er Jahren wurde dann eine Reihe von Bänden und Sammelbänden, die dieses Etikett im Titel führten, publiziert, was dazu beitrug, dass die auf Mead zurückgehende Theoriebewegung tatsächlich einen festen Namen erhielt. Zwar lässt sich die Frage stellen, wie einheitlich diese Strömung denn überhaupt sei; häufig stellen Schulen oder Traditionen ja retrospektive Konstruktionen dar. Aber dieser Punkt soll hier nicht näher interessieren. Vielmehr wollen wir uns ansehen, wie Blumer das meadsche Erbe aufnahm, welche Art von Soziologie er propagierte und welche Themen er und seine Mitstreiter in der soziologischen Debatte etablieren konnten.

4.1 Die drei Prämissen des Symbolischen Interaktionismus

In einer berühmt gewordenen Aufsatzsammlung aus dem Jahre 1969, von der Teile auch ins Deutsche übersetzt sind, definierte Blumer den »Symbolischen Interaktionismus« anhand von drei einfachen Prämissen:

> »Die erste Prämisse besagt, dass Menschen ›Dingen‹ gegenüber auf der Grundlage der Bedeutungen handeln, die diese Dinge für sie besitzen. [...] Die zweite Prämisse besagt, dass die Bedeutung solcher Dinge aus der sozialen Interaktion, die man mit seinem Mitmenschen eingeht, abgeleitet ist oder aus ihr entsteht. Die dritte Prämisse besagt, dass diese Bedeutungen in einem interpretativen Prozess, den die Person in ihrer Auseinandersetzung mit den ihr begegnenden Dingen benutzt, gehandhabt und abgeändert werden.« (Blumer 1981a: 81)

[...] Anhand dieser drei Prämissen wird deutlich, dass der Symbolische Interaktionismus den Dualismus von zweckrationalem Handeln (Utilitarismus, Homo oeconomicus) und normorientiertem Handeln (Normativismus, Homo sociologicus) überwindet, weil der Handlungsbegriff des Pragmatismus sowohl Talcott Parsons Vorstellung des voluntaristischen Handelns als Befolgung internalisierter Normen als auch die Idee des individuell-nutzenorientierten Handelns der Rational Choice Theorie unterläuft.

Beginnen wir mit der ersten Prämisse, mit der Aussage also, dass Menschen Dingen gegenüber auf der Grundlage von Bedeutungen handeln, die diese für sie besitzen. Dahinter verbirgt sich zunächst die einfache Beobachtung, dass menschliches Verhalten nicht bestimmt oder determiniert wird durch das Einwirken quasi objektiv bestehender Kräfte oder Faktoren. Diese scheinbar objektiven Faktoren und Kräfte werden nämlich schon immer vom Handelnden interpretiert, ihnen wird vom Handelnden *Bedeutung* zugeschrieben. Ein Baum ist also nicht einfach ein Baum im Sinne eines materiellen Gegenstandes – und nichts sonst! Für den Handelnden steht der Baum vielmehr in einem bestimmten Kontext des Handelns. Für den Biologen etwa mag er ein praktisches Untersuchungsobjekt sein, das gefühlsneutral analysiert werden kann und muss; für manchen hat er aber auch eine romantische Bedeutung, weil der Baum – jene wunderschöne Eiche am Waldesrand – ihn möglicherweise an sein erstes Rendezvous erinnert. Gegenstände determinieren also nicht das Handeln der Menschen, ›springen also die Menschen nicht an‹, sondern sie erhalten umgekehrt von den Menschen Bedeutungen, weil sie in einem bestimmten Handlungskontext stehen. Dies gilt natürlich nicht nur für materielle Objekte, sondern auch für soziale Regeln, Normen und Werte. Auch sie determinieren nicht das Verhalten von Menschen, weil sie von den Menschen erst interpretiert werden müssen. D.h., eine Norm kann von Situation zu Situation völlig unterschiedlich auf den Handelnden ›einwirken‹, weil es sich erst in der Situation entscheidet, wie die Handelnden diese Norm tatsächlich ausdeuten. Daraus ist aber zu schließen, dass jede Vorstellung, der zufolge es in einer Gesellschaft Normen gebe, die als feststehende Determinanten des Handelns wirken, an der zentralen Tatsache der Bedeutungsverleihung durch die Akteure und ihrer Interpretationsspielräume vorbeigeht.

Auch die zweite und die dritte Prämisse, wonach ›die Bedeutung sozialer Dinge in der Interaktion entsteht‹ und wonach ›Bedeutungen in einem interpretativen Prozess ständig neu produziert und verändert werden‹, sind nun nicht wirklich völlig überraschend oder spektakulär. Mit der zweiten Prämisse will Blumer uns nur sagen, dass die Bedeutungen, die Dinge für uns haben, nicht in den Dingen selbst zu finden sind, etwa derart, dass aus dem physischen Gegenstand Baum irgendwie auch seine Bedeutung abzuleiten sei, dass im physischen Objekt Baum die Idee oder die Bedeutung »Baum« enthalten wäre oder der Baum eine Art Verkörperung der Idee wäre. Bedeutungen werden aber auch nicht – so Blumer – nur innerpsychisch, quasi individuell, konstituiert. Vielmehr bilden sich Bedeutungsgehalte aus der Interaktion zwischen Menschen auch aufgrund der Tatsache, dass wir in eine bestimmte Kultur hineinsozialisiert werden. Den Deutschen etwa sagt man eine besondere Beziehung zum Wald und zu Bäumen nach – vielleicht als Folge der Romantik. Es liegt also in Deutschland besonders nahe, Bäume mit romantischen Erlebnissen zu umkränzen, was in einer anderen Kultur möglicherweise auf ziemliches Unverständnis stoßen würde. Kurz gesagt, die Bedeutungsverleihung im Handeln ist zu einem erheblichen Teil kein rein innerpsychischer und isolierter Prozess, sondern einer, in dem *intersubjektive Kontexte* eine große Rolle spielen. Aber gleichzeitig – dies ist der eigentliche Gehalt der dritten Prämisse – sagt Blumer auch, dass sich einmal gefundene und für sicher geglaubte Bedeutungen durchaus immer wieder ändern können. Ein Beispiel hierfür ist die Arbeit mit dem Personal Computer, den wir routinisiert bedienen – bis plötzlich ein Problem auftaucht. Bisher war der Computer für uns vielleicht lediglich eine andere Form von Schreibmaschine, von der wir wie selbstverständlich annehmen konnten, dass sie funktioniert. Nun aber streikt diese ›Schreibmaschine‹, und wir müssen uns plötzlich mit dem Computer wirklich beschäftigen, Handbücher lesen usw. Dabei treten wir in einen Kommunikationsprozess mit uns selbst, fragen uns, welcher Fehler vorliegen könnte, was wir deshalb als nächstes tun sollen, welche Taste wir drücken, welches Kabel wir in welche Buchse stecken sollen. Und im Laufe dieser möglicherweise langwierigen und nervenaufreibenden Tätigkeit erhält dieses Ding für uns eine neue Bedeutung, weil wir lernen, wie es funktioniert, weil wir es nun ›mit anderen Augen‹ zu sehen beginnen.

All diese Prämissen erscheinen nun ja wirklich harmlos – und Blumer erachtet sie tatsächlich auch für selbstverständlich. Dennoch zieht er daraus Schlussfolgerungen, wie sie dem parsonsschen Funktionalismus und dem Neo-Utilitarismus verschlossen bleiben.

Zunächst ergibt sich daraus nämlich, dass das Fundament der Theorie des Handelns im Symbolischen Interaktionismus ein grundsätzlich anderes ist: Der Ausgangspunkt ist nämlich immer *Inter*aktion – und nicht wie in Parsons' *The Structure of Social Action* oder im Neo-Utilitarismus der individuelle Handlungsakt bzw. der einzelne Akteur. Wie Blumer sagt, ist die soziale Interaktion »ein Prozess, der menschliches Verhalten formt, der also nicht nur ein Mittel oder einen Rahmen für die Äußerung oder die Freisetzung menschlichen Verhaltens darstellt« (Blumer 1981a: 87). Die Handlungen anderer sind also immer schon Bestandteil des je individuellen Handelns und nicht bloß dessen Umfeld. Blumer spricht deswegen dann auch häufig von »joint action« anstatt vom »social act«, um zu verdeutlichen, wie untrennbar die Handlungen der anderen schon immer in meine eigenen verwoben sind. »[...] a joint action cannot be resolved into a common or same type of behavior on the part of the participants. Each participant necessarily occupies a different position, acts from that position, and engages in a separate and distinctive act. It is the fitting together of these acts and not their commonality that constitutes joint action« (Blumer 1969: 70).

Damit geht einher, dass Blumer und die Symbolischen Interaktionisten ein deutlich anderes Bild von der Gestalt des Selbst haben, als dies in anderen Theorietraditionen der Fall ist – mit Auswirkungen auf die Theorie des Handelns. Unmittelbar Meads Ideen hinsichtlich der Entstehung des Selbstbewusstseins aufgreifend, betonen Interaktionisten, dass der Mensch auch Gegenstand des *eigenen* Handelns ist: Ich kann mich auf mich selbst beziehen – und zwar deshalb, weil ich schon immer in Interaktionen verstrickt bin und mir mein jeweiliges Handeln durch die diesbezüglichen Reaktionen meiner Mitmenschen auf mich selbst zurückgespiegelt wird. Ich kann somit über mich selbst reflektieren, nachdenken: Ich kann mich über mich selbst ärgern, weil ich mich in einer Situation ziemlich dumm benommen habe, kann in Selbstmitleid versinken, weil mich mein Lebenspartner verlassen hat, kann mit stolzgeschwellter Brust durch die Gegend laufen, weil ich soeben wieder eine Heldentat vollbracht habe etc. Sozialität heißt damit etwas deutlich anderes als in der parsonsschen Handlungstheorie. Parsons ging selbstverständlich auch davon aus, dass der Mensch ein soziales Wesen ist: Andernfalls wäre ja die Funktionsweise von Normen und Werten nicht zu denken, die laut Parsons in Gesellschaften institutionalisiert und im Individuum internalisiert werden. Aber für Parsons ist gerade der Prozess der Internalisierung ein eher einliniger Prozess, der von der Gesellschaft zum Individuum verläuft.

Die Interaktionisten denken hier schon vom Ansatz her anders: Für sie ist ja die *Kommunikation des Selbst mit sich* entscheidend – von einer bruchlosen Internalisierung kann also keine Rede sein, sondern – wie bereits angedeutet – das Selbst ist in ihren Augen mehr ein Prozess als eine feste Struktur. Dies heißt aber auch, dass man bei der Fassung dieses prozesshaften Selbst und seiner Handlungen nicht einfach Konzepte verwenden kann, wie sie in der Soziologie oder der Sozialpsychologie sonst üblich sind: Die innere

Welt »cannot be caught, consequently, by reducing it to fixed elements of organization, such as attitudes, motives, feelings and ideas; instead, it must be seen as a process in which such elements are brought into play and are subject to what happens in such play. The inner world must be seen as inner process and not as fixed inner psychical composition« (Blumer 1981b: 149). Für eine Theorie des Handelns bedeutet dies, dass es weder angemessen ist, von gegebenen Zielen, Wünschen, Absichten, Nutzenkalkülen auszugehen (wie dies im Neo-Utilitarismus der Fall ist), noch von festen und unwandelbaren Normen und Werten (wie das in der parsonsschen Theorie gedacht wird), die dann im Handeln umgesetzt werden. Insofern erscheint Blumer auch der Rollenbegriff, so wie er in der parsonsschen Theorie gebraucht wurde, höchst problematisch, suggeriert er doch – unter Absehung von der Prozesshaftigkeit des Selbst –, dass es feste Rollenerwartungen gibt, die von der Person im Alltag einfach nur erfüllt werden. Das Selbst wird durch eine solche Sichtweise zu einem bloßen Medium, das gesellschaftliche Erwartungen lediglich exekutiert, um Handlungen zu produzieren; ein aktivischer Part wird ihm so nicht mehr zugestanden (Blumer 1969: 73).

Dies führt dann unmittelbar zur nächsten Relativierung handlungstheoretischer Positionen, wie sie der *homo sociologicus* (normorientiertes Handeln) und der *homo oeconomicus* (nutzenorientiertes Handeln) repräsentieren. Wenn Blumer und die Interaktionisten den prozesshaften Charakter des Selbst und den indeterministischen Charakter des menschlichen Handelns betonen, so meinen sie damit natürlich auch, dass der Mensch kein passives Wesen ist, das auf Reize bloß reagiert. Vielmehr wird der menschliche (wie der tierische) Organismus als einer beschrieben, der aktiv agiert, der quasi ein Suchverhalten an den Tag legt, dessen Handlungsziele sich deshalb auch schnell ändern können, wenn neue Situationen auftauchen und neue Aufmerksamkeiten in der jeweiligen Situation erforderlich sind. Ursprüngliche Ziele und Absichten können sich sehr schnell ändern, eben weil Objekte in dem für den Menschen so typischen ständigen Interpretationsprozess auch andauernd neue Bedeutungen produzieren.

Damit erhält aber die etwa bei Parsons zu findende Idee, der »action frame of reference« könne auf feststehende Mittel und Ziele nicht verzichten, eine deutliche Relativierung. Menschliches Handeln, so Blumer, steht nicht immer schon in Zweck-Mittel-Beziehungen. Es gibt nicht nur bestimmte separate Handlungsformen wie das Ritual, das Spiel, den Tanz usw., wo diese Einsicht klar wird – expressive Handlungen also –, vielmehr gilt allgemein, dass Handelnde im Alltagsleben oft keine wirklich klaren Ziele und Absichten haben, ebenso wenig wie es nur selten eindeutige Normen, Vorschriften usw. gibt, die einfach nur in die Tat umzusetzen wären. Was wir zu tun haben, ist ebenso wie das, was wir tun wollen, häufig nur sehr undeutlich umschrieben. Letztlich ist das Handeln hochgradig unbestimmt. Handlungsverläufe entwickeln sich deshalb erst in einem komplizierten Prozess, der nicht im Voraus festgelegt werden kann: Handeln ist zumeist nicht determiniert, sondern kontingent.

Diese Perspektive auf das menschliche Handeln unterscheidet sich deutlich von den Sichtweisen anderer Soziologen, die – wie viele neo-utilitaristische Theoretiker – etwa von klar vorgegebenen Nutzenkalkülen und Präferenzen und deshalb auch rational zu wählenden Handlungsmitteln ausgehen oder – wie Parsons – die Eindeutigkeit normativer Vorgaben unterstellen. Interaktionisten dagegen begreifen Handeln *ganz allgemein* als wenig determiniert und flüssig. Der Amerikaner Anselm Strauss (1916-1996), selbst ein berühmter Interaktionist, hat dies so auf den Punkt gebracht: »[...] die Zukunft ist ungewiss, erst nach ihrem Eintreffen kann sie in begrenztem Maß beurteilt, bezeichnet und gekannt werden. Das bedeutet, dass unser Handeln weitgehend tentativ und exploratorisch sein muss. Solange ein Handlungspfad nicht gründlich begangen worden ist, bleibt sein Zielpunkt unbestimmt. Ziele und Mittel mögen unterwegs neu formuliert werden, weil unerwartete Ergebnisse auftreten. Verpflichtung, selbst gegenüber einem durchgängigen Lebensstil oder Lebensziel, unterliegt fortwährender Revision [...].« (Strauss 1974: 35) Handeln ist eben ein Interpretationsprozess, ein interaktiver Interpretationsprozess in unmittelbarer Kommunikation mit anderen und sich selbst. Gerade deshalb ist auch die Vorstellung von gegebenen und unwandelbaren Zielen irreführend.

Dies führt sofort zu einem weiteren Punkt. Eben weil das Handeln der Individuen nie wirklich geradlinig verläuft und weil das Selbst als ein aktives und prozesshaftes verstanden werden muss, ist für Interaktionisten auch die Vorstellung von *festen* sozialen Beziehungen zwischen Personen und natürlich genauso diejenige von *festen* und *stabilen* größeren Handlungsgeflechten, wie sie etwa Institutionen oder Organisationen darstellen, durchaus problematisch. Die Beziehungen zwischen Menschen sind nur selten vorgegeben oder von vornherein definiert. Wenn wir uns mit anderen Menschen treffen, dann gibt es eine manchmal offen ausgetragene, manchmal verschwiegene Auseinandersetzung über die Definition der Situation. D.h., jede Interaktion hat eine Beziehungsebene, die nicht einfach da ist, sondern die *ausgehandelt* werden muss, wie jeder dies schon unzählige Male erlebt hat, oft sicherlich auch schmerzhaft. Denken wir an die Beziehung zu unseren Eltern: Manchmal haben wir in unserer Kindheit versucht, mit unseren Eltern auf gleicher Ebene, sozusagen auf gleicher ›Augenhöhe‹, zu reden oder zu verhandeln. Und manchmal ist dies auch gelungen, so dass wir uns als gleichberechtigten, vernünftigen und fast schon erwachsenen Menschen akzeptiert sahen. Nicht selten haben wir aber auch erfahren müssen, dass unsere Eltern den Chef oder die Chefin herausgekehrt haben und uns bei bestimmten Diskussionen nicht als gleichberechtigten Partner anerkannt haben. Wir haben versucht, als gleichberechtigtes Familienmitglied aufzutreten, sind aber zurückgewiesen worden. Und solche Situationen geschehen im Alltag ständig: Enge Freunde können sich einander gegenüber viele Dinge ›herausnehmen‹, aber nicht jeder darf das; bei manchen Bekannten würden wir uns das verbitten, d.h., deren Versuch, uns eine bestimmte Definition der Situation vorzuschlagen, würden wir zurückweisen.

Daraus lässt sich schließen, dass soziale Beziehungen immer in irgendeiner Form an die *gemeinsame* Anerkennung durch die Interaktionspartner gebunden sind und dass – weil das Ergebnis dieser gemeinsamen Definition der Situation nicht vorhergesagt werden bzw. die gemeinsame Situationsdefinition scheitern kann – soziale Beziehungen in ihrer Entwicklung und Gestalt offen sind. Und Gleiches gilt natürlich auch für komplexere, aus vielen Menschen bestehende Beziehungsgeflechte wie Organisationen oder Gesellschaften. Deshalb begreifen Interaktionisten ›Gesellschaft‹ auch als einen Handlungsprozess und nicht als Struktur oder System, weil damit auf problematische Weise die Fixiertheit sozialer Beziehungen suggeriert wird. Der Symbolische Interaktionismus »[...] sees society not as a system, whether in the form of a static, moving, or whatever kind of equilibrium, but as a vast number of occurring joint actions, many closely linked, many not linked at all, many prefigured and repetitious, others being carved out in new directions, and all being pursued to serve the purposes of the participants and not the requirements of a system« (Blumer 1969: 75). Es besteht also im Symbolischen Interaktionismus das Bestreben, bei der Erklärung und Beschreibung von Gruppenphänomenen *konsequent* handlungstheoretisch zu verfahren. Insofern trifft man sich hier mit Vertretern des Neo-Utilitarismus, die dies ebenfalls versuchen. Der Unterschied liegt freilich darin, dass das Handlungsmodell ein ganz anderes ist, nämlich eines, das Handeln als intersubjektiv konstituiert begreift.

Natürlich muss ein Sozialwissenschaftler von Handlungsverflechtungen ausgehen – wir tun dies im Alltag ja auch schon immer, wenn wir von Ehe, Gruppe, Organisation, Krieg usw. sprechen, also von Phänomenen, in die definitionsgemäß mehr als nur ein einzelner Handelnder verwickelt ist. Aber es ist wichtig, daran zu denken, dass diese keine hyperstabilen Gebilde sind, sondern sich aus den Handlungen von Akteuren aufbauen – und gerade deshalb fluide sind. Auch scheinbar stabile Formen gemeinsamen Handelns – wie wir sie in Organisationen finden – sind häufig flüssiger, als man annimmt, denn selbst das Handeln in vermeintlich fixierten Handlungszusammenhängen ist zu einem gehörigen Ausmaß auf Interpretationsprozesse angewiesen:

»Rather than viewing organizations in rigid, static terms, the interactionist sees organizations as living, changing forms which may outlive the lives of their respective members and, as such, take on histories that transcend individuals, conditions and specific situations. Rather than focusing on formal structural attributes, the interactionist focuses on organizations as *negotiated* productions that differentially constrain their members; they are seen as moving patterns of accomodative (sic) adjustment among organized parties. Although organizations create formal structures, every organization in its day-to-day activities is produced and created by individuals, individuals who are subject to and constrained by the vagaries and inconsistencies of the human form.« (Denzin: 1977: 905)

Die Rede von der »inneren Dynamik« von Institutionen oder gar die für den Funktionalismus so typische Rede von »Systemerfordernissen« erscheint Interaktionisten also suspekt. Denn es ist immer das interpretierende Handeln, welches Strukturen produziert, reproduziert und verändert, und nicht eine irgendwie geartete abstrakte Systemlogik, die eine Institution verändert oder besser an die Umwelt anpasst.

Dies hat im Hinblick auf die Konzeptualisierung von Gesellschaften sofort eine weitere Konsequenz: Denn Blumer und die Interaktionisten sind auch skeptisch gegenüber dem normativistischen Element in Parsons' Funktionalismus. Eben weil die Interaktionen der Mitglieder einer Gesellschaft als flüssig und abhängig von ihren Interpretationsleistungen beschrieben werden, erscheint die Vorstellung, dass Gesellschaften durch einen Konsens über bestimmte Werte zusammengehalten werden, als problematisch. Wer so argumentiert, der übersieht, dass sich Gesellschaften aus Interaktionen aufbauen, dass unterschiedliche Menschen verschieden vernetzt und verbunden bzw. isoliert sind und dass deshalb »Gesellschaften« eher als Geflechte disparater Bedeutungs- oder Erfahrungswelten – die »Welt« der Kunst, des Verbrechens, des Sports, des Fernsehens etc. – zu beschreiben sind (vgl. Strauss 1974: 176; Blumer 1969: 76) als durch eine wirklich umgreifende und umfassende Bindung an Werte. Zumindest ist aber eine solche Integration über Werte empirisch zu untersuchen, anstatt sie nur – wie in den Prämissen der parsonsschen Theorie – zu postulieren.

Schließlich ergibt sich aus den drei so einfachen Prämissen Blumers mindestens noch eine weitere soziologisch höchst bedeutsame Schlussfolgerung – eine, die sich beim Problem der Konzeptualisierung *sozialen Wandels* stellt. Eben weil Blumer bei seiner Beschreibung des Handelns und der Betonung des wechselseitigen Definitionsprozesses in Situationen so stark auf das Element der Interpretation abhebt, ist ihm auch klar, dass in diesen Handlungs- und Definitionsprozessen immer wieder Unvorhergesehenes auftaucht. Handeln ist – weil es im Alltag suchend und tastend erfolgt – immer von Ungewissheit umgeben. Wir wissen nie, wohin genau uns unser Handeln führt, ob wir nicht vielleicht abgelenkt werden, uns neue Ziele setzen etc. Handeln beinhaltet also ein Moment des *Kreativen* und damit auch der *Kontingenz*. Wenn dem aber so ist und wenn gleichzeitig Gesellschaft als ein Zusammenhandeln vieler Menschen betrachtet wird, dann ergibt sich daraus, dass jeder soziale Prozess, ja die Geschichte insgesamt, einen kontingenten Verlauf nimmt: »[...] uncertainty, contingency, and transformation are part and parcel of the process of joint action. To assume that the diversified joint actions which comprise a human society are set to follow fixed and established channels is a sheer gratuitous assumption« (Blumer 1969: 72). Blumer hat dies selbst in einer größeren, allerdings erst posthum veröffentlichten Untersuchung zum Phänomen der Industrialisierung (1990) klargemacht: Industrialisierung, also der Aufbau von modernen Industrien, einer städtischen Infrastruktur, Stromversorgung etc. determiniert nämlich keineswegs den Pfad, den eine Gesellschaft letztlich beschreiten wird. Die Vorstellung, dass alle Gesellschaften unter dem »impact« von Industrialisierung gleichartig reagieren werden, ist nach Blumer grundfalsch. Sie ist deshalb falsch, weil es völlig unterschiedliche und dazu noch höchst unterschiedlich *wahrgenommene* Kontaktpunkte zwischen sozialen Gruppen und wirtschaftlich-technischen »Strukturen« gibt. Je nachdem, welcher Arbeitsmarkt durch die Industrialisierung geschaffen wird, welcher Gruppenzusammenhalt in der vorindustriellen Gesellschaft vorhanden war, wie sehr das Land, wie sehr die Stadt in die neuen Industriestrukturen einbezogen werden, wie stark politische Agenturen eingreifen etc., wird die Industrialisierung von Land zu Land einen je eigenen Pfad einschlagen – mit völlig unterschiedlichen Konsequenzen. Die in der Entwicklungssoziologie, aber auch in der funktionalistischen Wandlungstheorie lange Zeit vorherrschende Meinung, die westlichen Gesellschaften zeigten den Ländern der Dritten Welt die Gestalt ihrer Zukunft, weil diese Länder genau den gleichen Weg zu gehen hätten und gegenüber dem Westen nur aufholen müssten, ist für Blumer also auch aus theoretischen Gründen grob vereinfachend und verfälschend. Denn nicht nur treffen Wirtschaftsstrukturen quasi objektiv auf jeweils völlig unterschiedliche gesellschaftliche Gefüge; gleichzeitig spielt natürlich hier das Interpretationsmoment eine entscheidende Rolle, weil es den Gesellschaftsmitgliedern obliegt, den gesellschaftlichen Umbruchprozess zu deuten und dementsprechend zu handeln (vgl. Maines 2001: 55 ff.).

4.2 Das thematische Programm des Symbolischen Interaktionismus

Aus den weitreichenden soziologischen Konsequenzen der genannten drei blumerschen Prämissen formuliert dieser auch ein *thematisches* Programm, das sich deutlich von dem parsonsschen absetzen soll. Denn für Blumer ist klar, dass der lange dominante parsonssche Funktionalismus verschiedene Themen ausgespart bzw. nur unzureichend bearbeitet hat: Gegen die dem Funktionalismus eigene Vorliebe für die Beschreibung stabiler Systemzustände setzt Blumer die soziologische Beschäftigung mit Phänomenen sozialen Wandels; der im Funktionalismus üblichen Konzentration auf geordnete und immer wieder die Systeme bestätigende Abläufe setzt Blumer die Notwendigkeit des Studiums sozialer Desorganisationsprozesse entgegen, die er gerade deswegen so spannend findet, weil sich in ihnen immer wieder Potenzial für die Entstehung *neuer* Handlungsweisen und Strukturen zeigt; der funktionalistischen Sichtweise auf bruchlose Sozialisationsprozesse (Stichwort: Internalisierung) setzt Blumer die Notwendigkeit entgegen, Sozialisationsprozesse als ein komplexes Mit- und Gegeneinander von Selbstkontrolle und sozialer Kontrolle zu betrachten (Blumer 1969: 77).

Tatsächlich konzentrierte sich der Symbolische Interaktionismus in seiner Blütezeit zwischen den späten 1950er und den beginnenden 1970er Jahren auf einige – allerdings nicht auf alle! – dieser Themen. Dabei ergab sich eine Art Arbeitsteilung mit dem Funktionalismus, insofern man sich überwiegend auf die Themenfelder der Sozialpsychologie, der Soziologie abweichenden Verhaltens, der Familiensoziologie, der Medizin- und Berufssoziologie und auf das Feld des kollektiven Verhaltens konzentrierte, während man die anderen Felder – und hier vor allem die Makrosoziologie – weitgehend und durchaus bereitwillig dem Funktionalismus überließ. Beobachter der soziologischen Szene sprachen bezogen auf diese historische Phase der Soziologie vom Symbolischen Interaktionismus als einer »loyalen Opposition«, weil die Interaktionisten zwar den Funktionalismus kritisierten, sich aber doch mit ihm in einer Art thematischer Arbeitsteilung arrangierten. Zumindest auf den von ihm selbst ernsthaft bearbeiteten Feldern konnte sich der Symbolische Interaktionismus fest etablieren, gelang es ihm, wirkliche Forschungstraditionen zu begründen. Hier führten die Symbolischen Interaktionisten in vieler Hinsicht die empirischen Arbeiten der Chicagoer Schule fort.

1. Zunächst ist die *Familiensoziologie* zu nennen, in der Autoren wie Ralph Turner (1970) konkret aufzeigten, dass Familienmitglieder nicht – wie von den Utilitaristen vermutet – nutzenorientierte und diesbezüglich kalkulierende Individuen sind, aber auch nicht – wie von Parsons unterstellt – Personen, die stabilen Rollenmustern folgen, sondern solche, die immer wieder neue Interaktionsformen erproben, immer wieder neue Handlungswege beschreiten, in komplizierte Aushandlungsprozesse verwickelt sind etc. Was Turner (geb. 1919) fand, waren nicht feste Strukturen, sondern eben flüssige Prozesse der Interaktion.

2. Ein Gebiet, in dem der Symbolische Interaktionismus ebenfalls sehr stark vertreten ist, ist das noch junge Forschungsfeld der *Soziologie der Emotionen.* Dieses erst seit Mitte der 1970er Jahre existierende Gebiet ist insofern von großem Interesse, weil allgemein Emotionen als biologisch bedingt und insofern als a-sozial angesehen wurden. Interaktionisten konnten aber zeigen, dass Emo-

tionen sehr stark vom sozialen Umfeld geprägt sind und – was vielleicht noch wichtiger ist – Menschen an diesen Emotionen *arbeiten*. Emotionen sind als ein Prozess der Selbst-Interaktion zu verstehen, weil Gefühle wie Ärger, Angst oder Zorn zwar real existieren und sich körperlich in der Mimik und Gestik ausdrücken. Aber dies geschieht natürlich nicht völlig unwillkürlich, denn wir haben darüber auch ein bestimmtes Maß an Kontrolle. Und weil wir diese haben, antizipieren wir gleichzeitig die Reaktionen der anderen auf unsere Gefühle, die wir deshalb wiederum besser oder anders kontrollieren wollen (vgl. Denzin 1984: 49 ff.). Wenn dem so ist, wenn wir also an unseren Gefühlen arbeiten, dann sind beispielsweise Untersuchungen darüber lohnenswert, an welchen Orten der Gesellschaft, von welchen Personengruppen eine besondere Gefühlsarbeit geleistet wird. Eine bahnbrechende Untersuchung in diesem Zusammenhang war die Studie von Arlie Hochschild (1990) über die Kommodifizierung, d.h. über das Zur-Ware-Werden von Gefühlen bei bestimmten Berufsgruppen. Am Beispiel von Stewardessen zeigt Hochschild (geb. 1940) auf, wie diese berufsmäßig gedrillt werden, ihre Emotionen zu kontrollieren, um alle nur möglichen Unverschämtheiten von Passagieren mit einem freundlichen Lächeln hinnehmen und dies auch als ›normal‹ ansehen zu können – eine besonders notwendige Arbeit an den Emotionen, weil Stewardessen unglücklicherweise im engen Flugzeug nicht die Möglichkeit haben, vor Verrückten, Betrunkenen, Sexisten etc. zu fliehen.

3. Im sozialpsychologischen Feld der *Identitätsbildung* und *-entwicklung* ist Anselm Strauss einer der führenden und wohl auch bekanntesten Autoren. Er hat mit *Spiegel und Masken. Die Suche nach Identität* ein brillantes essayistisches Büchlein vorgelegt, das Gedanken Meads und Blumers aus- bzw. weiterführt. In einer höchst sensiblen Sprache beschreibt Strauss den nie endenden Prozess menschlicher Identitätsbildung und -findung, in dem die Ver-

gangenheit stets neu interpretiert wird und somit auch nie abgeschlossen ist. Sozialisation ist für Strauss ein lebenslanger Prozess, der nicht im Jugendalter aufhört, so dass dann nur noch marginale Veränderungen der Identität stattfinden würden. Vielmehr zeigt Strauss den ständigen Einbruch des Neuen und Überraschenden in das Leben von Menschen, die dadurch immer wieder gezwungen sind, sich und ihre Vergangenheit neu zu interpretieren. Strauss richtete seine besondere Aufmerksamkeit auf Phasen des Lebens, in denen derartige Umdefinitionen besonders krass ins Auge fallen, ist doch das Leben selbst eine Serie von so genannten »Statusübergängen«, die von jedem gemeistert werden müssen – der Übergang vom ›geschlechtslosen‹ Kind zum Jugendlichen mit sexuellen Wünschen, der vom freizeitorientierten Jugendlichen zum berufstätigen Erwachsenen, der vom sexuell promisken Junggesellen zum treuen Ehemann, vom Mann zum Vater, von der Frau zur Mutter, ja selbst der vom Lebenden zum Toten. Letzteres hat Strauss zusammen mit Barney G. Glaser unter anderem in einem berühmt gewordenen Buch mit dem englischen Titel *Betreuung von Sterbenden* (1995) analysiert, eine Untersuchung zur Interaktion zwischen Pflegepersonal, sterbenden Patienten und ihren Angehörigen in einem Krankenhaus. Dabei treten die Täuschungsmanöver zwischen den Beteiligten zutage, aber auch der schmerzhafte Prozess des Aussprechens und Akzeptierens der Tatsache des bevorstehenden Todes. Der Verlust von Handlungsmöglichkeiten wird so selbst zum Gegenstand handlungstheoretischer Analysen.

Im benachbarten Untersuchungsfeld der Selbstdarstellung ist vor allem ein Autor zu nennen, der mit seinen Büchern ungeheuer erfolgreich war, den man aber allenfalls zum Rande des Symbolischen Interaktionismus zählen darf. Die Rede ist von Erving Goffman (1922-1982), der zwar Schüler von Everett Hughes, einem berühmten Interaktionisten an der University of Chicago, war und von Herbert Blumer 1958 nach Berkeley an die University of California geholt wurde, jedoch eher eine Ein-Mann-Theorie vertrat – zu eigenständig und vielleicht eigenbrötlerisch war Goffmans Denken. Goffman war ein brillanter Beobachter des Alltagslebens, der diese Brillanz schon in seinem ersten Buch *Wir alle spielen Theater* (1969) zeigte, in dem er im Detail die Inszenierungs- und Darstellungstechniken von Individuen im Umgang mit ihren Mitmenschen beschrieb. Dabei benutzte er Bühnenmetaphern, um herauszustreichen, dass auch das Leben im Alltag häufig so kunstvoll inszeniert und so raffiniert dargeboten wird wie auf einer wirklichen Bühne. In Bezug auf die goffmanschen Arbeiten wurde in der sozialwissenschaftlichen Fachliteratur häufig von einem »dramaturgischen« Handlungsmodell gesprochen, weil Goffman nicht nur hier, sondern auch in seinen folgenden Arbeiten das Handeln nicht – wie Utilitaristen – als von Präferenzen geleitet und nutzenmaximierend beschrieb, auch nicht – wie Parsons – als normorientiert, aber auch nicht – wie die Pragmatisten und »normalen« Interaktionisten – als explorativ und suchend, sondern als ganz und gar in der Selbstdarstellung aufgehend: Ziel ist es, unser Selbstbild zu erhalten, als eine bestimmte Person gegenüber Anderen zu *erscheinen*, weswegen wir uns inszenieren und diesem Aspekt häufig alles andere unterordnen.

In weiteren empirischen Studien untersuchte Goffman das Leben in so genannten »totalen Institutionen« wie psychiatrischen Kliniken (*Asyle*, 1972) und analysierte die Handlungsstrategien von Menschen, deren Identität, etwa durch Behinderung oder rassische Diskriminierung, beschädigt ist und die mit diesem Defizit umgehen und leben müssen (*Stigma*, 1967). Erst in späteren Büchern (vor allem *Rahmenanalyse*, 1977) beginnt Goffman seine empirischen Beobachtungen zu systematisieren und in ein theoretisches Gerüst zu stellen. Goffmans Arbeiten waren und sind noch immer nicht nur in den USA, sondern auch in Deutschland auf dem Buchmarkt ein großer Erfolg, was unter anderem damit zusammenhängt, dass er sehr leicht und eingängig, d.h. ohne große soziologische Fachterminologie schrieb und dass er zudem mit seinen Studien etwa zur Psychiatrie exotische und damit interessante Welten eröffnete. Die Form der Darstellung lässt gleichzeitig einen zynischen Blick auf unser Verhalten im Alltag erkennen, den offenbar viele Leser attraktiv fanden.

Gerade zu diesem letzten Punkt gibt es auch konkurrierende Deutungen des goffmanschen Werkes: Während ihm vorgeworfen wurde, sein Handlungsmodell ziele nur auf die zynische Manipulation des Gegenübers und seine Beschreibung von totalen Institutionen blende die Verhandlungsmacht von Patienten aus und vernachlässige insofern die Prozesshaftigkeit und Variabilität des Handelns in allen Institutionen und Organisationen (vgl. etwa die Kritik bei Meltzner/Petras/Reynolds 1980: 107 ff.), haben andere demgegenüber darauf hingewiesen, dass vor allem der späte Goffman eher Durkheim nahe gestanden und insgeheim dessen Betonung der Bedeutung von Ritualen für Gesellschaften aufgenommen und innovativ weitergeführt habe. Goffman »is explicitly following Durkheim's point that in differentiated modern society, the gods of isolated groups have given way to worship of the one ›sacred object‹ we all have in common: the individual self« (Collins 1985: 156 f.). Die von ihm analysierten Praktiken seien deshalb eher im Sinne einer wechselseitigen Gesichtswahrung und nicht eines einseitigen strategischen »impression management« zu verstehen. Goffman habe also quasi in seinen Mikrostudien zu den Selbstdarstellungstechniken von Personen auf die Sakralität der Person in der Moderne verwiesen, wie sie sich auch im Glauben an die Menschenrechte äußert.

4. Ganz besonders stark hat sich der Symbolische Interaktionismus auch auf dem Feld des *abweichenden Verhaltens* etablieren können. Die berühmteste und in vielerlei Hinsicht bahnbrechende Arbeit war hierbei Howard S. Beckers *Außenseiter. Zur Soziologie ab-*

weichenden Verhaltens (1981, zuerst 1963), eine gleichzeitig gut lesbare und theoretisch gehaltvolle Studie zu devianten Subkulturen und ihren »Mitgliedern«, zu Tanzmusikern und Marihuana-Konsumenten (die empirischen Untersuchungen zu diesen exemplarischen Fällen entstammen den 1950er Jahren; auch heute könnte man noch von der Subkultur der Drogenkonsumenten sprechen, man würde hierbei aber wohl kaum an Marihuana-Konsumenten denken!). Das Innovative an Beckers Buch war zum einen die Tatsache, dass er abweichendes Verhalten nicht als einen einmaligen Akt beschrieb, sondern als eine Verhaltenssequenz, einen Prozess, durch den man langsam und kontinuierlich in eine deviante Subkultur hineinwächst. Becker (geb. 1928) verwendete hierbei den Begriff der »Karriere«, um anzudeuten, dass Devianz tatsächlich ein fließendes Hineinrutschen in ein dann sich verfestigendes deviantes Verhalten ist. Es ist gleichzeitig ein Prozess – und dies war die wirklich spektakuläre und aufsehenerregende zweite Pointe von Becker –, der sich nicht nur zwischen dem Novizen, welcher sich einer Subkultur nähert, und den schon in der Subkultur fest verankerten Personen abspielt, sondern der insbesondere zwischen den Menschen in der Subkultur und den Instanzen der sozialen Kontrolle, der Justiz oder der Polizei etwa, stattfindet. Dieser letzte Aspekt löste deshalb sowohl eine enorme Theoriedynamik als auch eine hitzige Kontroverse aus, weil Becker Devianz, also abweichendes Verhalten, nicht in erster Linie als ein genuines Problem der Subkultur betrachtete, sondern als eines, das *von der Gesellschaft erst zu einem Problem gemacht* wird. Becker betont, »dass *gesellschaftliche Gruppen abweichendes Verhalten dadurch schaffen, dass sie Regeln aufstellen, deren Verletzung abweichendes Verhalten konstituiert*, und dass sie diese Regeln auf bestimmte Menschen anwenden und damit diese Menschen zu Außenseitern stempeln. Von diesem Standpunkt aus ist abweichendes Verhalten *keine* Qualität der Handlung einer Person, sondern vielmehr Konsequenz der

Anwendung von Regeln durch andere und der Sanktionen gegenüber ›Missetätern‹. Der Mensch mit abweichendem Verhalten ist ein Mensch, auf den diese Bezeichnung erfolgreich angewendet worden ist; abweichendes Verhalten ist Verhalten, das Menschen so bezeichnen.« (Becker 1981: 8; korrigierte Übersetzung; unsere Hervorh.) Becker dreht quasi die herkömmliche Perspektive des Alltags (und der bisherigen Soziologie) um: Deviantes Verhalten sei nicht per se abstoßend, »anormal«, ungewöhnlich etc.; vielmehr werde ein beliebiges Verhalten erst durch bestimmte Gruppen oder Instanzen in der Gesellschaft zu einem devianten gemacht. In die Etikettierung eines Verhaltens als abweichend gehen somit Interessen und Machtverhältnisse ein. Es seien die mächtigen Gruppen in einer Gesellschaft, die Ladendiebstahl kriminalisieren und Steuerhinterziehung gleichzeitig als Kavaliersdelikt erachten und gesetzlich erleichtern; es seien die Mächtigen, die Heroinabhängige aus den Parks vertreiben, aber auf den Parties der High-Society selber fleißig koksen. »Wer kann tatsächlich andere zwingen, seine Regeln zu akzeptieren, und welches sind die Gründe ihres Erfolges? Das ist natürlich eine Frage politischer und wirtschaftlicher Macht.« (Becker 1981: 17) Damit war die so genannte Labelling-Theorie geboren, die eben diesen Etikettierungsaspekt der Abweichung betonte und die mit Namen wie John Kitsuse (1923-2003), Kai Erikson (geb. 1931) und Edwin Lemert (1912-1996) verbunden ist. Diese Theorie zog – wie sich leicht nachvollziehen lässt – gerade in den bewegten 1960er Jahren eine ganze Masse von Studierenden an, die sich als machtkritisch verstanden und denen die »underdog-Perspektive« des Labelling-Ansatzes (berühmt wurde etwa Beckers Ausspruch: »Whose side are you on«?) sehr entgegenkam. Mittlerweile ist freilich der Glanz dieses Ansatzes der Kriminalsoziologie stark verblasst; zu deutlich ist geworden, dass er mit seiner fast ausschließlichen Betonung der Rolle von Instanzen der sozialen Kontrolle nicht hinreicht, um abweichendes Verhalten zu erklären. Der andere Aspekt der beckerschen Theorie aber, sein Verweis auf die Prozesshaftigkeit des Erlernens bestimmter Verhaltensmuster, sein Begriff der »Karriere«, hat nach wie vor nichts von seiner Wirkung, etwa in der Subkulturforschung, und von seiner Aktualität verloren.

5. Ein weiteres wichtiges Themenfeld, auf dem sich der Symbolische Interaktionismus etablieren konnte, war das Gebiet »*kollektiven Verhaltens*«. Blumer selbst hatte kollektives Handeln, mit dem er sich schon in den 1930er Jahren beschäftigt hatte, als ein zentrales Phänomen einer jeden Gesellschaft angesehen, insofern er darin auch das Potenzial zur Entstehung neuer sozialer Muster und sozialer Handlungsformen zu erkennen glaubte. Schon die ältere Chicagoer Schule hatte geradezu die Hauptaufgabe der Soziologie in der Analyse des kollektiven Verhaltens gesehen. Der Strukturfunktionalismus dagegen hatte dieses Phänomen lange Zeit völlig ignoriert, und es waren in den 1950er und 1960er Jahren tatsächlich Blumers Studenten, die mehr oder weniger als Einzige dieses Themenfeld bearbeiteten. Dabei wurden unter den Begriff »collective behavior« verschiedenartigste Phänomene gefasst, die von der Mode über Gerüchte und Paniken bis hin zu gewaltsamen Massenbewegungen reichen konnten. Für all diese Aspekte der sozialen Wirklichkeit hatten Blumers Studenten ein besonderes Gespür; am wichtigsten sind wohl ihre Arbeiten zu dem Phänomen geworden, das man heutzutage mit dem Begriff der »sozialen Bewegung« bezeichnen würde. Gerade bei empirischen Untersuchungen zum amerikanischen Civil Rights Movement, zur internationalen Studentenbewegung, zur Frauenbewegung, zur Umweltbewegung etc. waren Interaktionisten an ›vorderster Front‹ beteiligt und haben dabei eine eigenständige theoretische Perspektive entwickelt. Das Interessante der interaktionistischen Herangehensweise an dieses Phänomen war, dass sie quer zu den herkömmlichen sozialwissenschaftlichen Forschungstraditionen stand und gerade dadurch Phä-

nomene in den Blick bekam, die diesen Traditionen verschlossen blieben. In den 1960er Jahren dominierten in der Soziologie zwei Theorierichtungen das Forschungsfeld der sozialen Bewegungen: Da war zum einen der Strukturfunktionalismus, der dieses Feld erst kurz zuvor entdeckt hatte und soziale Bewegungen auf gesellschaftliche Spannungen zurückführte, auf »social strain«. Das Problem bei diesem Ansatz war, dass soziale Bewegungen hier immer scharf vom sonstigen institutionellen Gefüge der Gesellschaft unterschieden wurden und der Eindruck entstand, nur ungenügend angepasste Gruppen neigten zum Protest, bei sozialen Protesten und Bewegungen sei also immer irgendwie Irrationalität im Spiel. Der andere damals zentrale Ansatz – der Ressourcenmobilisierungsansatz – argumentiert hingegen so hochgradig rationalistisch, dass es aussieht, als handle es sich bei sozialen Bewegungen ausschließlich um einen Kampf sozialer Gruppen um Machtvorteile unter Abwägung von Risiken und (politischen) Chancen. Beide Richtungen – so nun die Interaktionisten – missachten aber damit, dass kollektives Handeln nicht einfach nur ein geradliniges – sei es eher rationales oder eher irrationales – Verhalten ist. Zudem lässt sich kollektives Verhalten nicht als bloße Aggregation individueller Verhaltensformen verstehen. Die Interaktionisten konnten anhand von empirischen Studien zeigen, wie sich beispielsweise in der konkreten Situation der Massenversammlung und durch diese die Handlungsziele der Teilnehmer ändern, dass also das Verhalten der Masse einer prozessualen Entwicklung unterliegt, einer spezifischen Dynamik, die der Vorstellung einer rationalen Zielverfolgung absolut widerspricht. Gerade in sozialen Bewegungen entstehen kontext- und situationsabhängig immer wieder neue Bedeutungen, die vorher in dieser Weise nie vorhanden waren – ganz so, wie es das interaktionistische Handlungsmodell ja auch erwarten lässt. So konnte etwa bei der Analyse der Rassenunruhen 1966 in Watts, Los Angeles, gezeigt werden, dass sich aus einem banalen Vorfall, einer Konfrontation mit der Polizei anlässlich einer Straßenkontrolle und einem zunächst nur sehr kleinen Menschenauflauf, sehr schnell eine neue Situationsdefinition entwickelte, in der nun plötzlich der Verkehrsvorfall uminterpretiert wurde als typische Repressionsmaßnahme der weißen Polizei, in der also ein auf ein lokales Ereignis bezogener Tumult plötzlich als Aufstand gegen das »weiße System« gedeutet wurde. Keiner der ursprünglichen Teilnehmer dieses kleinen Menschenauflaufs hatte diese Idee schon von Anfang an, sie bildete sich erst im Verlauf des Zusammenhandelns, und in diesem Prozess wurden dann kognitive und affektive Einstellungen und Glaubenshaltungen transformiert. Dies ist der Moment der »Emergenz« neuer Normen (vgl. Turner 1970; Turner/Killian 1972: 21-25), insofern in einer Situation neue Bedeutungen und Verhaltensmuster auftauchen, in der die Situation umdefiniert und die Realität uminterpretiert wird und es damit zu einem Bruch mit den Routinen des Alltags kommt. Die entstehenden neuen Symbole ziehen rasch das Interesse der Menschen auf sich – sie werden zum Fokus des Handelns jenseits von jeglichen Nutzenüberlegungen, so wie der Sturm auf die Bastille in der Französischen Revolution nicht erfolgte, weil es der strategisch wichtigste Ort der französischen Hauptstadt oder das zentrale Gefängnis gewesen wäre, in dem die meisten politischen Gefangenen einsaßen, sondern weil die Festung eben zum Symbol königlicher Herrschaft geworden war. Aber diese Fokussierung des kollektiven Handelns auf Symbole kann auch nicht einfach als Zeichen von Irrationalität gedeutet werden, denn tatsächlich folgt das Handeln doch einer gewissen Logik – abgesehen davon, dass es nicht irrational ist, Symbole zu attackieren! Insgesamt erlaubte der interaktionistische Ansatz innerhalb der Bewegungsforschung eine ganz andere und häufig auch realitätsangemessenere Perspektive auf Massenphänomene, als dies »herkömmlichen« soziologischen Theorien möglich war (vgl. Snow/Davis 1995).

6. Zu den wichtigen thematischen Bereichen des Symbolischen Interaktionismus gehört schließlich die *Berufs- und Arbeitssoziologie* und dabei vor allem die Soziologie der Professionen. Hier musste man natürlich mit dem Funktionalismus konkurrieren, denn zu diesem Thema hatte Talcott Parsons eine Reihe von Arbeiten vorgelegt. Man sprach dann auch bald von der Konkurrenz zwischen dem Harvard approach (Parsons) und dem Chicago approach innerhalb der Professionssoziologie, wobei Letzterer eng mit dem Namen von Everett Hughes (1897-1983) verbunden war. Hughes kritisierte an Parsons, dass dieser die von den Professionen hochgehaltene Standesethik im Hinblick auf die dienende Haltung gegenüber den Klienten, die immer wieder betonte sachliche Angemessenheit akademisch-universitären Wissens und die ebenso beschworene Notwendigkeit der berufsständischen Selbstverwaltung zu wörtlich nehme und eben nicht soziologisch hinterfrage. Hughes deutete diese Phänomene im Gegensatz zu Parsons eher ideologiekritisch als Versuche der Machterhaltung und des Ausschlusses anderer Gruppen, die in eben dieses Berufsfeld drängen und die Pfründe der etablierten Professionen bedrohen, und als Mittel der Steigerung der Autonomie gegenüber Klienten. Ebenso interpretierte er Bemühungen von Berufsgruppen, sich zu ›echten‹ Professionen zu entwickeln, sich also zu »professionalisieren«, als Suche nach mehr »independence, more recognition, a higher place, a cleaner distinction between those in the profession and those outside, and a larger measure of autonomy in choosing colleagues and successors. One necessary validation of such changes of status in our society is introduction of study for the profession in question into the university« (Hughes 1994: 43). Mit Eliot Freidson (geb. 1923) und Andrew Abbott (geb. 1948) fand Hughes würdige Nachfolger im Feld der Soziologie der Professionen, welche die Analyse mit dieser Parsons-kritischen Stoßrichtung fortführten.

So weit zu den traditionellen Themenfeldern des Symbolischen Interaktionismus. Es gibt freilich ein weiteres ›Feld‹, in dem der Einfluss dieser Schule ebenfalls stark zu verspüren ist – und dies ist der Bereich der soziologischen Forschungsmethoden. Die Interaktionisten erkannten aufgrund ihres spezifischen Blickwinkels auf soziale Phänomene die Notwendigkeit, diese Wirklichkeit mit sozialwissenschaftlichen Methoden einzufangen, die dem Charakter dieser Phänomene wirklich angemessen sind. Schon Blumer hatte davon gesprochen, dass es in der empirischen Sozialforschung angesichts der von den Pragmatisten erkannten Fluidität sozialer Prozesse auch besonderer Konzepte bedarf. Blumer sprach von »sensitizing concepts« (Blumer 1969: 149), also gegenstandserschließenden Begriffen im Gegensatz zu Begriffen, die nur eine Subsumtion der Phänomene unter die Begriffe erlauben, ohne allerdings genauer auszuführen, was darunter zu verstehen sei und wie man diese entwickle. Dies wurde dann in aufsehenerregender Weise durch Barney G. Glaser/Anselm L. Strauss in ihrem Buch *Grounded Theory. Strategien qualitativer Forschung* (1998) nachgeholt bzw. verwirklicht. Glaser/Strauss legten ein Manifest qualitativer Sozialforschung vor, in dem sie auch anhand vieler Beispiele die ›beste Strategie‹ einer empirienahen, stufenweisen Generierung von Theorie darlegten. Theorie sollte nicht – wie man dies an Parsons kritisierte –, aus einem abstrakten Handlungsbezugsrahmen o. ä. logisch deduziert werden. Vielmehr besteht der Königsweg einer empirisch fundierten Theorie ihrer Auffassung zufolge in der vorsichtigen und unvoreingenommenen Annäherung an den Untersuchungsgegenstand, der dann intensiv studiert und mit anderen Gegenständen auf Ähnlichkeiten und Gemeinsamkeiten *verglichen* wird (der Vergleich wird in vielen Beschreibungen der »grounded theory« vergessen!), bevor dann Kategorien gebildet und Hypothesen formuliert werden. [...]

4.3 Die Makrosoziologie des Symbolischen Interaktionismus

Zum Schluss dieses Kapitels thematisieren wir eine neue und überraschende Entwicklung innerhalb des Symbolischen Interaktionismus – gemeint ist die Makrosoziologie. Der Symbolische Interaktionismus ging ja seit den 1950er Jahren eine Arbeitsteilung mit dem Funktionalismus ein, insofern man sich inhaltlich vorwiegend auf *mikro*soziologische Themen konzentriert hatte. Zwar hatte Blumer bei seiner Auffächerung der vom Symbolischen Interaktionismus zu behandelnden Arbeitsgebiete auch dasjenige des sozialen Wandels genannt, doch fielen die Reaktionen seiner Mitstreiter genau *darauf* eher schwach aus. Blumer selbst hatte durchaus einiges zur Industrialisierung geschrieben, aber dies war eher eine Kritik bestehender Ansätze als ein eigenständiger und konstruktiver makrosoziologischer Versuch.

Die makrosoziologische Abstinenz der Interaktionisten war insofern merkwürdig, als ja die Chicago School of Sociology ursprünglich durchaus breitere soziologische Interessen hatte. Autoren wie Park oder Thomas waren sehr stark stadtsoziologisch orientiert und hatten bedeutende Arbeiten über Einwanderung bzw. Migration, Ethnizität und kollektives Verhalten geschrieben. Von diesen makrosoziologischen Themen war im Symbolischen Interaktionismus der 1950er und 1960er Jahre eigentlich nur die Beschäftigung mit »collective behavior« übrig geblieben; ›größere‹ Fragen blendete man aus. Somit lässt sich behaupten, dass der Symbolische Interaktionismus zunächst lediglich die *mikro*soziologische Seite der alten Chicago School fortführte. Dies erlaubte dann den nicht ganz unberechtigten Vorwurf, dass dieser Ansatz in seiner Konzentration auf die Mikroebene der direkt miteinander agierenden Akteure zum einen ahistorisch sei und zum anderen ökonomische Aspekte und gesellschaftliche Machtbeziehungen völlig ignoriere, dass der Theorie also ein so genannter »astructural bias« (Meltzer/Petras/Reynolds 1980: 113) innewohne.

Tatsächlich wurde dieses Problem sehr langsam angegangen; der Weg in die Makrosoziologie sollte sich für den Symbolischen Interaktionismus als besonders steinig erweisen. Ausgangspunkt war die Soziologie der Professionen, da in diesem Zusammenhang auch Organisationen wie Krankenhäuser untersucht wurden, in denen derartige Berufsgruppen tätig sind. Es war wiederum Anselm Strauss, der in Bezug auf diese Organisationen von »negotiated orders« sprach, von Strukturen also als dem Resultat von Aushandlungsprozessen, die in jeder Organisation – und erscheine sie auch noch so stabil und unverrückbar – stattfinden. Krankenhäuser werden keineswegs von einem eindeutigen Organisationszweck aus strukturiert; viele Strukturen werden nur verständlich, wenn man sie als offizielle oder inoffizielle Arrangements zwischen verschiedenen Gruppen (Ärzten, Krankenschwestern, Krankenkassen, Patienten usw.) auffasst. Die Gedankenfigur der »negotiation«, der Verhandlung also, gab Anlass, intensiver über das Verhältnis von Handlung und Struktur nachzudenken: »Structure is not ›out there‹; it should not be reified. When we talk about *structure* we are, or should be, referring to the structural *conditions* that pertain to the phenomena under study« (Strauss 1978: 257; Hervorh. im Original). Diese organisationssoziologischen Untersuchungen warfen zunehmend die Frage auf, ob man mit der Figur der »Verhandlung« nicht auch Akteurskonfigurationen in größerem Maßstab, also *zwischen* Institutionen und Organisationen, darstellen könne, ob man nicht vielleicht sogar ganze Gesellschaften so fassen könne: »The model of a society that derives from the negotiated order is one characterized by a complex network of competing groups and individuals acting to control, maintain, or improve their social conditions as defined by their *self*-interests. The realization of these interests, material and ideal, are the outcomes of negotiated situations, encounters, and relationships« (Hall 1972: 45; Hervorh. im Original).

Am frühesten geschah dieser makrosoziologische Rückgriff auf die Idee der »negotiations« in Norman Denzins eindrucksvollem Aufsatz zur Funktionsweise der amerikanischen Spirituosenindustrie, in dem Denzin (1977) den historischen Kontext ebenso geschickt einbezog wie die relevanten kollektiven Akteure und Strukturen, also die Schnapsbrennereien, die Verteiler, die Schenken, die Konsumenten und die Rechtsordnung. Ebenso erwähnenswert sind auch erste Versuche aus dem Lager der Interaktionisten, politische Phänomene zu fassen, wobei hier allerdings eher die Selbstdarstellungstechniken der politischen Repräsentanten als wirkliche Prozesse *zwischen* politischen Akteuren unterschiedlichster Natur im Mittelpunkt standen.

Immerhin ist aber deutlich erkennbar, dass sich verschiedene Autoren aus der Schule des Symbolischen Interaktionismus energisch auf die Suche einer stärkeren makrosoziologischen Anbindung ihrer Theorie begeben, wobei hier in erster Linie wieder Anselm Strauss, David R. Maines (geb. 1940) und Peter M. Hall zu nennen sind, die intensiv darüber nachdachten, wie sich über die theoretische Fassung von Beziehungs-Netzwerken, Praktiken, Konventionen etc. die Kluft zwischen dem Mikro-Bereich der Akteure und dem Makro-Bereich der Organisationen und der Gesellschaft besser schließen lässt: Maines' Konzept der Meso-Struktur (1982) war und ist hier ein interessanter Ansatzpunkt. Alle drei Autoren – Strauss, Hall und Maines – erfuhren jedenfalls, dass sie in diesem Feld alles andere als allein sind, weil das so genannte Mikro-Makro-Problem auch von den traditionellen (also den nicht-interaktionistischen) soziologischen Theorien nach wie vor als schwierig zu lösen betrachtet wurde und die bisherigen makrotheoretischen Argumentationen als unbefriedigend gelten. Deshalb greifen heute Autoren unterschiedlicher theoretischer Richtungen teilweise auf

Gedankengut zurück, das so oder so ähnlich auch schon im amerikanischen Pragmatismus und im Symbolischen Interaktionismus vorhanden war. Einer der symbolischen Interaktionisten (David Maines 2001) behauptet sogar, dass ein großer Teil der heutigen Soziologie in Richtung interaktionistischer Auffassungen tendiere, ohne sich dessen ganz bewusst zu sein.

Dieses Kapitel ist eine leicht veränderte Version der gleichnamigen Vorlesung. Zuerst erschienen in: Hans Joas/Wolfgang Knöbl, Sozialtheorie. Zwanzig einführende Vorlesungen, Frankfurt/M. 2006, S. 193-219.

5. Neopragmatismus

von Hans-Joachim Schubert

Die aktuelle Diskussion innerhalb des Symbolischen Interaktionismus dreht sich um die Frage, ob die theoretischen Begriffe und das Methodenrepertoire dieses Ansatzes ausreichen, um gesellschaftliche Entwicklungen und Probleme des post- oder spätmodernen Zeitalters zu beschreiben und zu beurteilen. Kann der Symbolische Interaktionismus »the postmodern moment« erfassen? In dieser Diskussion zeichnen sich zwei Richtungen ab, die hier anhand der Werke von *Norman K. Denzin* einerseits und *Hans Joas* andererseits charakterisiert werden sollen.

Nach Denzin ist in der Postmoderne eine neue »kulturelle Logik« wirksam, die die Soziologie nicht mehr mit ihren herkömmlichen theoretischen Begriffen und Methoden erfassen kann. Auch der Symbolische Interaktionismus gehört, so Denzin, wie viele andere soziologische Ansätze zum »Projekt der Moderne« und muss deshalb in seinen Grundannahmen revolutioniert werden. Nur wenn der Symbolische Interaktionismus die Ideen der französischen und amerikanischen postmodernen, poststrukturalistischen Theorie aufnimmt und sich dadurch zu einem kritischen *Interpretativen Interaktionismus* wandelt, können gesellschaftliche Handlungsprobleme im Zeitalter der Postmoderne reflektiert werden.

Im Gegensatz dazu vertritt Hans Joas die Ansicht, dass der Symbolische Interaktionismus besonders gut geeignet ist, postmoderne Interaktionsverhältnisse zu rekonstruieren und der »Offensive des Strukturalismus und Poststrukturalismus [...] entgegenzutreten«, vor allem dann, wenn das theoretische Potenzial des amerikanischen Pragmatismus besser ausgeschöpft wird. Viele Einsichten der postmodernen Theorie zählen nämlich schon seit langem zum festen Bestand pragmatistischen Denkens. Joas stimmt deshalb Richard Rorty zu, der sagt, dass »James und Dewey [...] am Ende des Weges warten, den Foucault und Deleuze erst begonnen haben zu gehen« (Joas 1992b: 59). Joas grenzt seine *Theorie der Kreativität des Handelns* von den dominanten Handlungstheorien der Moderne – der ökonomischen Handlungstheorie (Utilitarismus) und der funktionalistischen Modernisierungstheorie – ab, mit dem Anspruch, die neuen postmodernen Modi sozialer Ordnung und sozialen Wandels umfassend analysieren zu können.

Im Folgenden werden wir zunächst den Interpretativen Interaktionismus – die postmoderne Transformation des Symbolischen Interaktionismus – von Norman K. Denzin (1.) und danach die Theorie der Kreativität des Handelns – die pragmatistische Erneuerung des Symbolischen Interaktionismus – von Hans Joas darstellen (2.).

5.1 Norman K. Denzin: Der Interpretative Interaktionismus

Der Begriff »Postmoderne« bezeichnet, nach Denzin, vier unterschiedliche – miteinander verbundene – Aspekte: Die postmoderne *Kunst* ist durch die Aufhebung der Differenz zwischen Originalität und Simulation gekennzeichnet, weil sie eklektizistisch disparate Stilelemente aus ganz verschiedenen Epochen, Kulturkreisen und Kunstrichtungen kombiniert, ohne ein eigenes Zentrum zu entwickeln. Das Merkmal der Postmoderne als *historische Periode* vom Zweiten Weltkrieg bis heute ist die durch neue Massenkommunikations- und Informationsmedien (Computer-

und Satellitentechnologie) ermöglichte Globalisierung gesellschaftlicher Ordnungsbereiche. Der neue postmoderne *Lebensstil* ist durch »eitlen Konsumismus« geprägt, von postmodernen Menschen, deren Ich-Identität fragmentiert, situativ, ohne Kontinuität und Kohärenz ist, weil sie zu keiner aktiven Vermittlung zwischen den eklektizistisch adaptierten Selbstbildern aus dem Supermarkt der massenmedial erzeugten Bilder fähig sind. Denzin zitiert den französischen Philosophen Jean-François Lyotard, der den »Nullpunkt der gegenwärtigen Kultur« so beschreibt: »Man hört Reggae, sieht Western, isst bei McDonald's zu Mittag und lokale Küche zu Abend, trägt Pariser Parfum in Tokyo und ›Retro‹-Kleidung in Hongkong; Wissen ist eine Angelegenheit von Fernsehspielen.« (Lyotard in Denzin 1991a: 5) Die Postmoderne als *Sozialtheorie* schließlich deckt eine neue Logik der Kultur auf. Diese besteht nach Denzin in einem System medial verordneter Selbstüberwachung. Der »Blick« des postmodernen Menschen auf die Bilder der Massenmedien führt nicht zur Aufklärung gesellschaftlicher Verhältnisse, sondern zur Selbstdisziplinierung der Gesellschaft. Die Menschen werden zunehmend durch die Vorgaben der postmodernen Massenkultur manipuliert und prozessiert und sind deshalb immer weniger in der Lage, ihre kulturellen Orientierungen in Kommunikation miteinander selbst zu entwerfen und zu reproduzieren. Die Logik der Postmoderne ist vom Kultursystem westlicher Gesellschaften initiiert worden, von einer eigengesetzlichen Symbolwelt, die zwar nicht an das konkrete Alltagsleben der Menschen gebunden ist, dieses aber immer stärker bestimmt und kontrolliert. Die postmodernen Menschen bestimmten ihr Leben nicht mehr selbst, sie definieren keine eigenen Bedürfnisse, Ziele und Wertvorstellungen, sondern sie folgen den Vorgaben des kulturellen Systems, das sie dazu verleitet, die Vorbilder und Images, die die Massenmedien und die Kulturindustrie schaffen, zu kopieren. Die massenmedial produzierten symbolischen Lebensformen, wie sie paradigmatisch in vielen Hollywood-Filmen und »soap operas« kreiert werden, werden zur Realität. Die Kopie des Lebens wird zum wirklichen Leben. Der postmoderne Voyeur verliert die Fähigkeit, ein authentisches Selbst zu entwickeln.

Nicht äußere Zwangs- und Machtverhältnisse wie im Zeichen totalitärer oder autoritärer Regime, aber auch nicht mehr allein die kapitalistische Produktionsweise und die damit einhergehenden sozialen Ungleichheiten und Machtverhältnisse sind für die Postmoderne kennzeichnend, sondern die Logik der Kultur, das Diktat der Massenkommunikationsmedien und der Kulturindustrie. »Die postmoderne Gesellschaft ist eine cinematische, dramaturgische Produktion. Film und Fernsehen haben Amerika transformiert und vielleicht alle anderen Gesellschaften, die durch die Kamera in visuelle Videokulturen verwandelt wurden.« (Denzin 1991a: ix-x) Die Menschen in der dramaturgischen Gesellschaft spielen nicht mehr Theater, sondern die Welt ist ein Theaterstück oder ein Hollywood-Film geworden, in dem sich die Zuschauer durch die Linse der Kamera selbst beobachten.

Die Logik postmoderner Kultur (5.1.1) kann, nach Denzin, nicht mehr mit dem Begriffsrepertoire des Symbolischen Interaktionismus analysiert und kritisch beurteilt werden. Dies kann nur gelingen, wenn sich der Symbolische Interaktionismus mit den postmodernen Theorien von Michel Foucault, Jean Baudrillard, Jean-François Lyotard und Frederic Jameson sowie mit feministischen Theorien auseinandersetzt und sich dadurch zu einem kritischen Interpretativen Interaktionismus (5.1.2) entwickelt. Dieser muss auch ein neues Methodenverständnis und -repertoire bieten, welches entgegen den gängigen realistischen und rekonstruktiven Methoden die Subjektivität der Handelnden und der Forscher besser berücksichtigt, denn nur dann, so Denzin, können soziale Probleme des postmodernen Zeitalters verdeutlicht werden. Dabei richtet Denzin seine Forschungspraxis (5.1.3) folgerichtig auf zwei empirisch bedeutsame Felder der Postmoderne. Zum einen untersucht er die Filmindustrie Hollywoods. Denzin zeigt, welche Symbolwelten dort entstehen, die den neuen Traditionalismus und Konservatismus der 1990er Jahre begründen, aber auch, welche Gegenbilder innerhalb der Kulturindustrie entwickelt werden. Zum anderen untersucht er Momente in der Lebenswelt, die sich der Hegemonie der Kulturindustrie systematisch entziehen, wo die Menschen versuchen, die Definition ihrer Lebenssituation der massenmedialen Vermittlung zu entreißen und wieder in die eigenen Hände zu nehmen. Beispielhaft dafür sind Selbsthilfegruppen (z.B. von Anonymen Alkoholikern), in denen die Teilnehmer ihre Lebensprobleme dadurch bewältigen, dass sie eigene Erfahrungen austauschen bzw. eigene Lebensformen entwerfen und sich nicht auf die Rollenmodelle und Lösungsversuche der Massenmedien verlassen. Die kulturindustrielle Darstellung von sozialen Problemen in den Massenmedien kann, aufgrund des romantisierenden oder des relativistischen und beliebigen Umgangs mit den Destruktionen des postmodernen Lebens, bei der Lösung dieser Probleme nicht helfen. Die Möglichkeit, das eigene Leben wieder selbst zu definieren, entsteht hingegen häufig durch Lebenserfahrungen, die schockartige Wendepunkte in den Biografien der Menschen darstellen; dann zerbrechen die postmodernen Lebensstilmasken, und es eröffnen sich wieder Chancen, neue Lebenswege zu beschreiten. Deshalb richtet Denzin seine Aufmerksamkeit auf *Epiphanien* (schockartige Erscheinungen) und Wendepunkte in den biografischen Verläufen der Handelnden, die Raum für authentische Bedürfnisartikulationen entstehen lassen.

5.1.1 *Die Logik der postmodernen Kultur*

Denzin sieht sich weder als Hüter noch als Verteidiger der postmodernen Kultur und Theorie. Er will hingegen eine postmoderne Theorie des *kulturellen Widerstands* entwerfen, die ihre Wirkung auf die soziale Welt reflektieren kann. Eine Theorie des kulturellen Widerstands muss die Konstruktionsmechanismen des »postmoderne Selbst« aufdecken. Sie muss zeigen, wie das »postmoderne Selbst« durch Klassen-, Geschlechts- und ethnische Zugehörigkeit begründet ist. Im Hinblick darauf wird Denzins ganze theoretische und empirische Arbeit durch eine einzige Fragestellung motiviert: Wie werden diese Identitäten (Klassen-, Geschlechts- und ethnische Gruppenidentitäten) in der postmodernen Kultur dramaturgisch dargestellt und verordnet (Denzin 1991a: 1)? Diese Frage, so Denzin, kann nur durch eine interpretative, poststrukturalistische, feministische, postkoloniale Kulturtheorie der Mikro-Politik bearbeitet werden.

Mit seinem kritischen und interpretativen Interaktionismus will Denzin einerseits das »Netzwerk der Machtbeziehungen«, das die Gesellschaft durchzieht, beleuchten und andererseits den Widerstand der »ordinary people« gegen die hegemoniale Definitionsmacht der Kulturindustrie zum Vorschein bringen (Denzin 1991a: xi). Er will die schreckliche und schöne postmoderne Welt des neuen Jahrtausends, die Sinnzusammenhänge in der massenmedial, cinematisch vermittelten Lebenswelt erfassen und zeigen, wie die Grenzen zwischen den Images (Zeichen) und der Realität verwischt werden, und er will die Erfahrungen ausfindig machen, die es den Handelnden ermöglichen, im Widerstand gegen die Logik der postmodernen Kultur ihre Lebensgeschichte selbst zu gestalten.

Der postmoderne Mensch ist in erster Linie ein Beobachter, ein Voyeur, der glaubt, alles sehen und hören zu müssen und im Bestreben, immer auf der Höhe der Zeit zu sein, doch nur vorgegebene Images kopiert. Darin liegt das fatale *Paradox der Postmoderne*: Durch immer mehr Information und Mediengebrauch gewinnt der postmoderne Mensch nicht an Autonomie, Individualität und Entscheidungsfreiheit, sondern – ganz im Gegenteil – er wird immer umfassender dem System der öffentlichen Selbstüberwachung untergeordnet. Alles wird öffentlich und gleichzeitig beliebig.

Die (Selbst-)Überwachung in der Postmoderne ist perfekt geworden, nichts bleibt der Kamera und den Journalisten verschlossen. Alles wird aufgedeckt und aufgeklärt, ohne dass sich jedoch etwas verändert, denn jede Veränderung, jeder kreative Akt wird von den Medien inkorporiert, aufgesaugt, vermarktet und für den Verkauf aufbereitet. Alle kulturellen Innovationen und alle Widerstände verlieren ihre innovative und kritische Bedeutung und Kraft, sobald sie Teil der Massenmedien und der Wissensindustrie werden; dann wird das Eigentliche und Authentische der subjektiven Äußerung degradiert zu einem konsumgerechten, aufregenden, interessanten, bizarren, romantischen oder unterhaltenden Allgemeinen. »Journalisten, Politiker und Werbefachleute sind die neuen Intellektuellen; die neuen Historiker, die keinen Sinn der Geschichte kennen, nur Bedeutungen.« (Denzin 1991a: 9) Der postmoderne Mensch ist ein Voyeur, der auf die Bilder der Leinwände und Bildschirme starrt und dabei sein eigenes individuelles, kulturelles, sexuelles, arbeits- und Familienleben nicht mehr von den gebotenen Bedeutungen unterscheiden kann, sich selbst nur mit den Augen der Kamera sieht und überwacht, bis die Differenz zwischen Simulation und Realität im Panoptikum der Medienwelt verschwunden ist (Denzin 1992: 80).

Die Postmoderne ist ein visuelles, cinematisches Zeitalter. Ein Zeitalter, das sich selbst durch das Auge der Kamera voyeuristisch reflektiert. Der postmoderne Mensch ist Produkt des »cinematischen Blicks«, er ist ein Voyeur inmitten eines »Meeres von Symbolen«. Sein »ikonisches, postmodernes Selbst« ist ein (Selbst-) Konstrukt des selbstüberwachenden »inspecting gaze«, eines *panoptischen Blicks*, den der französische Poststrukturalist Michel Foucault so eindringlich in seinen Büchern beschreibt und der sich nach Denzin zu einem System der »gegenseitigen Abschreckung« weiterentwickelt, indem die Beobachter von Beobachtern beobachtet werden, die wiederum von Beobachtern beobachtet werden usw. Dabei legitimieren und rechtfertigen die voyeuristischen Kritiker ihren »starrenden Blick« auf die anderen Beobachter damit, dass sie schließlich Aufklärung betreiben, Skandale aufdecken, nach Wahrheit suchen und Kritik üben. Tatsächlich, so Denzin, bleiben aber gerade die Nachrichtenmacher, Wissenschaftler, Ethnologen und Feldforscher unter dem »Schirm der Überwachungsgesellschaft«. Ihr Versuch, die Mechanismen der Fremdbestimmung aufzuklären, führt zu einer endlosen Selbstüberwachung. Im Zeichen der Suche nach Wahrheit findet letztlich gesellschaftliche Selbstdisziplinierung statt, weil die Medien und die Wissenschaften die Sprache der »anderen« in ihren eigenen Medien- und Wissenschaftscode oder Diskurs übersetzen und die »anderen« damit zu Objekten machen, denen die eigene Identität, der eigenständige Selbstausdruck geraubt wird.

Die visuelle postmoderne Kultur wird durch die touristischen, medizinischen, sozialwissenschaftlichen, televisonären, religiösen, politischen, fotografischen usw. Blickrichtungen oder Beobachtungssstandpunkte organisiert. Diese »visuellen Diskursstrukturen« erzeugen eine »Sprache des Visuellen«, die »die früheren literarischen Formen, wie sie in der Rede und den Printmedien begründet waren, ablöst, wodurch ein neues Set an Medienlogiken und Medienformaten eingeführt wird [...]. Das Resultat ist eine überschießende Produktion von Bedeutungen, eine Ekstase der Kommunikation, die dem Wunsch der Medien entspringen, alles zu erzählen und sich am eigenen Spektakel und an der Pornographie der Exzesse zu ergötzen.« (Denzin 1991a: 8)

In der Postmoderne hat sich nach Denzin die visuelle Zeichenwelt von der Welt der Objekte und der Interpreten abgekoppelt. Die Symbole und Zeichen definieren sich nur noch gegenseitig. Bedeutungen entstehen durch die Differenzen zwischen den Symbolen oder Zeichen, ohne dass ein Objekt zur Verfügung stehen würde, an dem sich der Realitätsgehalt der Zeichen messen lassen könnte, und ohne dass die Interpreten zwischen Zeichen und Objekt vermitteln könnten. »Der traditionelle Referent eines Textes ist nun selbst ein Zeichen, gelöst von jedem fest etablierten konkreten Objekt, Ereignis oder jeder Person.« (Denzin 1991a: 25) In der Postmoderne ist es zu »einem apokalyptischen Mord an der Realität gekommen« (Denzin 1991a: 12). Die Symbolwelt ist – gelöst von den Objekten und Interpreten – zu einer eigenen Hyperrealität geworden wie z.B. die Werbung, die nicht mehr für eine Ware steht, sondern selbst eine Ware geworden ist. Die Wirklichkeit ist die Werbung.

Wenn wir auf das Zeichenmodell von Peirce zurückblicken, so stellt sich die postmoderne Diagnose als die Auflösung der Relationen zwischen Objekt, Interpret und Zeichen dar. Das Objekt spielt in der Postmoderne keine Rolle mehr. Ein »outward clash« der interpretativ gebildeten Symbole mit der Realität ist nicht mehr vorgesehen. In der Postmoderne, so der französische Soziologe Jean Baudrillard, geht es »um die Substituierung des Realen durch Zeichen des Realen« (Baudrillard 1978: 9). Auch die Interpreten verlieren an Bedeutung. Sie haben sich dem internen Spiel der Zeichen und Symbole untergeordnet, so dass ihre Interpretationskraft in der überschäumenden Zeichenwelt des massenmedialen Angebots erlahmt ist. Die Fantasie der Handelnden ist im Meer des sich selbst reproduzierenden Showbusiness Hollywoods untergegangen. Wie die Welt der Objekte der Computersimulation keinen Widerstand mehr entgegensetzen kann, so ist der Interpret beim Versuch, sich selbst zu interpretieren, der Interpretations-, Aufdeckungs- und »programmatischen, fehlerlosen Signalmaschine« (Baudrillard 1978: 9) zum Opfer gefallen. Alles kann von der Kamera hinterfragt werden, auch die Bilder, die die Kamera selbst produziert. Was Realität ist und was Fiktion, verschwimmt; was zählt, ist nur noch die Differenz zwischen einer »guten« und einer »schlechten« Simulation.

Denzins Kritik an den Theorien der Postmoderne

Denzin schließt sich mit seiner radikalen Kulturkritik dem postmodernen Denken von *Jean Baudrillard* an. »Das Zeichen«, so Baudrillard, »ist die Realität geworden, oder das Hyperreale. Das Zeichen maskiert die Tatsache, dass es keine basale Realität mehr gibt.« (Baudrillard 1978: 8) Die Postmoderne ist das Zeitalter der Simulation (oder Hyperrealität). Ein Beispiel dafür ist das Phänomen Disneyland: Die hyperreale Symbolwelt Disneylands lässt sich nach Baudrillard nicht mehr in ein Verhältnis zur amerikanischen Kultur setzen, denn diese ist längst – wie Disneyland – Teil der Hyperrealität geworden. Disneyland ist deshalb kein übersteigerter Ausdruck der konsumistischen amerikanischen Freizeitkultur und Disneyland erfüllt auch nicht die Funktion, von herrschenden sozialen Ungleichheiten abzulenken (Ideologie). Die postmoderne Kritik ist viel radikaler als die konventionelle Konsum- und Ideologiekritik, denn nach Baudrillard ist Disneyland zwar eine Simulation, aber keine, die die Realität verdeckt, sondern eine, die verschleiert, dass die amerikanische Realität verschwunden ist. Die neue Ideologie in der Postmoderne kennzeichnet die Vorstellung, es würde eine Differenz zwischen Simulation (Disneyland) und amerikanischer Realität geben.

Disneyland stellt eine solche Ideologie dar, den Versuch, eine Differenz zwischen Fiktion und Wirklichkeit zu konstruieren, wo tatsächlich nur noch Indifferenz herrscht. Der totale Realitätsverlust in der Postmoderne wird durch Disneyland verdeckt, durch die Suggestion, Disneyland sei Ausdruck der Irrealität (Fantasiewelt), die sich von der Realität unterscheidet. »Disneyland wird als Imaginäres hingestellt, um den Anschein zu erwecken, alles Übrige sei real. Los Angeles und ganz Amerika, die es umgeben, sind bereits nicht mehr real, sondern gehören der Ordnung des Hyperrealen und der Simulation an. Es geht nicht mehr um die falsche Repräsentation der Realität (Ideologie), sondern darum zu kaschieren, dass das Reale nicht mehr das Reale ist, um auf diese Weise das Realitätsprinzip zu retten.« (Baudrillard 1978: 25) Nach Denzin sieht Baudrillard – »the genetic engineer of postmodern theory« – keine Möglichkeit, der postmodernen Zeichenmaschine etwas entgegenzusetzen. Auf die Frage, ob der postmoderne Zustand zu verändern sei, würde er, so Denzin, antworten: »There is no way. You are doomed to live your programmed life as a simulated human being and your feelings are all false!« Baudrillard hat sich von den Geistern, die er rief, überwältigen lassen. »His postmodern individual is a cultural dope who can't see through the simulational, hyperreal informational structures presented by the mass media« (Denzin 1991a: 34-5).

Andere Theoretiker der Postmoderne folgen dem Fatalismus Baudrillards nur zum Teil. Anstelle der Auflösung aller sozialen Bindungen entwirft der »Philosoph der Postmoderne«, *Jean-François Lyotard*, eine »pragmatische Konflikttheorie sozialer Bindungen«. Aber auch er, so Denzin, verliert mit dem von ihm zu Recht prognostizierten Ende aller »großen Erzählungen« jeden Maßstab, mit Hilfe dessen die Postmoderne kritisch beurteilt werden könnte. Lyotard trifft keine Unterscheidung zwischen einem relativistischen Sprachspiel und einer Aussprache, die zu einer Entscheidung darüber führt, was »richtig« und »falsch« ist (language games versus enunciation). Seine »agnostische Theorie« kann keinen Ausgangspunkt für eine postmarxistische radikaldemokratische Politik formulieren (Denzin 1991a: 39). Auch an *Frederic Jamesons* Theorie der Postmoderne kritisiert Denzin die Totalisierung des postmodernen Zustands und damit den Verlust einer kritischen Einstellung. Die Autonomie der Individuen hat sich nicht, wie Jameson glaubt, in der Welt organisierter Bürokratie aufgelöst, denn dieses »subject is alive, but not doing particularly well [...]. The subject is not dead. He or she is still alienated, and while fragmented across a variety of viewing scenes, remains a voice and a presence which the postmodern media requires for its daily productions« (Denzin 1991a: 45).

Wie soll nun, aus Denzins Sicht, eine Theorie der Postmoderne aussehen, die erstens die postmoderne Einsicht aufnimmt, dass Aufklärung (z.B. wissenschaftliches Wissen) nicht unbedingt dazu führt, dass Entfremdungsphänomene und soziale Ungleichheiten reduziert werden, sondern – ganz im Gegenteil – zur Selbstdiziplinierung und Selbstüberwachung der Gesellschaft führen kann; die deshalb zweitens keinen universalistischen Standpunkt vertritt, also keinen absoluten Maßstab formuliert, der angewendet werden könnte, um zwischen »wahr« und »falsch«, »Realität« und »Simulation« oder zwischen »Authentizität« und »Entfremdung« zu unterscheiden und die drittens trotzdem fähig ist, die Missstände und sozialen Ungleichheiten des postmodernen Zeitalters zu kritisieren. Der Symbolische Interaktionismus erfüllt, nach Denzin, nur die erste dieser drei Bedingungen und muss deshalb zu einem Interpetativen Interaktionismus revolutioniert werden.

5.1.2 Vom Symbolischen Interaktionismus zum Interpretativen Interaktionismus

»The postmodern self must be written from the inside out«. Der Versuch, die Postmoderne »aus der privilegierten Perspektive eines bürgerlichen soziologischen Ästheten« zu untersuchen, ist gescheitert:

> »The grand metanarratives of classical theory, reason, rationality, logic, and order, have died [...]. Our theoretical signifiers have lost their signified referents. They now refer only to other texts, which in turn refer to yet others. There is no longer a world out there that can be objectively mapped by a theory or a method« (Denzin 1991a: 60).

Die soziale Welt kann nicht mehr als Totalität, als ein einheitlicher Zusammenhang betrachtet werden, der durch *eine* Form der Logik oder Rationalität erklärt werden kann, denn die postmoderne Welt besteht aus unterschiedlichen und unvergleichlichen Lebenswelten und Lebenstilenklaven. Deshalb müssen für das Verständnis postmoderner sozialer Beziehungen auch ganz unterschiedliche Maßstäbe und Geltungskriterien verwendet werden. Aufgrund der Relativität und Unvergleichbarkeit postmoderner Welten stellt sich für Denzin die Frage, wie Kritik an postmodernen sozialen Verhältnissen geleistet werden kann. Welchen Maßstab können Kritiker überhaupt noch verwenden, wenn die »großen Erzählungen«, die universalen Ansprüche wie Gleichheit, Gerechtigkeit, Wahrheit und Rationalität nicht mehr zählen – wenn alles relativ ist?

Denzin löst das Problem der Kritik in der Postmoderne nicht durch einen neuen Universalismus, sondern indem er in jedem besonderen »historischen Moment« die spezifischen Ungleichheitsverhältnisse aufdecken will. »Jede historische Periode muss auf einen eigenen Begriff gebracht und innerhalb partikularer kultureller, sexueller, rassischer. sozialer, moralischer, ökonomischer und politischer Ordnungen situiert werden.« (Denzin 1991a: 49) Postmoderne soziologische Begriffe und Methoden müssen aufzeigen, »in welcher Weise sich die Menschen selbst, in und durch Interaktion und Kommunikation miteinander, den Sinn der Postmoderne verständlich machen; sich selbst in Beziehung setzen zu den dominanten, zufälligen und emergenten Besonderheiten des postmodernen Lebens. Dafür ist keine große Erzählung notwendig.« (Denzin 1991a: 50)

Die klassische soziologische Theorie der Moderne hat Gesellschaften als Totalitäten – als einheitliche Gebilde (Strukturen) – konzeptualisiert, die zwar aus einzelnen Teilen (Handlungen und Individuen) zusammengesetzt sind, aber durch ein einheitliches gesellschaftliches Prinzip organisiert werden. Die postmoderne Theorie ist, im Gegensatz dazu, »anti-totalizing«, sie strebt nicht danach, »die Mikroebenen der Analyse miteinander zu verbinden« und zu einem Ganzen – einem einheitlichen Gesellschaftsbild – aufzuspreizen. Damit schließt sich die Theorie der Postmoderne dem symbolischen Interaktionismus an (Denzin 1991a: 24).

Soziale Strukturen sind Netzwerke kristallisierter, symbolisch vermittelter, kollektiver Handlungen. Soziale Ordnung wird ausgehandelt, ist situiert, zeitlich begrenzt, emergent und wird als sicher angenommen (taken-for-granted). Interaktionssituationen können routinisiert, ritualisiert oder auch hochproblematisch sein (Denzin 1992: 26). Hier setzt Denzin mit seinem Interpretativen Interaktionismus an. Wenn die Ordnung symbolischer Interaktionen gestört wird, dann entstehen Erfahrungen, die entscheidende Konsequenzen für die Identität der Beteiligten nach sich ziehen können.

Erst in Krisen und Umbruchszeiten kommt es zur »Erscheinung« (Epiphanie) oder zur »Offenbarung« latenter Bedeutungen. Epihanische Erfahrungen sind Wendepunkte, in denen das Selbstbild der Handelnden zur Disposition steht und in denen vor allem kristallisierte Strukturen sichtbar werden, die soziale Ungleichheit und soziale Probleme begründen. »Interpretative Interaktionisten studieren epiphanische Erfahrungen. Der Interaktionist lokalisiert Epiphanien in Interaktionssituationen, in denen persönliche Probleme zu öffentlichen Fragen werden. Durch diese biografischen Erfahrungen in Interaktionen wird das Persönliche mit dem Strukturellen verbunden.« (Denzin 1992: 26) Das ist der wichtige Schwerpunkt, den Denzin innerhalb des symbolischen Interaktionismus setzt. Persönliche Probleme sind immer vermittelt mit gesellschaftlichen Strukturen, deshalb gilt es, sowohl die Macht der postmodernen Diskursstrukturen und Bedeutungszusammenhänge als auch die Handlungsspielräume und Widerstandsformen der Akteure aufzuzeigen.

Die interpretativen Interaktionisten wollen das Handlungspotenzial sichtbar machen, das Akteure im Widerstand gegen ungleichheitsbegründende Strukturen generieren. Aufgabe der empirischen Sozialforschung ist es deshalb, das Wissen der Akteure für die Kritik an der Postmoderne verfügbar zu machen und nicht »soziologisches Wissen« durch einen »reflective gaze« zu produzieren, was die Selbstdiziplinierung der Gesellschaft verstärkt (Denzin 1992: 169). Durch seine Untersuchungen über das soziale Problem *Alkoholismus* will Denzin diesen Anspruch einlösen, indem er zeigt, dass in Selbsthilfegruppen von Alkoholikern Wissen und Wege geschaffen werden – oft im Gegensatz zur Sprache der Wissenschaft und der Massenmedien –, die es den Gruppenteilnehmern ermöglichen, mit der Krankheit selbst fertigzuwerden. Denzin will der Sprache der Akteure Gehör verschaffen. Gegen die Techniken der Überwachungsgesellschaft formuliert er eine feministische und kulturtheoretische Agenda, die den »silenced minorities« eine Stimme gibt. Er will eine »Politik des Widerstands« aufzeigen, wie sie z.B. in Selbsthilfegruppen geübt wird. Dort versuchen Akteure den Sinn der Lebenserfahrungen, die sie in der postmodernen Welt machen, selbst herausfinden. Denzins interpretativer Interaktionismus ist deshalb vor allem eine bestimmte *Forschungspraxis* und weniger eine soziologische Theorie, die einen eigenständigen theoretischen Erklärungsanspruch behauptet.

5.1.3 Die Forschungspraxis des Interpretativen Interaktionismus

Mit der postmodernen Wende des Interaktionismus will Denzin verhindern, dass die soziale Welt durch die spezifischen Rationalitätsanforderungen und Erklärungsmuster der Wissenschaft diszipliniert wird. Für Denzin sind hingegen die Akteure selbst die besten Interpreten ihrer Handlungen, deshalb müssen sie auch besser in den Forschungsprozess eingebunden werden.

Die Differenz zwischen dem Forscher und dem »Objekt« der Forschung muss aus der Sicht der postmodernen Ethnografie dringend neu bestimmt werden, denn eine »wertfreie« Forschung – die urteilslose Darstellung des Forschungsgegenstands durch den Sozialforscher – ist nicht möglich; auch dann nicht, wenn der Forscher sich Mühe gibt, seinen eigenen Erklärungsanspruch und sein eigenes Wissen zu kontrollieren, und sich nur der Wahrheit verpflichtet fühlt, denn auch der Anspruch auf Wahrheit ist – das ist eine der Kernaussagen der postmodernen Theorie – politisch nicht neutral. Der Anspruch, die Wahrheit zu erforschen, welchen die Wissenschaft und die Aufklärung vertreten, führt zur Disziplinierung der sozialen Welt, weil es dort häufig einfach nicht um Wahrheit geht. Die Kriterien der Wissenschaft sind für die Darstellung und Beurteilung sozialer Phänomene oft nicht angemessen. Die soziale Welt ist vielstimmig und mit unterschiedlichen Geltungsansprüchen ausgestattet. Die Interpretation des Soziologen ist immer nur eine Stimme unter vielen. Ziel der postmodernen, ethnografischen Sozialforschung muss es deshalb sein, ein vernünftiges Zusammenspiel zwischen den Stimmen der »anderen« (der Probanden) und der Interpretation des Sozialforschers zu finden.

Das kann am besten durch qualitative Methoden erreicht werden, die der Subjektivität des Forschers und der »anderen« Raum lassen. Quantitative und qualitative Methoden hingegen, die einer eigenen verabsolutierten Rationalität (zählen, rechnen, auflisten, korrelieren, quantifizieren, fundieren usw.) verpflichtet sind, entsprechen der sozialen Welt nicht und können zu deren Disziplinierung beitragen. Denzin unterscheidet deshalb idealtypisch zwischen einer »tender-minded« (kritische, emanzipatorische, feministische, interaktionistische, poststrukturalistische und postmoderne Forscher) und einer »tough-minded« Forschergemeinschaft (Positivisten, Postpositivisten, Konstruktivisten und grounded theorists) (Denzin 1994: 511).

Der interpretative Interaktionismus vertritt, mit seiner empirisch begründeten, multi-sensuellen und multi-perspektivistischen Epistemologie (Erkenntnistheorie) das Ziel, die »Welt der problematischen Erfahrungen von gewöhnlichen Menschen« (Denzin 1989: 7) für den Rezipienten verfügbar zu machen, und enthält sich der Versuchung, eine »große Erzählung« mit einem universalistischen Wahrheitsanspruch zu liefern. Der zentrale Ausgangspunkt der neuen *postmodernen Sensibilität* für Probleme der empirischen Sozialforschung ist der Zweifel daran, »that any discourse has a privileged place, any method or theory an universal and general claim to authoritative knowledge« (Denzin und Lincoln 1994a: 2). Daraus folgt, dass jede sozialwissenschaftliche Forschergemeinschaft ihre eigenen Kriterien besitzt, um die Angemessenheit getroffener Behauptungen über die soziale Welt zu beurteilen. Sobald der privilegierte »Schleier der Wahrheit«, wie ihn die etablierte Wissenschaft verhängt hat, gelüftet wird, gewinnen die feministischen, afro-amerikanischen und andere Diskurse den gleichen epistemologischen Status wie der dominante Diskurs der Wissenschaft. Deshalb beurteilen interpretative Interaktionisten Phänomene der sozialen Welt nicht mehr nur mit dem Maßstab der »Wahrheit«, sondern daneben treten gleichberechtigt praktische, ästhetische, politische, moralische und subjektive Evaluationskriterien.

Nach dem Ende »des Zeitalters der vermeintlich wertfreien Sozialwissenschaft« muss die postmoderne Sozialwissenschaft auch Sensibilität für das Interpretationsproblem beim Schreiben sozialwissenschaftlicher Texte und nicht nur in Bezug auf die Erhebungs- und Interpretationsmethoden gewinnen. Sozialwissenschaftliche Texte können keinen eigenen Maßstab anwenden, der die Wahrheit oder Bedeutung von Aussagen legitimieren könnte. Diese *Krise der Legitimation* wird von postmodernen Autoren gemeistert, indem sie auf »den Wunsch verzichten, einen autoritativen (gültigen) Text zu produzieren [...]. Ein guter Text zeigt, wie Rasse, Klasse und Geschlecht sich durch das konkrete Leben interagierender Individuen arbeiten.« (Denzin und Lincoln 1994b: 579) Der postmoderne Ethnograf gibt sich zufrieden mit »lokalen, programmatischen Begründungen für seinen konzeptuellen (interpretativen) Ansatz« (Denzin 1994: 504).

Können Sozialwissenschaftler, die die postmoderne Sensibilität erfasst haben, überhaupt hoffen, dass ihre Texte die »authentischen Erfahrungen der anderen« – der Probanden – repräsentieren? Und wenn nicht, wie muss ein sozialwissenschaftlicher Text beschaffen sein, der die anderen mit einbezieht? Die Antwort von Denzin auf die *Krise der Repräsentation* lautet: Die »anderen« müssen in umfassender Weise an der Forschungspraxis teilnehmen und verlieren dadurch den Status als »Forschungsobjekt«. Denzin will die methodologische und erkenntnistheoretische Grenze zwischen Forscher und Proband einreißen. Dies kann auf verschiedenen Wegen erreicht werden: Durch »partizipatorische oder kooperative Forschung« zwischen den Forschern und den »anderen« (Laien), durch Trainingsprogramme für die »anderen«, durch Koautorschaft der »anderen«, durch das Verfassen von »experimentellen« oder »messy« Texten, in denen multiple Stimmen sprechen, die oft in Konflikt miteinander stehen, oder durch autohistorische, fiktive, poetische und persönliche Texte des Forschers. Der postmoderne Sozialwissenschaftler ist ein *bricoleur*, der weiß, dass Forschung ein interaktiver Prozess ist, welcher durch seine Biografie, durch seine Geschlechts-, Klassen- und ethnische Perspektive und durch wissenschaftliche Paradigmen beeinflusst wird, der weiß, dass er eine »Geschichte« über die Welt »erzählt«, und zwar im »Rahmen« von »Erzähltraditionen«, so dass es gilt, die Standpunktverbundenheit des Forschers zu verdeutlichen, und nicht, sie aufzuheben (Denzin und Lincoln 1994a: 3).

Die postmoderne Ethnografie Denzins ist entschieden »anti-aufklärerisch« und »anti-wissenschaftlich«, denn die moderne Wissenschaft und die Aufklärung richten einen voyeuristischen und entmündigenden Blick auf die Alltagswelt und sind deshalb für die Etablierung der Überwachungsgesellschaft mitverantwortlich. Der universalistische Wahrheitsanspruch – die große Erzählung – der Wissenschaft muss durch die vielen lokalen Diskurse und Erzählungen der verschiedenen Gemeinschaften ersetzt werden, wenn die Überwachung der Gesellschaft durch eine Demokratisierung abgelöst werden soll und wenn die authentischen Gefühle und Bedürfnisse der Akteure zum Ausdruck gebracht werden sollen. Dieses politische Ziel kann nur erreicht werden, wenn das lokale Wissen und die lokalen Erzählungen der Akteure Vorrang vor dem wissenschaftlichen Diskurs und den kulturindustriellen Deutungsmustern bekommen.

Forschungspraktisch richtet Denzin seinen ethnografischen, postmodernen Blick auf zwei Handlungsbereiche. Einerseits untersucht er die in Nordamerika dominanten kulturellen Bedeutungs-, Symbol-, und Diskursstrukturen, wie sie von der Filmindustrie Hollywoods produziert werden. Andererseits erforscht er die Erfahrungen von Menschen, die sich aktiv mit sozialen Problemen (Alkoholismus) auseinandersetzen und damit der kulturindustriellen Perspektive Widerstand leisten.

Alkoholiker und Alkoholismus in der amerikanischen Gesellschaft

Der Ansatz des interpretativen Interaktionismus soll, so Denzin, nur von Forschern verwendet werden, die die politische Wende des Interaktionismus akzeptieren; die den Zusammenhang zwischen persönlichen Problemen und öffentlichen Institutionen durch ihre Forschungen thematisieren wollen und die einen biografischen Zugang zu den von ihnen untersuchten Problemkontexten haben (Denzin 1989: 10). Der forschungspraktische Ausgangspunkt eines interessegeleiteten und politisch gewendeten Interaktionismus sind die epiphanischen Erfahrungen von Einzelnen oder Gruppen, die in problematischen Interaktionssituationen und sozialen Krisen auftreten. Dabei interessiert sich Denzin vor allem für die ersten Schritte in diesem Prozess der Selbst- und Strukturerkenntnis; wenn z.B. eine Frau ihren gewalttätigen Mann verlässt und Hilfe in einem öffentlichen Frauenhaus sucht oder wenn ein Alkoholiker aus eigenem Entschluss das erste Mal den privaten Umgang mit seiner Krankheit hinter sich lässt und eine Selbsthilfegruppe der »Anyonymen Alkoholiker« besucht. In diesen Momenten wird der öffentliche Charakter privater Probleme sichtbar, werden oft lange privat gebliebene, aber gesellschaftlich verursachte Konflikte wieder gesellschaftlich (Denzin 1994: 510).

Exemplarisch führt Denzin sein ethnografisches Projekt, seine »Anthropologie der existentiellen Erfahrung«, bei der Untersuchung über Alkoholismus und die Behandlung von Alkoholismus in Selbsthilfegruppen der Anonymen Alkoholiker (AA) durch: Das Thema »Alkoholismus« hat er deshalb gewählt, weil er aufgrund von familiären Erfahrungen einen biografischen Zugang zu diesem Phänomen hat. Von Anfang an hat er dabei Stellung bezogen: »I took the side of AA«. Den Schwerpunkt seiner Forschungen hat er auf »pivotal turning point experiences« von Alkoholikern gelegt. Er untersucht vor allem die Momente im Leben von Alkoholikern, »wenn sie kapitulieren und sich in Behandlung begeben, wenn sie abgleiten und rückfällig werden, wenn sie sich betreuen lassen und andere betreuen, wenn sie verzweifeln und Selbstmordversuche begehen«. Im Forschungsprozess hat Denzin kein Wahrheitskriterium privilegiert, sondern versucht, die »Wahrheits-, Angemessenheits- und Authentizitätsmodelle« offenzulegen, mit denen die Alkoholiker in ihren Selbsthilfegruppen selbst operieren. Dabei hat er sich nicht auf die »analytische Sprache der Rationalität und der wissenschaftlichen Exploration« verlassen, sondern er zeigt, dass die »Sprache der Emotionalität« viel wertvoller ist, denn nur diese Sprache kann die »tiefen, basalen Gefühle zum Ausdruck bringen, die aus authentischen und bedeutungsvollen Erfahrungen entstehen«. Um eine Disziplinierung des lokalen Wissens der Alkoholiker zu vermeiden, hat Denzin versucht, die multiplen Diskursstrukturen, die den Erfahrungen von Alkoholikern zugrunde liegen, aufzudecken und seinen

»interpretativen Text« zurückzunehmen. Deshalb ist sein ethnografischer Text »vielstimmig, konfliktreich, beschreibend und hat ein offenes Ende«. Denzins Texte über Alkoholismus sind »decentered« und »deconstructed«. Er will seine eigene Stimme zugunsten jener der anonymen Alkoholiker minimieren. Schließlich sollen die Leser den Text des postmodernen Ethnografen selbst mit Bedeutungen ausstatten können. Sie sollen nicht von den Interpretationen des Autors überwältigt werden, denn es gibt nicht mehr die eine Wahrheit (Denzin 1990: 82-86).

Seine Bücher zum gesellschaftlichen Problem Alkoholismus, die er zum Teil explizit für Alkoholiker und deren Familien geschrieben hat, sollen eine Perspektive sichtbar machen, die von der Kulturindustrie verdeckt wird. Hollywood hat nämlich – shot by shot – eine ganz eigene Vorstellung des Alkoholkonsums entwickelt (Denzin 1991b).

Hollywood und die postmoderne Überwachungsgesellschaft

Mit seinem Blick auf Hollywood will Denzin das foucaultsche »Panoptikum und die Technologien der Macht untersuchen, die es der Industriegesellschaft ermöglicht haben, das ›Problem der Überwachung‹ in der privaten und öffentlichen Sphäre des Alltagslebens zu lösen« (Denzin 1995b: 99). Hollywood ist die Simulationsmaschine, die keinen Bereich der nordamerikanischen Zivilgesellschaft unberührt gelassen hat. Sie produziert die Interpretationsfolien, die die Akteure für die Definition aller möglichen Handlungssituationen benutzen; sei es bei der Beurteilung von Kriegen oder bei der Definition der eigenen Sexualität. Nach Denzin ist die Definitionsmacht Hollywoods omnipräsent (Denzin 1995b: 114). Die Lebenswelt der Menschen in der Postmoderne ist vom Auge der Kamera durchdrungen. Dabei vermittelt die Medienwelt vor allem eine wichtige, paradoxe Erfahrung: In einer Welt, in der alles öffentlich ist, gibt es gleichzeitig eine Welt privater Erfahrungen, in der die Individuen für ihre Handlungen selbst verantwortlich sind. Die Filmwelt macht alle privaten Geschichten öffentlich, gleichzeitig suggeriert sie jedoch die Existenz einer privaten Welt, denn die Privatheit ist der zentrale Gegenstand Hollywoods. In den *daily soaps* und Hollywood-Spielfilmen werden ständig neue private Lebenswelten und private Schicksale inszeniert, die gleichzeitig jedoch vollkommen öffentlich sind, von allen Zuschauern voyeuristisch verfolgt werden können. Nur indem die Hyperrealität einer privaten Welt simuliert wird, kann die Ideologie aufrechterhalten werden, dass Lebensprobleme Einzelner oder innerhalb von Familien gelöst werden können, ohne dabei äußere Machtverhältnisse infrage zu stellen.

Die immer perfekter und öffentlicher werdende Simulation privater Welten durch Hollywood dringt in die Lebenswelt der Menschen ein und strukturiert deren Biografien und soziale Beziehungen. Filme, die konservative Geschlechter-, Rassen- und Klassenverhältnisse vorspielen, in denen die »anderen« – die Dargestellten – mittels simulierten objektiven Normen und rationalen Handlungsmustern (der maskulinen Kultur der weißen Mittelschicht) beschrieben und beurteilen werden, überschwemmen den Markt und entfalten ihre hegemoniale Wirkung. Die Hegemonie Hollywoods ist aber nicht total, denn selbst innerhalb der Kulturindustrie sind Gegenbewegungen aktiv. Auch in Hollywood werden Filme produziert, die den Anspruch erheben, soziale Ungleichheiten und undemokratische politische Entwicklungen und Ereignisse aufzudecken. Allerdings teilen diese Filme das Schicksal der an Aufklärung interessierten Sozialwissenschaften: Sie sind Teil und Verursacher der Überwachungsgesellschaft. Selbst kritische Filme bleiben im Rahmen der maskulinen Überwachungskultur, denn auch sie spielen nur mit der »Erotik der Macht« und bleiben innerhalb der Fiktion, dass die Wahrheit entdeckt werden kann, wenn man nur eine objektive Einstellung vertritt und die richtigen Beobachtungs- und Untersuchungswerkzeuge besitzt. »And here at the end, locked into their own cinematic apparatus, the filmmakers seem unable to grasp the truth of the simularcum which knows that here is no truth beyond the image. The simularcum is true« (Denzin 1995b: 119).

Der »obsessive male gaze« wird nur durch einen radikalen Perspektivenwechsel gebrochen, durch den »unorthodoxen Blick« feministischer Frauen und von Mitgliedern ethnischer Gemeinschaften. Der feministische und ethnische Blick »sieht und hört Dinge, die dem weißen maskulinen Auge verborgen bleiben«. Wenn Frauen an »beiden Enden des Schlüssellochs der Geschichte« sitzen, kann die »patriarchalische Erzählung« dekonstruiert werden und ein »alternatives Wissen« entstehen, das die »maskuline, narzisstische Identifikation« mit den anderen »transzendiert« und eine »neue Form des Selbstbewusstseins« darstellt, welches zum »Kern des Ichs der anderen« vordringt (Denzin 1995a: 218). Im feministischen Film wird versucht, die »anderen« und ihr Selbst mit ihrer Mannigfaltigkeit und Unterschiedlichkeit in den Blick zu bekommen, so dass der überwachende und dominierende Effekt der objektivistischen und wahrheitssuchenden Perspektive vermieden wird.

Seinen Ansatz zusammenzufassen bleibt Norman K. Denzin selbst überlassen:

»My version of the postmodern project is antiscientific and antienlightenment in five senses. First, this project aims to show how modern science has created oppressive structures of experience for particular classes of subjects in late postmodern society. It attempts to displace and subvert these discourses of rationality. Second, in their place it inserts the more ›authentic‹ discourse of feelings and emotionality. Third, it values the local narratives and local discourses that are produced by self-help groups. It asserts that these narratives have replaced the larger, cultural, metanarrative beliefs that science is good, cumulative, rational, and can liberate humanity from its ills. Fourth, while there is a democratization of discourse, or an attempt to reveal a plurality of discourses, there is the realization that no text can neutrally present any discourse structure. Fifth, local narrative knowledge, like AA 's theory of alcoholism, becomes, in my view, the raw material for renewed social bonds in the late postmodern period. By privileging local narratives over scientific knowledge I want to show, after Sartre, how persons in groups can change the course of their own collective history.« (Denzin 1990: 98)

5.2 Hans Joas: Die Kreativität des Handelns

Im Anschluss an den amerikanischen Pragmatismus hat Hans Joas eine *Theorie der Kreativität des Handelns* (1992a) entwik-kelt,, die das Handeln – ähnlich wie die postmoderne Theorie – nicht unmittelbar mit einer Theorie der Rationalität verbindet. Die Kreativität des Handelns lässt sich nicht am Maßstab der effektiven Zielverwirklichung, der normativen Richtigkeit oder der diskursiven Zustimmung bemessen; denn aus soziologischer Perspektive können Handlungen für Fragen der sozialen Ordnung und des sozialen Wandels wichtig sein, auch wenn es dabei gar nicht um die kostengünstige Realisierung von Zielen (Nutzenmaximierung), nicht um die richtige Anwendung von Normen (Strukturerhaltung) und auch nicht um die argumentative Einlösung von Geltungsansprüchen (kommunikative Rationalität) geht. Die Rationalmodelle des Handelns können die phänomenale Vielfalt menschlichen Handelns nicht erfassen, so dass die Kreativität, die allen menschlichen Handlungen zugrunde liegt, unentdeckt bleibt.

Andererseits gibt Joas aber nicht – wie manche mikrosoziologischen und postmodernen Theorien – den Bezug zur Frage der Rationalität ganz auf. Durch die Auseinandersetzung mit unterschiedlichen Kreativitätstheorien gewinnt er hingegen einen Begriff »situierter« oder »integrierter Kreativität«, der es sehr wohl erlaubt, verschiedene Formen kreativen Handelns auseinanderzuhalten und auch zu beurteilen. Das ist für Joas ein ganz wichtiger Punkt, denn nicht umsonst beschäftigt er sich besonders intensiv mit Fragen des Krieges und der Gewalt, die aus der Perspektive einer zweckrationalen (konflikttheoretische Ereignisgeschichte) und normativistischen Theorie sozialen Wandels (Modernisierungstheorie) nur unzureichend beantwortet werden können, die aber auch nicht einem »positiven« Begriff des kreativen Handelns subsumierbar sind. Joas will mit seiner Theorie der Kreativität des Handelns sowohl den postmodernen Zweifel an der Bedeutung rationalen Handelns als auch das Ziel der modernen Sozialwissenschaft, nämlich die Aufklärung unbewusster Handlungsstrukturen und unintendierter Handlungsfolgen, aufnehmen. Dabei stellt der amerikanische Pragmatismus den theoriegeschichtlichen Ausgangspunkt seiner systematischen Überlegungen (Joas 1992b: 7).

Joas hält daran fest, dass die pragmatistische Soziologie einen Beitrag zur »Aufklärung« (Joas 1992a: 364) leisten kann – und dies nicht nur in Bezug auf mikrosoziologische Phänomene, sondern seine Intention ist es, das »Programm einer *handlungstheoretisch begründeten, nicht-funktionalistischen Makrosoziologie*« zu entwerfen (Joas 1992a: 290). Auf dem Weg dorthin hat Joas zunächst die begriffliche und empirisch-analytische Stärke der pragmatistischen – in der Chicago School und dem Symbolischen Interaktionismus impliziten – Handlungstheorie im *historischen und systematischen Vergleich* mit den wichtigsten anderen soziologischen Theorien herausgearbeitet. In seinem Buch *Die Kreativität des*

Handelns, auf das wir uns in den folgenden Abschnitten beziehen, zeigt Joas zuerst, dass die in der Soziologie (vor allem bei Talcott Parsons) so wichtige Alternative zwischen Utilitarismus und Normativismus nicht zwingend ist (5.2.1). Bei genauerer Betrachtung erschöpfen sich die Handlungstheorien der Klassiker der Soziologie (Weber, Durkheim, Simmel und Tönnies) nicht in dieser Alternative, denn sie enthalten auch Elemente einer Theorie kreativen Handelns. Während in der Soziologie die Einsicht in den kreativen Charakter allen menschlichen Handelns jedoch nur eine randständige Rolle spielte, wurden in der Philosophie wichtige »Metaphern der Kreativität« entworfen, die allerdings entweder nur bestimmte Formen der Kreativität betonen (»Ausdruck«, »Produktion«, »Revolution«) oder die empirische Situiertheit kreativen Handelns nicht wiedergeben (»Leben«) (5.2.2). Erst die Orientierung des Pragmatismus an den Metaphern »Intelligenz« und »Rekonstruktion« bietet Anschlussfähigkeit für eine Handlungstheorie, die weder die Zielorientiertheit (Teleologie) noch die Rationalität, sondern die Kreativität des Handelns als Ausgangspunkt wählt (5.2.3). Mit seinem kreativitätstheoretisch revidierten Handlungsbegriff rückt Joas dann, jenseits des Funktionalismus und in kritischer Auseinandersetzung mit der Modernisierungs- und Differenzierungstheorie, unter dem Stichwort »kreative Demokratie« kollektive Handlungsprozesse in das Zentrum einer makrosoziologischen Theorie der sozialen Ordnung und des sozialen Wandels (5.2.4). Schließlich diagnostiziert er soziale Phänomene und soziale Probleme der heutigen Zeit mithilfe unterschiedlicher Formen der Kreativität und urteilt darüber nicht mit den Maßstäben der Nutzenmaximierung oder Strukturerhaltung. Deshalb kann er die unglückliche Alternative »Rationalität« versus »Irrationalität« oder »Moderne« versus »Postmoderne« unterlaufen und die Schattenseite, den »perversen Bruder der Kreativität«, nämlich Gewalt und Krieg, als Ausdruck verschütteter Kreativität analysieren.

5.2.1 Utilitarismus versus Normativismus

»Der zentrale Gedanke« der *Kreativität des Handelns* »liegt in der Behauptung, dass sich den vorherrschenden Handlungsmodellen des *rationalen* und des *normativ orientierten* Handelns ein drittes Modell hinzufügen lässt, für das sich die Rede vom *kreativen* Charakter menschlichen Handelns empfiehlt. Der weitergehende Anspruch ist, für dieses Modell einen die beiden anderen überwölbenden Charakter zu reklamieren. Es geht mir nicht nur darum, auf einen weiteren, bisher vernachlässigten Handlungstypus zu verweisen, sondern für alles menschliche Handeln eine kreative Dimension zu behaupten, die in den theoretischen Modellen des rationalen und des normativ orientierten Handelns nur unzulänglich zum Ausdruck kommt.« (Joas 1992a: 15)

Weder die utilitaristische noch die normativistische oder eine Kombination aus beiden Handlungstheorien kann die phänomenale Vielfalt menschlichen Handelns verständlich machen. Trotzdem ist der Dualismus zwischen Utilitarismus (zweckrationales Handeln) und Normativismus (normorientiertes Handeln) in der Soziologie fest verankert. Den Grund hierfür sieht Joas in ihrer spezifischen Abhängigkeit von der Wirtschaftswissenschaft, die die Soziologie seit ihrer Gründerzeit vor über hundert Jahren begleitet und die mit der »grenznutzentheoretischen Wende« in der Ökonomie verbunden ist. Seit der grenznutzentheoretischen Revolution, die Ende des letzen Jahrhunderts von *Alfred Marshall* in England und *Carl Menger* in Deutschland ausgelöst wurde, beschränkt sich die Ökonomie auf die Erforschung zweckrationaler Handlungsprozesse. Die Erklärung von nicht-zweckrational motivierten Handlungsphänomenen zählt danach nicht mehr zum Gegenstandsbereich der Ökonomie. Diese Aufgabe übernahm die Soziologie. Aus dieser Entstehungsgeschichte wird die Orientierung der Soziologie am zweckrationalen Handeln verständlich: Die zweckrationale Handlung blieb der Maßstab, an dem alle nicht-zweckrationalen Handlungsformen gemessen wurden. Alle Handlungen, die einer effektiven Zielverwirklichung dienen, sind demnach rational oder logisch, alle Handlungen, die davon abweichen, sind nicht-logisch oder sogar irrational.

Rational sind für die grenznutzentheoretische Ökonomie Handlungen, die eine Maximierung des Nutzens (der Ziele oder Präferenzen) durch eine Minimierung des Aufwands (der Mittel) erzielen. Die Rationalität des Handelns erstreckt sich aus dieser Perspektive nicht auf die Vernünftigkeit der gesteckten Ziele, sondern auf die rationale (kostengünstige) Verwendung von Mitteln für beliebige Ziele. Nach der grenznutzentheoretischen Wende fragte die Ökonomie nicht mehr nach dem Wert der Ziele für eine Nationalökonomie, sondern nur noch nach der Rationalität der Mittelwahl bei der Verfolgung subjektiv gesetzter Ziele. Deshalb war die ökonomische Theorie, so Joas, »nicht länger als umfassende Gesellschaftstheorie mit moralphilosphischem und politischem Charakter aufzufassen, sondern allein als reine Theorie über das Handeln von Individuen mit beliebigen Zwecken und angesichts knapper Mittel mit alternativen Verwendungsmöglichkeiten« (Joas 1992a: 59 f.). Durch die Beschränkung der Ökonomie auf die Untersuchung zweckrationaler Handlungsprozesse entstand Bedarf für die neue Wissenschaft Soziologie:

»Die Soziologie baute nicht auf dem Rationalmodell des Handelns auf wie die Ökonomie. Sie akzeptierte aber diese Theorie für die Zwecke der Ökonomie. Gleichzeitig erhob sie den Anspruch, für eben das zuständig zu sein, was eine solche Ökonomie von den Aufgaben und Gegenständen der älteren Wirtschaftstheorie und politischen Philosophie nicht übernehmen wollte. Die Soziologie sollte damit zuständig sein für jene Dimensionen der Vergesellschaftung, die von der Ökonomie nicht erfasst wurden, und sie sollte diese Zuständigkeit ausüben mit den Mitteln einer Theorie des Handelns, welche gerade nichtrationale Formen des Handelns mit einbezieht [...]. Daher spielte für sie die normative Einigung der Gesellschaft so eine große Rolle.« (Joas 1992a: 57)

Die Erkenntnis, dass Normen und Werte für die soziale Ordnung von Gesellschaften von großer Bedeutung sind, hat besonders der amerikanische Soziologe *Talcott Parsons* hervorgehoben, dessen strukturfunktionalistischer Ansatz die Soziologie in den 1950er und 1960er Jahren dominierte und in dessen Licht auch die Bedeutung der Chicago School und des Symbolischen Interaktionismus zu verblassen schien. Joas beginnt seine Diskussion der soziologischen Handlungstheorie mit Talcott Parsons' *The Structure of Social Action*, weil der *Symbolische Interaktionismus* bisher, sieht man von kleineren Arbeiten ab, keine kritische Auseinandersetzung mit dem *Strukturfunktionalismus* geführt hat. Obwohl zwischen beiden Ansätzen erhebliche Unterschiede bestehen, hat sich in der Zeit der Dominanz des Strukturfunktionalismus der Symbolische Interaktionismus nur als »loyale Opposition« verhalten, ohne sich mit den Grundannahmen des Strukturfunktionalismus offen und ernsthaft auseinanderzusetzen. Diesen Diskurs holt Joas nach und führt ihn mit den Nachfolgern von Parsons' klassischer Theorie (*Richard Münch*), den Neofunktionalisten (*Jeffrey Alexander*) und Systemtheoretikern (*Niklas Luhmann*) fort.

Talcott Parsons beantwortet die Frage »Wie ist soziale Ordnung möglich?« in Kritik am Utilitarismus. Für ihn halten sich Akteure nicht deshalb an soziale Ordnungen, weil sie sich davon einen Gewinn versprechen oder weil sie durch äußeren Zwang daran gehindert werden, bei der Verfolgung ihrer egoistischen Ziele unfaire Mittel anzuwenden, sondern weil sie allgemeine Werte und Normen im Prozess der Sozialisation internalisiert oder inkorporiert haben. Das voluntaristische Handeln (Handeln aus freiem Willen) der Individuen findet nach Parsons im Rahmen einer durch Normen geregelten sozialen Ordnung statt. Parsons verbindet so die voluntaristische Handlungstheorie mit einer normativistischen Ordnungstheorie (Joas 1992a: 20). Die Handlungsziele der Gesellschaftsmitglieder variieren nicht zufällig, sondern nur im Rahmen allgemeiner Werte der Kultur. Diese kulturellen Werte werden durch Prozesse der Institutionalisierung zu handlungsanleitenden sozialen Normen der Gesellschaft, welche wiederum durch Prozesse der Internalisierung zu individuellen Zielen transformiert werden, so dass im Sozialisationsprozess integrierte Persönlichkeiten entstehen können. Die strukturfunktionalistische Kritik am Utilitarismus gipfelt in der analytischen Annahme allgemein verbindlicher Normen und Werte, nur dadurch könne die Existenz sozialer Ordnung befriedigend erklärt werden. Parsons glaubte, dass schon die Werke der soziologischen Klassiker (Durkheim, Weber, Pareto und Marshall) in der normativistischen Lösung des Ordnungsproblems konvergieren. Joas wendet die berühmte *Konvergenzthese* Parsons in ihr Gegenteil. Seine These ist, dass die Klassiker nicht nur die normative Dimension des Handelns erkannten, sondern auch auf der Suche nach einer Theorie der Kreativität des Handelns waren, aber daran scheiterten, diese zu formulieren. Dabei stellt sich die Frage, aus welchen Gründen es den Klassikern nicht gelang, die Kreativität des Handelns in ihre Ansätze zu integrieren.

5.2.2 *Die Kreativität des Handelns in der Soziologie und Philosophie*

Am Werk *Max Webers* zeigt Joas, dass dessen *Handlungstheorie* zwar die Dimension der Kreativität des Handelns vermissen lässt, dass Weber aber in seiner Herrschafts- und Religionssoziologie versucht, Kreativität im Begriff *Charisma* typologisch zu erfassen. Durch die Konfrontation der Handlungstheorie Webers mit seinem Charismabegriff kann Joas zeigen, dass die Kreativität des Handelns für Weber zwar eine wichtige Herausforderung darstellt, dass er diese aber weder in seiner Handlungstypologie noch in seiner Herrschaftssoziologie meistern kann. Weber unterscheidet vier Handlungstypen: Das zweck- und wertrationale Handeln sowie das affektuale und traditionale Handeln. Während in Webers Handlungstypologie die Kreativität des Handelns nicht auftaucht, spielt diese in seiner Herrschaftstheorie im Begriff der »*charismatischen Herrschaft*« eine wichtige Rolle. Herrschaft und Macht können nach Weber nicht nur zweckrational, wertrational, affektuell oder traditional begründet sein, sondern auch von »charismatischen Führern« etabliert und ausgeübt werden. Charismatikern werden von ihrer Anhängerschaft außeralltägliche Qualitäten (Gottgleichheit, visionäre Kräfte usw.) zugeschrieben, von denen die Anhänger *glauben*, sie seien tatsächlich Teil der verehrten Person, obwohl diese Qualitäten in Wirklichkeit nur Zuschreibungen sind. Jedenfalls können nach Weber die charismatischen Führer ihrerseits die ihnen zugeschriebenen Qualitäten, an die sie eventuell selbst glauben, verwenden, um ihre Gefolgschaft zu den ungewöhnlichsten Handlungen zu veranlassen. In diesem Sinne stattet Weber, so Joas, den charismatischen Führer mit Zügen aus Nietzsches Persönlichkeitstheorie aus:

> »Es handelt sich um ein elitäres Individuum, das imstande ist, mit allen traditionellen oder rationalen Normen souverän zu brechen und eine revolutionäre Umwälzung aller Werte zu initiieren. Der charismatische Führer ist, so gesehen, der Fluchtpunkt von Webers ethischem Anspruch zur selbständigen Wahl eines lebensbestimmenden Ideals und zur Fähigkeit, dafür Gefolgschaft zu finden.« (Joas 1992a: 73)

Im Charismabegriff ist bei Weber die Kreativität des Handelns aufgehoben, die in seiner Handlungstypologie keinen Platz findet. Kreativer Wandel kann bei Weber nur von charismatischen Führern ausgehen, nur sie können die von Weber prognostizierte Bürokratisierung aller Lebensbereiche durchbrechen und ihre Anhänger dazu bringen, ihnen darin zu folgen. Dieser Gedanke, so Joas, hat auch Konsequenzen für Webers Demokratietheorie, denn seine »Perspektive einer ›plebiszitären Führerdemokratie‹ ist weit davon entfernt, das Potential einer demokratischen Kultur und Öffentlichkeit für unsere Zeit zu entfalten« (Joas 1992a: 75), weil Weber Kreativität nur in außeralltäglichen Bereichen, in der geschichtswirksamen Interaktion zwischen Führern und Gefolgschaft verorten kann. Die kreativen Möglichkeiten demokratischen und kommunikativen Handelns bleiben dabei, anders als im Pragmatismus, unerkannt. John Dewey hat hingegen den pragmatistischen Handlungsbegriff demokratietheoretisch fruchtbar gemacht. Innovationen können im Rahmen seiner politischen Theorie »in der Demokratie als ›institutionalisierter Revolution‹ alltäglich werden« (Joas 1992a: 75). Im Vergleich dazu ist Weber aufgrund seiner Handlungstheorie, die die kreative Dimension des Handelns ganz vermissen lässt, und aufgrund seiner Charismakonzeption, bei der Kreativität nur auf außeralltägliche, undemokratische Handlungen beschränkt ist, nicht in der Lage, die Bedeutung von Kreativität in alltäglichen Handlungsprozessen darzustellen. Webers Handlungstheorie, so Joas, folgt deutlich dem Vorbild der ökonomischen Theorie, seine Charismakonzeption hingegen verweist nicht, wie Parsons glaubte, auf eine normativistische Handlungstheorie, sondern auf die Kreativität des Handelns, wenn auch in einer sehr reduktiven Weise.

Émile Durkheims Theorie wurde entscheidend von der Einsicht beeinflusst, dass soziale Kontrolle über die Verinnerlichung von Normen stattfindet, wodurch sich Durkheim sogar dazu verleiten ließ, so Parsons, ganz in die Richtung eines normativen Determinismus zu gehen, weshalb in seiner Theorie kaum noch Platz für individuelles, autonomes Handeln sei. Joas teilt diese Interpretation nicht. Durkheim kann für ihn hingegen inspirieren, wenn er »nicht als Theoretiker der Ordnung und der Normativität als solcher und schon gar nicht der Anomie, des Funktionalismus oder der fortschreitenden Arbeitsteilung oder Differenzierung, sondern als Theoretiker der Konstitution neuer Ordnung, neuer Normen« aufgefasst wird. Joas' These lautet: »dass wir Durkheims Werk am besten verstehen, wenn wir es als den fortgesetzten Versuch betrachten, *die Frage nach der Entstehung einer neuen Moral zu beantworten*« (Joas 1992a: 77 f.)

Den wichtigsten Schritt geht Durkheim dabei in seiner Religionssoziologie: Denn dort erhellt er »nicht die Weisen, wie Handelnde moralische Verpflichtungen auf Situationen beziehen, sondern die Art, wie Handelnde von Idealen angezogen und über sich selbst hinausgehoben werden und wie diese Ideale selbst dem Handeln entspringen. [...] Die Religionssoziologie will in ihrer reifsten Gestalt vorführen, wie aus dem kollektiven, expressiven und außer-alltäglichen Handeln jene Strukturen entstehen, durch die die Welt kategorisiert, soziale Strukturen erzeugt und Bindungen der Menschen aneinander hervorgebracht werden.« (Joas 1992a: 95) Nach Durkheim können Teilnehmer *religiöser Rituale* Erfahrungen der »kollektiven Efferveszens«, des emotional aufgeheizten religiösen Gruppenerlebnisses machen, sich dabei wechselseitig dramatisch so steigern – eine extreme expressive Emotionalität entwickeln –, dass im Verlauf dieser Rituale alte Alltagsregeln ihre Bindungskraft und ihre Bedeutungs- oder Wertinhalte verlieren und an deren Stelle neue Symbole und neue Werte treten können, die dann wiederum – nach dem Ende des sakralen Erlebnisses – auch im profanen Alltag ihre Gültigkeit behalten.

Ähnlich wie bei Weber findet auch bei Durkheim kreatives Handeln nur im »außeralltäglichen, kollektiven, expressiven Handeln« statt (Joas 1992a: 96). Neue *profane* soziale Regeln und Institutionen können danach nur in *sakralen* Zeiten entstehen. Bei Durkheim, so Joas, ist Kreativität erstens auf große dramatische Innovationen beschränkt. Das Alltagshandeln verläuft danach immer innerhalb der durch religiöse Rituale entstandenen Kategorien. Im Unterschied dazu zeigen die Pragmatisten, dass Kreativität in praktischen und alltäglichen Problemsituationen verankert ist. Zweitens findet Kreativität bei Durkheim, anders als bei den Pragmatisten, nur in Form des expressiven Handelns statt und nicht auch im instrumentellen Handeln, bei der Entwicklung von Wissenschaft, Technik und Wirtschaft. Drittens ist bei Durkheim Kreativität nur eine kollektive Eigenschaft, ohne dass er, wie George Herbert Mead, auf das Wechselspiel zwischen Einzelnem und Kollektiv eingeht.

Den Grund für die reduktive Behandlung des Phänomens Kreativität sieht Joas darin, dass Durkheim vehement am cartesianischen Körper-Geist-Dualismus (Bewusstsein – Handlung) festhält. Deshalb gelingt es ihm nicht, »Sozialität als Dimension der Lösung interpersonaler Handlungskonflikte zu denken«. Bei Durkheim bleibt, wie bei Descartes, die Sphäre des Geistes mit der des alltäglichen Handelns unvermittelt. Kreativität findet im spirituellen Ritual statt. Nur dort werden die Kategorien und Bedeutungen der Dinge kreiert, die dann die Alltagserfahrung strukturieren. Durkheim kann deshalb nicht, wie die Pragmatisten, das Bewusstsein und die Konstitution von Werten und Bedeutungen in alltäglichen, sozialen Interaktionssituationen verorten.

Auch die Ansätze von *Ferdinand Tönnies* und *Georg Simmel*, die von Parsons überhaupt nicht oder nur am Rande behandelt wurden, fügen sich nicht dem Dualismus von normativistischer Ordnungs- und voluntaristischer Handlungstheorie. Bei Tönnies stehen die Begriffe Gemeinschaft (Wertrationalität) und Gesellschaft (Zweckrationalität) zwar für diesen Dualismus, aber er hat auch, so Joas, die Chance der kreativen Entwicklung neuer Gemeinschaften, »etwa durch die Verstärkung genossenschaftlicher Elemente in der modernen ›Gesellschaft‹« (Joas 1992a: 102), erkannt. Auch Simmels Werk ist nicht darauf beschränkt, das Verhältnis von rationalistischer Geldwirtschaft und normativ geprägten Lebensstilen zu diagnostizieren, denn seine Motivation ist »der Kampf gegen die Form«, der in »dem gedanklichen Versuch zur Erfassung des Schöpferischen« (Joas 1992a: 104) besteht. Dabei greift er wie Weber und Tönnies auf die Lebensphilosophie zurück, zu der auch Durkheim ein kompliziertes Verhältnis hatte.

Am Ende seiner Rehistorisierung der parsonianischen Konvergenzthese kommt Joas zu dem Schluss, dass bei den Klassikern der Soziologie »Vorstellungen über die Kreativität des menschlichen Handelns durchaus eine konstitutive Rolle (spielten). In keinem Fall aber gelang es den von Parsons behandelten Denkern, ihre kreativitätstheoretischen Gedanken bruchlos in ihr Werk zu integrieren.« (Joas 1992a: 105) Joas wendet sich deshalb in seinem Argumentationsgang der *Philosophie* zu, denn dort stand die Kreativität des Handelns viel stärker im Zentrum als in der Soziologie:

»Die Randstellung der Kreativitätsthematik in der Soziologie und insbesondere in den für die Soziologie konstitutiven Vorstellungen über das menschliche Handeln ist keineswegs repräsentativ für die geistesgeschichtlichen Strömungen der letzten zwei Jahrhunderte. Seit der Mitte des 18. Jahrhunderts wird vielmehr die Idee von den kreativen Möglichkeiten menschlichen Handelns selbst zum Ausgangspunkt wesentlicher denkerischer Innovationen.« (Joas 1992a: 106)

Joas stellt fünf »Metaphern der Kreativität« des philosophischen Diskurses vor. Die Idee des *Ausdrucks* in Johann Gottfried Herders Philosophie beschreibt dabei Kreativität in der »subjektiven Welt« der Handelnden. Herder zeigt, dass Menschen Subjektivität nicht durch die Internalisierung von Normen und nicht durch nutzenmaximierendes Handeln, sondern durch schöpferische Sprech- und Ausdruckshandlungen gewinnen. Karl Marx verdeutlicht hingegen mit dem Begriff *Produktion*, dass Kreativität auch in Auseinandersetzung mit der »objektiven Welt«, mit der Welt der Dinge, im Arbeitsprozess möglich ist. Nach Marx verwirklichen Akteure ihr »Selbst« durch Arbeit, so dass dann Entfremdungsphänomene auftreten, wenn die Selbstbestimmung des Produktionsprozesses verhindert wird. Marx' Metapher der *Revolution* beinhaltet schließlich, dass Kreativität in der »sozialen Welt«, bei der Neugestaltung sozialer Beziehungen und Herrschaftsformen entfaltet werden kann. Allerdings verwurzelt, so Joas, keine der drei philosophischen Ideen »Kreativität in einem alle drei Weltbezüge umfassenden Sinn« (Joas 1992a: 107).

Nur die Metapher des *Lebens* der europäischen Lebensphilosophie und der Begriff *Intelligenz* im amerikanischen Pragmatismus umfassen alle möglichen Weltbezüge (»subjektive«, »objektive« und »soziale Welt«) und Handlungsformen. Wobei der Begriff des *Lebens*, wie Joas dann in seiner Auseinandersetzung mit der Postmoderne genauer zeigt, »Kreativität gewissermaßen zu tief ansetzt« (Joas 1992a: 108), weil die Lebensphilosophie von *Arthur Schopenhauer* bis *Friedrich Nietzsche* und die heutige postmoderne Theorie den »Nexus zwischen Kreativität und Handlung« nicht herstellen und deshalb den Bezug zu konkreten Handlungsproblemen und praktischen Interaktionssituationen – in deren Licht kreatives Handeln auch kritisch analysiert werden könnte – verloren haben. Der Begriff des Lebens als Ausdruck für Kreativität suggeriert, dass Kreativität spontan aus dem individuellen Lebensdrang möglich sei, ohne dass es einer intensiven Auseinandersetzung mit der sozialen Situation und äußeren Handlungshemmungen bedürfe. Das ist im Pragmatismus anders, hier wird der Begriff Kreativität im Unterschied zur Ausdrucks-, Produktions- und Revolutionsphilosophie auf alle Weltbezüge angewendet, aber nicht wie in der Lebensphilosophie aus konkreten Handlungssituationen herausgelöst. Kreativität im vollsten Sinne ist deshalb »situierte Kreativität«.

5.2.3 Die Handlungstheorie des Pragmatismus

Die »pragmatistische Kreativitätskonzeption«, so Joas, »steckt im Verständnis des menschlichen Handelns ganz allgemein« (Joas 1992a: 211) und umfasst erstens expressive, soziale und instrumentelle Handlungen. Kreativität ist also bei der Konstitution von Ich-Identität, von sozialer Ordnung und bei der Wahrnehmung und Bearbeitung von natürlichen Objekten im Spiel. Die Kreativität des Handelns beschränkt sich zweitens nicht auf zweck- oder normorientierte Handlungsprozesse. »Für die Pragmatisten besteht das Handeln nicht in der Verfolgung klar geschnittener Ziele oder in der Anwendung von Normen, und Kreativität ist nicht die Beseitigung von Hindernissen auf diesen vorgeschriebenen Wegen. Die Verankerung der Kreativität im Handeln erlaubt es, Kreativität gerade als Freisetzung für neue Handlungen aufzufassen.« (Joas 1992a S. 196)

Kreativität als Freisetzung neuer Handlungen zu begreifen ist das Hauptanliegen der Pragmatisten. Das zeigt sich im Begriff der Abduktion von Charles Sanders Peirce, an William James' Vorstellung der schöpferischen Gestaltung neuer Werte in Kommunikationserfahrungsgemeinschaften, an Meads Sozialisations- und Identitätstheorie, an John Deweys Pädagogik, Kunst- und Demokratietheorie, am Begriff der Situationsdefinition von William I. Thomas, an den empirischen Arbeiten der Chicago School bis hin zu Herbert Blumers Fassung des Begriffs der symbolischen Interaktion.

Im Sinne der Freisetzung neuer Handlungen ist Kreativität drittens »situierte Kreativität«, denn sie ist retrospektiv auf Handlungsgewohnheiten, aktuell auf die Lösung von Handlungsproblemen und Konflikten und prospektiv auf die Etablierung neuer Handlungsregeln bezogen. Kreativität ist gefordert, wenn neue Handlungsregeln konstituiert werden müssen, weil Handlungsgewohnheiten durch Probleme gestört worden sind. Kreatives Handeln findet in praktischen Handlungssituationen statt (situierte Kreativität), wird aber nicht durch die Bedingungen der Situation (Handlungsstrukturen und Handlungsprobleme) determiniert. Joas beschreibt Handlungsprozesse wie Peirce in zyklischen Phasen von alter Handlungsgewohnheit, Handlungshemmung, Rekonstruktion und neuer Handlungsgewohnheit:

»In diesem Modell ist alle Wahrnehmung der Welt und alles Handeln in ihr in unreflektiertem Glauben an selbstverständliche Gegebenheiten und erfolgreiche Gewohnheiten verankert. Immer wieder aber brechen dieser Glaube und die mit ihm verknüpften Handlungsroutinen zusammen; der bisher gewohnte, automatisch wirkende Ablauf des Handelns wird unterbrochen. Die Welt erweist sich als Quell solcher Erschütterungen unreflektierter Erwartungen; die Handlungsgewohnheiten prallen von der Widerständigkeit der Welt ab. Dies ist die Phase des realen Zweifels. Aus dieser Phase heraus führt nur eine Rekonstruktion des unterbrochenen Zusammenhangs. Die Wahrnehmung muss neue oder andere Aspekte der Wirklichkeit erfassen; die Handlung muss an anderen Punkten der Welt ansetzen oder sich selbst umstrukturieren. Diese Rekonstruktion ist eine kreative Leistung des Handelnden. Gelingt es, durch die veränderte Wahrnehmung die Handlung umzuorientieren und damit wieder fortzufahren, dann ist etwas Neues in die Welt gekommen: eine neue Handlungsweise, die sich stabilisieren und selbst wieder zur unreflektierten Routine werden kann. Alles menschliche Handeln wird so im Blick der Pragmatisten in der Spannung zwischen unreflektierten Handlungsgewohnheiten und kreativen Leistungen gesehen. Das heißt zugleich auch, dass Kreativität hier als Leistung innerhalb von Situationen, die eine Lösung fordern, gesehen wird, und nicht als ungezwungene Hervorbringung von Neuem ohne konstitutiven Hintergrund in unreflektierten Gewohnheiten.« (Joas 1992a: 190)

Anders als die utilitaristische und normativistische Handlungstheorie geht die Theorie der Kreativität des Handelns erstens nicht davon aus, dass der Handlungsprozess durch ein klares Handlungsziel (Telos) gekennzeichnet ist. Die Motive oder Intentionen der Akteure lassen sich häufig nicht als klare Interessen oder Normorientierungen beschreiben, deshalb entwirft Joas eine *nicht-teleologische Theorie der Intentionalität des Handelns.* Kreativität ist demnach eine Handlungsintention, die sich nicht in der Realisierung von Zielen oder Normen (Teleologie) erschöpft, so dass zweitens die Rationalität des Handelns nicht auf die Einlösung gegebener Ziele (Nutzenmaximierung) oder Normen (Strukturerhaltung) – nicht auf den »context of justification« – beschränkt ist, sondern sich auch auf den »context of discovery«, auf die Entdeckung neuer Handlungsziele und neuer Verhaltenserwartungen in sozialen Handlungssituationen (»*situierte*« oder »*integrierte Kreativität*«) erstreckt.

Der Begriff des »kreativen Handelns« geht von einer »nicht-teleologischen Deutung der Intentionalität des Handelns« (vgl. Joas 1992a: 218-245) aus, denn im Handlungsprozess ist eine »klare Zweckorientierung« keineswegs der »Regelfall«. Natürlicherweise ist »Handeln nur diffus teleologisch«. Viele Handlungen werden nicht durch klare Zwecke und Ziele, sondern durch Handlungsprobleme motiviert:

> »Im Fall von Handlungsproblemen werden zwischen Impulsen und Handlungsmöglichkeiten experimentell Verknüpfungen hergestellt, von denen eine nur realisiert wird, die in ihrer besonderen Realisierungsweise aber beeinflusst ist von den anderen durchgespielten Möglichkeiten. Auch der Verlauf einer Handlung ist keineswegs immer ein für allemal festgelegt; typisch ist vielmehr die kontinuierliche Revision und ständige konstruktive Erzeugung des zu verfolgenden Kurses.« (Joas 1992a: 294)

Selbst wenn Akteure klare Ziele (individuelle Zwecke oder soziale Normen) verfolgen, müssen sie im Verlaufe des Handlungsprozesses ständig größere oder kleinere kreative Reparaturleistungen und Neudefinitionen des Zielhorizonts leisten. Wenn sie hingegen ihre Ziele einfach nur stur verfolgen würden, dann wäre ihre Handlung andauernd blockiert, da sich im Handlungsprozess die Bedingungen, Chancen und Schranken des Handelns unaufhörlich verändern. Selbst ganz alltägliche Handlungsabläufe sind durch eine *Dynamik von Zwecksetzungen* gekennzeichnet, weil Akteure ihre Handlungsziele in Relation zu ihrer Umwelt permanent neu definieren müssen. Darüber hinaus sind bestimmte Handlungsobjekte wie z.B. soziale Anerkennung oder kulturelle Selbst- und Weltbilder, auf die sich Handlungen intentional richten können, nicht – weder von den Handelnden noch von sozialwissenschaftlichen Interpreten – als klare Ziele des Handelns formulierbar, sondern haben einen prozeduralen Charakter und sind trotzdem handlungsrelevant. Solche Intentionen können nicht genau definiert, rational nie ganz eingelöst oder gerechtfertigt werden, weil sie keinen teleologischen Zustand bezeichnen. Ist es z.B. sinnvoll, von einem Telos der Persönlichkeitsentwicklung zu sprechen? Dagegen spricht, dass »wir ja nicht von einer Handlung zur nächsten eilen, um am Lebensende unser erstrebtes Ziel zu erreichen. Das Verhältnis zu uns selbst und zum Ganzen unseres Lebens bedarf vielmehr ganz anderer Kategorien« als eine rationalitätsorientierte und teleologische Handlungstheorie zu bieten hat (Joas 1992a: 230).

Situierte oder integrierte Kreativität

Soziale Handlungen sind durch eine kreative Dimension gekennzeichnet, die von teleologischen und rationalistischen Handlungsbegriffen nicht erfasst werden kann, denn der Maßstab der »Rationalität« produziert immer eine Residualkategorie des Nicht-Rationalen und »wirft über die phänomenale Vielfalt des Handelns sogleich ein wertendes Raster« (Joas 1992a: 214): Wenn der Maßstab der *Zweckrationalität* nicht erfüllt wird, gelten Handlungen als »unzweckmäßig«, »uneffektiv« oder als »falsch«, wenn hingegen der Maßstab der *normativen Richtigkeit* verfehlt wird, gelten sie als »Verstoß gegen Normen und Werte«, als normativ »unrichtig« oder als »dysfunktional« für die normative Struktur einer Gesellschaft; wenn schließlich der Maßstab der *kommunikativen* oder *diskursiven Rationalität* nicht erreicht wird, gelten sie als »unkommunikativ« und »unaufgeklärt«, als Handlungen, bei denen nur *geradewegs* Ziele oder Normen verfolgt werden, ohne dass deren Geltung reflexiv geprüft wird.

All diese Rationalitätsbegriffe und -kategorien mögen für bestimmte analytische Zwecke angebracht sein, eben wenn erforscht werden soll, ob Handlungen zweckrational, normativ richtig oder kommunikativ sind, aber mit der Fragestellung nach der Rationalität von Handlungen ist die soziologische Analyse noch lange nicht erschöpft. Handlungstheorie und die Rationalitätstheorie müssen getrennt behandelt werden, denn es können auch solche Handlungen von großer empirischer Relevanz sein, bei denen es nicht um die *rationale* Realisierung oder Begründung von Handlungszielen geht. Handlungen, die nur mit ganz vagen Zieldispositionen oder mit ganz allgemeinen Leitideen verbunden sind, können für Fragen der sozialen Ordnung und des sozialen Wandels bedeutend sein, weil sie einen welterschließenden, bedeutungsöffnenden und problemlösenden Charakter haben. Die Motivation des Handelns besteht in diesen Fällen nicht darin, ein Ziel zu realisieren oder zu rekonstruieren, sondern darin, eine Situation zu interpretieren; dann geht es den Handelnden nicht so sehr um das Handlungsergebnis, sondern um das Handeln selbst, um den *Umgang* mit Dispositionen, Bedürfnissen oder Handlungsobjekten.

Trotzdem gibt Joas den Maßstab der Rationalität nicht ganz auf. Um die Vernünftigkeit nicht-teologischer Handlungen beurteilen zu können, entwickelt er den Begriff der *integrierten* oder *situierten Kreativität*: Wenn es im Handlungsprozess wie im Falle der Persönlichkeitsentwicklung und der Wertinterpretation um Intentionen geht, die keine Endpunkte markieren, oder wie im Falle von Handlungsproblemen um die Genese neuer Handlungsziele, kann *nicht überprüft* werden, ob Geltungen und gegebene Ziele eingelöst werden, sondern »nur«, ob kreative Akte »situiert« sind, d. h., ob sich die Handelnden mit der Handlungssituation ernsthaft und kreativ beschäftigen (situierte Kreativität) oder ob sie sich schlicht an die Gegebenheiten der Situation anpassen, ohne auf Handlungsprobleme und Geltungsfragen einzugehen (sekundäre Kreativität), bzw. ob sie unter Missachtung der sozialen Umwelt einfach ihren subjektiven Einfällen (primäre Kreativität) folgen. Mit dem Maßstab der »integrierten« oder »situierten Kreativität« kann ein »schwaches« Rationalitätskriterium gerettet werden, das zwar keine Entscheidung über die »Wahrheit« oder »Richtigkeit« von Handlungen zulässt, aber doch darüber, ob die Handelnden aus »Beliebigkeit«, d.h. ohne Rücksicht auf die soziale Umwelt agieren, ob sie dogmatisch an zweifelhaften Gewohnheiten und Geltungen festhalten oder ob sie bei der *Definition der Handlungssituation* mögliche Handlungsfolgen berücksichtigen und die Perspektiven der anderen Handlungsteilnehmer in den eigenen Handlungsentwurf *integrieren.*

5.2.4 Kreative Demokratie

Die Relevanz einer kreativitätstheoretisch rekonstruierten Handlungstheorie im Verhältnis zu Rationalmodellen des Handelns zeigt sich, so Joas, hinsichtlich einer *Theorie der Persönlichkeit*, bei der die Frage zentral ist, ob »wir unser Persönlichkeitsideal an einer Steigerung der (wie auch immer verstandenen) Rationalität orientieren sollen oder nicht vielmehr an einem flexiblen Wechsel zwischen der Disziplin der Rationalität und ihrer Lockerung« (Joas 1992a: 288). Persönlichkeitsentwicklung ist weder ein zielorientierter Prozess noch beschränkt auf die Internalisierung von Normen, deshalb kann die Konstitution von Persönlichkeitsmerkmalen ohne eine Theorie der Kreativität des Handelns nicht sinnvoll erforscht werden. Ohne den Begriff der Kreativität ist der Begriff der Persönlichkeit, Subjektivität und Individualität nicht konzeptualisierbar.

Die Unzulänglichkeit von Rationalmodellen zeigt sich, so Joas, aber auch für eine *Theorie der Organisationen*: Wenn Organisationen als normativ integrierte oder als zweckorientierte Handlungssysteme vorgestellt werden, erscheinen informelle Beziehungen, bei denen keine klare Orientierung an Normen oder Zwecken erkennbar ist, als »bloße Abweichungen« vom Modell einer rationalen Organisation. »Frei vom Rationalmodell« kann jedoch der »unwahrscheinliche und voraussetzungsreiche Charakter des rationalen Typus« (Joas 1992a: 288) der Organisation erkundet werden. Organisationen funktionieren nicht nur aufgrund stabiler Organisationsziele oder institutionalisierter Handlungsregeln, sondern weil Ziele und Normen in Organisationen und mit der Organisationsumwelt permanent ausgehandelt werden. Organisationen können durch eine dynamische Stabilität als »negotiated order« charakterisiert sein.

Auch in der »*Theorie sozialer Bewegungen* lassen sich die Folgen rationalistischer Vorurteile etwa in der verbreiteten Vorstellung identifizieren, dass klare Ziele einzelner oder aller Akteure diese Bewegung steuern« (Joas 1992a: 304). Vor allem *Theorien kollektiven Handelns*, die auf utilitaristische (Mancur Olson, *Die Logik des kollektiven Handelns*) oder normativistische Handlungsmodelle (Neil Smelser, *Theorie des kollektiven Verhaltens*) eingeschränkt sind, verdecken empirische Phänomene, die auf die Konstitution neuer Ziele und Normen in kollektiven Handlungsprozessen verweisen. Hingegen ist der zentrale Gegenstand der Chicago School die Kreativität des kollektiven Handelns:

»Die Aufmerksamkeit [der Chicago School] gilt einem kollektiven Handeln, das nicht aus vorfindbaren psychischen Dispositionen oder gesellschaftlichen Problemlagen abgeleitet werden kann, sondern in dessen Verlauf sich die Akteure selbst erst zu dem bilden, was sie für die Bewegung darstellen. Bewegungen definieren erst die Probleme, auf die sie sich beziehen; sie erzeugen Motive und Identitäten, formen neue soziale Beziehungen und Gemeinschaften, geben Anlass zu tiefgreifenden Identitätsveränderungen (Konversion und Regeneration), produzieren affektiv besetzte Symbole und hinterlassen symbolische Bindungen von biographiestrukturierender Kraft. Auf all diese Phänomene fällt kein Licht, wenn ein rationalistisches oder normativistisches Handlungsmodell zugrunde gelegt wird.« (Joas 1992a: 304)

In der *Geschichtstheorie und Gegenwartsdiagnose* schließlich weisen die »handlungstheoretischen Rationalmodelle eine Affinität zu Deutungen auf, die geschichtliche Entwicklungen als mehr oder minder lineare ›Rationalisierungsprozesse‹ betrachten. Dabei gerät in Vergessenheit, dass selbst dann, wenn empirisch Rationalitätstendenzen festzustellen sind, diese nicht totalisiert werden dürfen, da sich nicht alle Lebensgebiete und alle Akteure ihnen widerstandslos unterordnen, vielmehr Gegenbewegungen ausgelöst werden, die in der Bilanz die Rationalisierungstendenzen überwiegen mögen.« (Joas 1992a: 288 f.)

Wie dieser Überblick zeigt, will Joas seine Theorie der Kreativität des Handelns nicht nur auf mikrosoziologische (Persönlichkeitstheorie, Gruppensoziologie usw.), sondern auch auf makrosoziologische Phänomene (Gesellschaftstheorie, globale historische Entwicklungen usw.) anwenden. Bislang ist in der Soziologie jedoch die Vorstellung weit verbreitet, so Joas, »dass die Handlungstheorie nur für mikrosoziologische Phänomene tauge« (Joas 1992a: 289), weil nur solche direkten face-to-face Beziehungsformen durch Handlungen entstehen würden. Makrosoziologische Entwicklungen wie die des Nationalstaates, des Industrialismus und der Demokratie könnten jedoch nicht auf die Handlungen von Menschen zurückgeführt werden. Diese Prozesse würden hingegen unabhängig von individuellen und kollektiven Handlungen verlaufen, weil sie einer funktionalen Differenzierungslogik folgen. Deshalb müssten makrosoziologische Entwicklungen als funktionale Differenzierungs- oder Modernisierungsprozesse erklärt werden und nicht als Ergebnisse kollektiver Handlungen. Wie wir sehen werden, richtet sich Joas entschieden gegen die Anwendung von funktionalistischen und Systemtheorien in der Makrosoziologie. Sein Ziel ist es hingegen zu zeigen, dass der »Sprung zum Funktionalismus in der Makrosoziologie [...] nicht nur unnötig, sondern sogar unzulässig [ist]« (Joas 1992a: 290).

Jenseits des Funktionalismus

Joas will das »Primat der Handlungstheorie« als Erklärung für makrosoziologische Phänomene wieder herstellen. Theorien, die das in Angriff nehmen, nennt er *Konstitutionstheorien*:

> »Unter dieser Bezeichnung sind all jene soziologischen Theorien zu verstehen, die gesellschaftliche Prozesse aus dem Handeln der Gesellschaftsmitglieder zu begreifen versuchen und dabei auf die Unterstellung transhistorischer Entwicklungstrends und mehr als nur pragmatische Anleihen bei außersozialwissenschaftlichen Modellen verzichten. ›Aus dem Handeln begreifen‹ ist freilich eine missverständliche Formel. Oft wird ihr unterstellt, sie bedeute, alle gesellschaftlichen Prozesse seien intentional zu erklären. Selbstverständlich ist es aber schon im mikrosoziologischen Bereich naiv und im makrosoziologischen Bereich vollends absurd, soziale Prozesse vollständig als intendiert aufzufassen. Schon der Alltagsverstand weiß, dass Handlungsresultate von Handlungsintentionen abzuweichen pflegen.« (Joas 1992a: 337)

Aus der Tatsache, dass viele soziale Phänomene nicht auf das zielgerichtete Handeln von Individuen zurückgeführt werden können, hat der Funktionalismus die falschen Schlüsse gezogen. Im funktionalistischen Denken werden nämlich die unintendierten Folgen von Handlungen als »Beiträge zur latenten Erfüllung von Funktionsnotwendigkeiten eines sozialen Systems« (Joas

1992a: 338) beurteilt. Der Funktionalismus und die Systemtheorie gehen von dem Gedanken aus, dass Handlungen die Funktion haben, Strukturen sozialer Systeme zu sichern. Funktionen von Handlungen werden dabei aus den Bedürfnissen und Überlebensimperativen sozialer Systeme abgeleitet. In der klassischen funktionalistischen Anthropologie z.B. liegt die latente Funktion des Regentanzes afrikanischer Stämme darin, die sozialen Strukturen des Stammes zu reproduzieren. Die latente Funktion der Handlung »Regentanz« – die soziale Integration der Gesellschaft – kann deshalb vollkommen unabhängig vom manifesten Sinn, den die Handelnden ihren Handlungen selbst zuschreiben (Regen machen), analysiert werden. Für Funktionalisten werden die unintentierten Folgen (soziale Integration) intentionaler Handlungen (Regen machen) durch eine funktionale Logik sozialer Systeme integriert (Bestandserhaltung). Dies ist für Joas nicht einleuchtend, denn »Handlungsfolgen sind doch zunächst einmal nichts weiter als Handlungsfolgen. Aus der Vernetzung intendierter und unintendierter Handlungsfolgen entstehen strukturelle Muster sowie die erkannten oder unerkannten Bedingungen für die nächste Runde des Handelns [...]. Aus dem Handeln erklären bedeutet deshalb nichts anderes, als den Versuch zu machen, alle ungeplante Systematizität in einer durchschaubaren Weise auf die Handlungen von Akteuren zu beziehen.« (Joas 1992a: 338) Wenn das Ritual des Regentanzes das Gemeinschaftsgefühl der Teilnehmer stärkt, ist das eine nicht-intendierte und unbewusste Folge ihrer Handlung, die durch die Rekonstruktion des Handlungsprozesses (des Regentanzes) erklärt werden kann, ohne dass dabei auf eine funktionale Logik oder auf manifeste Bestandskriterien sozialer Systeme zurückgegriffen werden muss. Es ist Aufgabe der empirischen Sozialforschung, den Grad der Systemhaftigkeit von Handlungszusammenhängen herauszufinden und zu untersuchen, wie intensiv Handlungen über nicht-intendierte und intendierte Handlungsfolgen miteinander vernetzt sind und wie weit den Akteuren diese Handlungsvernetzung bewusst ist.

Systematische Handlungsnetzwerke sind wichtig, weil in ihnen Handlungswissen gespeichert ist und weil sie eine enorme Handlungsentlastung darstellen. Systeme können aber auch zu Teufelskreisläufen werden, in denen sich soziale Ungleichheit, Unterdrückung und Entfremdung manifestieren, die nur schwer erkannt und aufgelöst werden können; aber es sind eben doch Handlungsnetzwerke, die durch Handlungen verändert werden können. Systeme dürfen nicht essenzialistisch vergegenständlicht werden (Joas 1992a: 321). Joas spricht sich deshalb für eine »realistische« Verwendung des Systemmodells in der Handlungstheorie aus. ›Realistisch‹, so Joas, soll heißen, »dass die Systemanalyse auf die realen Wechselwirkungen gesellschaftlicher Akteure begrenzt wird« (Joas 1992a: 325). »Was ein System ist«, so Amitai Etzioni, »ist Gegenstand empirischer Überprüfung; zwei beliebige Einheiten bilden nicht notwendig ein System. Wenn die Akteure nur wenig zueinander in Beziehung stehen und wenn es keinen oder nur einen sporadischen oder folgenlosen Rückkopplungseffekt gibt« (Etzioni in Joas 1992a: 325), dann sollte für Beziehungen nicht der Begriff System verwendet werden. Soziale Systeme wie der Staat oder der Markt folgen keiner autonomen Systemlogik, sondern sind Handlungsnetzwerke, die durch die Rückkopplung von Handlungsfolgen Stabilität gewonnen haben und deshalb dem individuellen und kollektiven Handeln Widerstand bieten können. Trotzdem können natürlich die nicht-intendierten Handlungsfolgen des ökonomischen und staatlichen Handelns – vor allem, wenn sie zu Krisen führen – erkannt werden. Das gewonnene Handlungswissen kann dann für die kreative Rekonstruktion dieser Systeme verwendet werden. Systemische Handlungszusammenhänge besitzen keine handlungsunabhängige Logik oder Rationalität. »Von Parsons und Luhmann bis

Habermas wurde dagegen«, so Joas, »der Weg beschritten, *analytisch gewonnene Systeme essentialistisch zu deuten.* Etzioni, Touraine und Giddens legen dagegen die Voraussetzungen für eine Verwendung der Systemtheorie ausschließlich für empirisch kontrollierbare Wechselwirkungen individueller und kollektiver Akteure. Giddens definiert konsequenterweise Systeme als ›reproduzierte Beziehungen zwischen Akteuren oder Kollektiven, organisiert als regelmäßige soziale Praktiken‹.« (Joas 1992a: 325)

Kritik der Differenzierungstheorie

Gesellschaften bestehen, konstituionstheoretisch betrachtet, aus Handlungsnetzwerken, die sich nicht zu einer gesamtgesellschaftlichen Totalität oder Ganzheit aufrechnen lassen und die sich nicht »auf eine einzelne Sphäre von Gesellschaften zurückführen (lassen), der alle anderen funktional untergeordnet sind« (Joas 1992a: 343). Im markosoziologischen Bereich geht es den Konstitutionstheorien darum, Ökonomie, Recht, Nationalstaat und Demokratie als Institutionenkomplexe darzustellen, die nicht mit evolutionärer Notwendigkeit entstanden sind, sondern »als kontingente Innovation mit unintendierten Folgewirkungen [...]. Solche institutionellen Innovationen aber greifen auch auf kulturelle Gehalte zurück. Wir haben deshalb Schlüsselbegriffe der gesellschaftlichen Entwicklung immer auch als imaginäre Schemata aufzufassen: die ›Revolution‹ und die ›Nation‹, die ›Souveränität‹ und die ›Demokratie‹ sind nicht objektive Gegebenheiten, sondern Deutung und Selbstdeutung des Handelns und seiner Verflechtung durch die Handelnden und ihre Beobachter.« (Joas 1992a: 345)

Die Ausdifferenzierung großer Handlungssysteme in modernen Gesellschaften ist, so Joas, deshalb kein »evolutionär gesichertes Resultat«, wie die funktionalistische *Modernisierungs- und Differenzierungstheorie* im Gefolge von Parsons glauben machen will, sondern »Einsatz in gesellschaftlichen Auseinandersetzungen mit offenem Ausgang« (Joas 1992a: 336). Selbstverständlich hat, aus einer empirischen Perspektive, in den westlichen Ländern ein Differenzierungsprozess stattgefunden: Kultur, Gesellschaft und Persönlichkeit sind im Verlauf der Geschichte unterscheidbare Bereiche geworden. Innerhalb der Gesellschaft haben die Ökonomie, die Politik, das Recht und die soziokulturelle Gemeinschaft an Differenz gewonnen. Rechtssicherheit, Demokratie, Wohlstand und Individualisierung haben sich in diesem Prozess entwickelt. Gleichzeitig sind natürlich auch soziale Probleme wie neue soziale Ungleichheiten, globale Risiken und Sinnprobleme entstanden. Offen bleibt dabei die Frage, wie diese Formen der »Modernisierung« westlicher Gesellschaften erklärt werden können: als Ergebnis kollektiver Handlungsprozesse oder als Resultat einer evolutionären, differenzierungslogischen Entwicklung, die auch die nicht-westlichen Länder nachholen werden, wie die Modernisierungstheorie glaubt zeigen zu können (vgl. Joas 1997; Joas/Wiegandt 2006).

Joas äußert seine Zweifel an einer strukturdeterministischen Vorstellung sozialen Wandelns in Form von sieben Fragen an die Differenzierungstheorie. Im Rahmen der Differenzierungstheorie bleibt unklar, welche *Ursachen* der Differenzierungsprozess hat, welche Wirkungen durch Differenzierung erzielt werden, wer die *Träger* des Differenzierungsprozesses sind, welche Rolle *Widerstände* gegen Differenzierungstendenzen spielen und welches *Zeitmaß* die Differenzierung besitzt, so dass sich die Frage stellt, ob die Modernisierungstheorie einfach einen Ausdruck *eurozentrischer* oder *amerikanozentrischer* kultureller Arroganz darstellt und ob *Kontingenzen und Probleme historischer Entwicklungen* (z.B. Kriege) viel zu wenig Berücksichtigung finden.

Mit dem Thema Krieg hat sich Joas ganz besonders intensiv beschäftigt (Joas 2000, Joas/Knöbl 2008). Die Bedeutung von Kriegen für den sozialen Wandel von Gesellschaften ist viel größer, als die Modernisierungstheorie vermuten lässt. Kriegserfahrungen und die Verarbeitung von Kriegen haben tiefgreifende Folgen nicht nur für die Ich-Identitäten der Individuen, sondern auch für alle wichtigen gesellschaftlichen Bereiche. Weder die Politik noch die Ökonomie oder die Kultur einer Gesellschaft bleibt durch Kriege unberührt. Die permanente Gefahr des Krieges zeigt, dass Friede und Demokratie keine unausweichlichen Folgen des Modernisierungsprozesses sind, deshalb ist es notwendig – *erstens* –, so Joas, die normativen Gründe aufzuzeigen, die Demokratie als Maßstab für sozialen Wandel legitimieren. Die normative Bedeutung von Demokratie muss ständig diskutiert werden, denn Demokratie muss von den Handelnden konstituiert werden, wenn sie kein selbstverständliches Ergebnis der funktionalen Differenzierung ist. Zweitens folgt aus der Neugewichtung von Kriegen für den sozialen Wandel von Gesellschaften, dass die von der Modernisierungstheorie behauptete gleichläufige Entwicklung von Kultur, Wirtschaft, Politik und sozialer Gemeinschaftsform unhaltbar ist, denn auch Gesellschaften mit differenzierten, technisch-ökonomischen und politischen Strukturen können in die soziale und kulturelle Barbarei des Krieges versinken. Drittens machen Kriege deutlich, dass der gesellschaftliche und soziale Wandel nicht nur endogene Ursachen hat, wie das die Modernisierungstheorie annimmt, sondern auch stark von außen motiviert werden kann. Deshalb müssen für die Analyse einzelner Gesellschaften auch internationale und globale Konfliktsituationen berücksichtigt werden. Viertens »schließlich erinnert uns die kulturelle Verarbeitung der Kriege an die innere Zwiespältigkeit der modernen Kultur. Steigerung von Rationalität kann sehr Verschiedenes bedeuten, und die möglichen Gegenbegriffe zur Rationalität sind vielfältig.« (Joas 1996: 27) Die Ausweitung rationaler Planung und Kontrolle und die zunehmende Differenzierung der Gesellschaft können eben auch zu Verlusten führen, die sich in Gewalthandlungen äußern oder sogar selbst zu antidemokratischen Entwicklungen beitragen können.

Die Differenzierungstheorie, so das Fazit von Joas, kann nicht länger »als explanatorischer Universalschlüssel bei der Untersuchung sozialen Wandels« (Joas 1992a: 335) verwendet werden. Der Grad und die Richtung sowie die Frage einer weiteren Differenzierung sind hingegen »Gegenstand kollektiven Handelns und sozialer Bewegungen, kurzum der gesellschaftlichen Willensbildung [...]. Differenzierung wäre dann nicht mehr ein evolutionär gesichertes Resultat, sondern Einsatz in gesellschaftlichen Auseinandersetzungen mit offenem Ausgang.« (Joas 1992a: 335-6) Ökonomische, technische, wissenschaftliche, rechtliche oder kulturelle Fragen stehen nicht außerhalb eines gesellschaftlichen und politischen Definitionsprozesses. »Deshalb werden Ausmaß und Art gesellschaftlicher Differenzierung selbst zum politischen Konfliktfeld in modernen Gesellschaften.« (Joas 1992a: 349) Aufgrund der *Demokratisierung der Differenzierungsfrage* erklärt sich, dass die *Idee der Selbstbestimmung* den »normativen Kern« der Konstitutionstheorien bildet. Die Idee der Selbstbestimmung muss aber, so Joas, mit differenzierungstheoretischen Fragen nach den Ursachen, Trägern, Wirkungen und Institutionen von Demokratisierungsprozessen verknüpft werden. Erst durch die Synthese von Konstitutions- und Differenzierungstheorie »wird die abstrakte Idee der Selbstbestimmung zu einer Theorie der Demokratie« (Joas 1992a: 347). Die politische Theorie des Pragmatismus setzt deshalb – John Dewey folgend – nicht beim Staat oder beim Verhältnis vom Einzelnen zum Staat ein, sondern bei Prozessen und Problemen kollektiven Handelns. Kollektive Handlungen können unantizipierte Folgen weit über den Kreis derer hinaus haben, die an den Handlungen direkt beteiligt sind. Die Rückmeldungen der von diesen Handlungen Betroffenen können sich zu öffentlichen Diskussionen und Kommunikationsgemeinschaften verdichten, durch die die Handlungsfolgen neu bewertet und neue Handlungsoptionen entwickelt werden können. In diesen kollektiven, öffentlichen Kommunikationsprozessen kann sowohl die Selbständigkeit des Staates als auch die Autonomie der Individuen permanent neu definiert werden (Joas 1987: 616).

6. Die Aktualität der Chicago School of Sociology

von Hans-Joachim Schubert

6.1 Demokratie und kollektives Handeln

Für John Dewey ist »Demokratie [...] mehr als eine Regierungsform; sie ist in erster Linie eine Form des Zusammenlebens, der gemeinsamen und miteinander geteilten Erfahrung« (Dewey 2000: 121). Sie ist als kommunikative Handlungsfähigkeit des Menschen anthropologisch angelegt, muss aber in sozialen Auseinandersetzungen erkämpft und reproduziert werden. Im Pragmatismus ist Demokratie kein notwendiges Ergebnis der geschichtlichen Entwicklung, sondern eine historisch kontingente Errungenschaft kollektiven Handelns. Demokratie muss gelernt, erfahren und aktiv erneuert werden, damit sie Stabilität behält. Die erste Generation der Chicago School of Sociology (1895-1940) untersuchte mit ihren stadtsoziologischen Studien vor allem Gefahren, die der Demokratie durch einen ungehemmten Kapitalismus und Industrialismus drohten. Demokratie stand in dieser historischen Periode auf dem Spiel, weil sich ökonomische Selektions- und Wettbewerbsprozesse einer kommunikativen Konsensfindung entzogen und unkalkulierbare Risiken hervorbrachten, die die Organisation sozialer Lebenswelten gefährdeten.

Die Einsicht in die Offenheit und Kontingenz gesellschaftlichen Wandels wurde in den 1960er und 1970er Jahren durch den aufstrebenden Strukturfunktionalismus Talcott Parsons' verdrängt. Die in dieser Epoche dominante funktionalistische Modernisierungstheorie entwickelte eine ganz andere zeitdiagnostische Perspektive. Der Symbolische Interaktionismus als zweite Generation der Chicago School sah sich in dieser Zeit der Wucht einer modernisierungstheoretischen, großen Theorie (grand theory) gegenüber, die mikrogesellschaftliche Phänomene sozialer Interaktionsordnungen scheinbar problemlos und souverän auf makrogesellschaftliche strukturelle Entwicklungen zurückführen konnte. Sozialer Wandel wurde von Parsons als evolutionäre und funktionale Differenzierung der Gesellschaft theoretisiert. Er definierte die Modernisierung der Gesellschaft entlang vier funktionaler Erfordernisse (AGIL-Schema), deren imperative Erfüllung moderne Institutionen hervorbringt. Die Standardanhebung ökonomischer Mittel führt zur Institution der modernen Marktwirtschaft und industrieller Produktion, so dass die Anpassung (A) an die natürliche Umwelt immer besser gelingt. Die Spezifikation der Ziele der Gesellschaft führt zu differenzierten politischen und administrativen Institutionen (Demokratie und Rechtsstaat), die die Funktion der gesellschaftlichen Zielerreichung (G) immer besser erfüllen. Die Inklusion immer weiterer Bevölkerungsgruppen in das normative System (gesellschaftliche Gemeinschaft oder Zivilgesellschaft) fördert die zunehmende soziale Integration (I) der Gesellschaft. Und die Generalisierung kultureller Werte (Menschenrechte und Zivilreligion) schließlich bringt eine Stabilisierung der kulturellen Muster der Gesellschaft hervor (L). Die moderne Gesellschaft ist durch Marktwirtschaft und Industrie, durch Demokratie und Rechtsstaat, durch eine integrierte und inklusive soziale Welt und durch generalisierte Werte einer säkularen Kultur gekennzeichnet. Diese Entwicklung, so die Vorstellung, ist notwendiges Ergebnis der funktionalen Differenzierung der Gesellschaft (Parsons 1985).

Gesellschaftliche Probleme, Brüche und Ungleichheiten wurden im Rahmen dieser Theorie als Fehler der Modernisierung betrachtet. Das Aufbegehren der amerikanischen Jugend während der 1960er Jahre erklärte Parsons z.B. nicht als Protest gegen den Vietnamkrieg, sondern als Folge verschiedener »cross pressures«, die die Jugendlichen im Prozess der Sozialisation belasten. Sie wissen nicht, was sie tun sollen, weil sie – ausgelöst durch räumliche und Bildungsmobilität – gleichzeitig Erwartungen vormoderner traditionaler Herkunftsgemeinschaften des Mittleren Westens und modernen Normen der Freiheit und des Säkularismus der Küstenstädte und Colleges ausgesetzt sind. Diese Ungleichzeitigkeit der Modernisierung der amerikanischen Gesellschaft führt zu Handlungsunsicherheit bei Jugendlichen, die in den Studentenunruhen ihren Ausdruck finden, sich jedoch dann auflösen, wenn die Gemeinschaften des Mittleren Westens im Prozess der Modernisierung auf- oder nachholen und in der Normalität der Moderne ankommen (Parsons 1965). Regionale Disparitäten verlieren im Prozess der Modernisierung, so die Erwartung, zunehmend an Bedeutung zugunsten einer sozialräumlich und sozialstrukturell nivellierten Normalitätsgesellschaft.

Der Symbolische Interaktionismus entzog sich dieser Perspektive. Die »Normalität« gesellschaftlicher Verhältnisse der 1960er und 1970er Jahren wurde von Symbolischen Interaktionisten*innen nicht als evolutionäres Produkt, sondern als fragiles Konstrukt sozialen Handelns gesehen, und – radikaler betrachtet – selbst als Ausgangspunkt sozialer Probleme thematisiert. Sie stellten die Frage, ob die zunehmende normative Integration der amerikanischen Gesellschaft Grundlage für die Exklusion, Etikettierung und Stigmatisierung von Menschen ist, die »normalen« Erwartungen nicht entsprechen. Damit wurde »Normalität« als machtvolle Erwartungshaltung der nordamerikanischen Mittelschicht problematisiert.

»Zum Beispiel gibt es in einem gewichtigen Sinn *nur* ein vollständig ungeniertes und akzeptables männliches Wesen in Amerika: ein junger, verheirateter weißer, städtischer, nordstaatlicher, heterosexueller, protestantischer Vater mit Collegebildung, voll beschäftigt, von gutem Aussehen, normal in Gewicht und Größe und mit Erfolgen im Sport.« (Goffman 1975: 158)

Nach Erving Goffman dienen fiktive oder virtuelle Normalitätserwartungen als Maßstab, der in machtvollen Diskursen angewendet werden kann, um Menschen zu stigmatisieren und zu exkludieren, die dominanten Normen nicht entsprechen.

Spätestens seit den 1980er Jahren gewann diese kritische Perspektive auf die Normalitätsgesellschaft innerhalb der Sozialwissenschaften an Bedeutung. Zunehmend wurde kontrovers diskutiert, ob Gesellschaften mit Notwendigkeit einem evolutionären Pfad der Modernisierung folgen. Die Theorien der Postmoderne haben die unkalkulierbaren Nebenfolgen rationalen Handelns als neuen Motor der Geschichte entdeckt. In der Zweiten Moderne stellt sich danach für Akteure das Problem, permanent reflexiv handeln zu müssen, weil die Basisinstitutionen moderner Gesellschaften das Leben der Menschen nicht mehr gerichtet strukturieren. Der Diskussion über eine postmoderne Gesellschaft, in der Akteure jenseits von Stand und Klasse mit zu vielen Optionen und Entscheidungen zu tun haben, vor dem Problem stehen, sich selbst postmaterialistisch verwirklichen zu müssen, oder sich auf der anstrengenden Suche nach immer neuen Erlebnissen befinden, hat symbolische Interaktionisten*innen aus zwei Gründen kaum berührt. Erstens spielte für sie der angenommene Epochenbruch von Moderne zu Postmoderne keine große Rolle, weil sie ja empirisch aufzeigten, dass auch während der Modernitätsperiode Akteure vor der Aufgabe standen, reflexiv und kreativ Handeln zu müssen, und zweitens sahen sie, dass sich Entscheidungs- und Optionenvielfalt nur für einen privilegierten Teil der Gesellschaft als Aufgabe stellt, für andere bestehen hingegen gerade aufgrund einer dominanten Normalitätskonstruktion starke strukturelle Zwänge der Etikettierung, Exklusion und Stigmatisierung als systematische Kehrseite der Normalisierung.

Der Niedergang der Modernisierungstheorie als großer Erzählung des sozialen Wandels der Weltgesellschaft könnte als Triumph der Chicago School und des Symbolischen Interaktionismus betrachtet werden. Dies ist aber nicht der Fall. Der strukturfunktionalistische Konsens in der Soziologie wurde ja nicht nur durch den Interaktionismus infrage gestellt, sondern vor allem durch den Poststrukturalismus. Michel Foucault hat ähnlich wie Erving Goffman und Howard Becker die Kehrseite der modernen Gesellschaft in psychiatrischen Institutionen und in modernen Strafvollzugsanstalten untersucht. Für ihn führt die Modernisierung oder Aufklärung – die Suche nach Wissen und Begründung – zu einer zunehmenden Disziplinierung der Gesellschaft. In psychiatrischen Kliniken wird das »Andere der Vernunft« zugunsten der Konstruktion disziplinierender Normalität verdrängt, und die Humanisierung des Strafvollzugs mit der Abkehr von Strafe zugunsten von Resozialisierung führt in Wirklichkeit – über die Erfindung der Seele durch die Wissenschaft – zu einer politischen Eingrenzung der Körperlichkeit des Menschen (Biopolitik) und zu einer sich selbst regierenden und disziplinierenden Mentalität des Delinquenten (»Governmentalität«; Foucault 1969 und 2008). Der Poststrukturalismus stellt das Projekt der Aufklärung als demokratische Suche nach Wahrheit und Konsens radikal infrage.

Der Pragmatismus teilt diese Kritik an der Aufklärung nicht. Ähnlich der Modernisierungstheorie geht es ihm um eine universalistische Ausweisung der Demokratie als Projekt der Menschheit. Aus pragmatistischer Sicht ist Demokratie möglich, weil konsensuelles und kreatives Handeln als anthropologische Potenziale in der Fähigkeit des Menschen zur symbolischen Interaktion angelegt sind. Im Unterschied zur Modernisierungstheorie werden demokratische Verhältnisse jedoch nicht als evolutionäres Ergebnis struktureller Differenzierung ausgewiesen, sondern als fragiles Projekt, das durch kollektives Handeln konstituiert und reproduziert werden muss. In normativer Hinsicht verhält sich der Symbolische Interaktionismus deshalb gegenüber der Modernisierungstheorie als »loyale Opposition« (Mullins/Mullins 1973), in theoretischer Hinsicht hat er jedoch eine »radikale« Kritik an den Grundbegriffen der Differenzierungstheorie geübt (Bude 2013).

6.2 Der Pragmatismus im Kampf um die bedrohte Demokratie

Heute werden nach der ersten Chicago School und der zweiten Generation pragmatistischer Sozialforscher innerhalb des Symbolischen Interaktionismus die Konturen einer dritten Chicago School sichtbar (Neckel 1997). Nach dem Ende der Modernisierungsphase und der Pax Americana wird diese, wie die erste Generation, mit sozialen Problemen konfrontiert, die durch Krisen ökonomischer Strukturen und administrativer Institutionen ausgelöst werden. Das Verhältnis zwischen System (»natural order«) und Lebenswelt (»cultural order«) steht erneut zur Disposition. Der Konsens zwischen Demokratie und Kapitalismus der 1960er und 1970er Jahre scheint sich zu verlieren. Während dieser Zeit bestand die Aussicht, dass die industrielle Klassengesellschaft durch eine sozialstrukturell »nivellierte Mittelschichtsgesellschaft« (Helmut Schelsky) abgelöst wird, weil durch den Einfluss des demokratischen Wohlfahrtsstaats auf die kapitalistische

Konkurrenzwirtschaft soziale Ungleichheiten für die Lebensbedingungen und Teilhabechancen von Menschen an Bedeutung verlieren würden. Hingegen vertiefen sich heute in der nordamerikanischen Gesellschaft wieder »klassische« sozio-ökonomische Differenzen. In resistenten Ghettos werden Mitglieder einer neuen »urban underclass«, bestehend aus ökonomisch verarmten Weißen, neuen Migranten aus Asien, Mittel- und Südamerika und vom Arbeitsmarkt ausgeschlossenen Afro-Amerikanern, segregiert. In der Ungleichheitsforschung wird der Begriff der »Zone«, wie er von der ersten Generation entwickelt wurde, wiederverwendet, um diese neuen Sozialstrukturbrüche zu kennzeichnen. Robert Castel (2011) sieht die soziale Struktur westlicher Gesellschaften in drei Zonen unterteilt, zwischen welchen das Leben der Menschen durch deutlich unterschiedliche Teilhabechancen und Lebensbedingungen gekennzeichnet ist. In der »Zone der Integration« befinden sich ökonomisch gut situierte Mittelschichtsmenschen der geschrumpften nivellierten Mittelschichtsgesellschaft. Die »Zone der Prekarität« besteht aus in befristeten Arbeitsverhältnissen im Niedriglohnsektor arbeitenden armen Menschen (»working poor«). In der »Zone der Ausgeschlossenen« werden Akteure, die vom Arbeitsmarkt exkludiert sind, in soziale Räume gedrängt (Ghettos), in welchen sie ihre ökonomische Deprivation als Gelegenheitsarbeiter*innen innerhalb einer Schattenwirtschaft und durch Kleinkriminalität in »gangs« (Drogenhandel usw.) bearbeiten. Zwischen den Zonen bestehen deutliche Sozialstrukturbrüche, die neue Schließungen und Abgrenzungen zwischen Gruppen motivieren. Die ökonomisch integrierten Mittelschichtsmenschen fürchten den sozialen Abstieg, die Menschen in prekären Lebenslagen kämpfen um Sicherheit, und die Ausgeschlossenen müssen Armut und fehlende Perspektiven verarbeiten.

Die Soziologen*innen der dritten Generation beschäftigen sich, wie die erste Generation, mit den prekären und exkludierten Lebenslagen der Menschen in der »zone of transition«: Katherine Newman (2000) beschreibt in *No Shame in my Game* die Lebenswelt der »working poor« im Ghetto; Sudhir Alladi Venkatesh (2000) erklärt in *American Project. The Rise and Fall of a Modern Ghetto* das Scheitern des sozialen Wohnungsbaus durch politische Vernachlässigung während der Regierungszeit Ronald Reagans und die Entstehung neuer räumlicher Segregation in den Taylor Homes Chicagos; Mitchell Duneier (2001) rekonstruiert in *Sidewalk* die soziale Organisation der informellen Ökonomie obdachloser Händler in New York; Elijah Anderson (2000) schildert in *Code of the Street. Decency, Violence, and the Moral Life of the Inner City* den Kampf um ein gutes Leben der »urban poor« auf den Straßen des Ghettos; und Alice Goffman (2016) zeigt in *On the Run. Die Kriminalisierung der Armen in Amerika* die geringen Chancen junger Afro-Amerikaner, dem Zugriff staatlicher Sicherheitsorgane, die einen »war on crime« und einen »war on drugs« führen, zu entgehen und kein kriminelles Leben zu führen.

Heute – im neoliberalen Spätkapitalismus – wird ein Zusammenhang zwischen der *Entgrenzung* der Ökonomie von staatlichen Regularien und der *Eingrenzung* sozio-ökonomisch exkludierter Menschen durch staatlich-administrative Maßnahmen, räumlicher Ghettoisierung und Inhaftierung deutlich, begleitet von einer populistischen Krise der Demokratie. Für die dritte Generation erneuert sich die von Robert Park formulierte Konfrontation zwischen System (»natural order«) und Lebenswelt (»social order«). Die Bücher der dritten Generation lesen sich in vielerlei Hinsicht wie Duplikate der klassischen Studien: Das Pendant zu den Wanderarbeitern (*The Hobo*, Anderson, zuerst 1923) zur Zeit der Weltwirtschaftskrise bildet heute das zur sozialräumlichen Mobilität gezwungene Prekariat der working-poor-Klasse. William Julius Wilson und Richard P. Traub beschreiben in *There Goes The Neighborhood* (2006) neue sozialräumliche Verdrängungsbewegungen und Trennungslinien entlang von »race, class and ethnictiy« im heutigen Chicago, aber auch wie diese intersektionalen Ungleichheiten durch kollektives Handeln bearbeitet werden. Die von Frances Donovan (*The Saleslady*, zuerst 1920; *The Women Who Waits*, zuerst 1929) in den 1920er Jahren beschriebene Verkäuferin und Kellnerin im Niedriglohnsektor mit unsicheren Arbeitsverhältnissen ist heute die junge Bedienung und »Burger-Flipperin« im Schnellrestaurant, in deren Leben sich Sexismus, Klassenposition und Rassismus intersektional auswirken (Newman 2000). Die Gangs der 1920er Jahre (Thrasher, zuerst 1927) gleichen den heutigen Gangs (Venkatesh 2008). Arme und Einwanderer wurden vor hundert Jahren in »klassischen Ghettos« (Wirth, zuerst 1928) und werden heute in »modernen Ghettos« exkludiert (Anderson 2000). Und Reiche verdrängen heute arme Menschen wie in den 1920er Jahren (Zorbaugh, zuerst 1929, *Goldcoast and the Slum*) entlang von Rassen-, ethnischen und Klassenspaltungen (Wilson/Taub 2006).

Wie die erste Generation analysiert auch die dritte Generation mithilfe der pragmatistischen Handlungstheorie die neuen sozialen Welten der Ausgegrenzten nicht nur als Ort der »Desorganisation«, sondern als eine »Zone der Transition«, in der neue Identitäts- und Solidaritätsformen und neue soziale Institutionen als Antwort auf gesellschaftliche Krisen entstehen. Nicht allen, aber vielen Arbeiterinnen im Fast-food-Business gelingt es, innerhalb restriktiver Strukturen Selbstwertgefühl – no shame in my game – zu entwickeln; Obdachlose ergeben sich nicht zwangsläufig der Hilflosigkeit oder Kriminalität, sondern arbeiten als »hustler« (Arbeitstier) auf den Straßen der Großstadt, schlagen sich als »vendor« mit dem Verkauf von Magazinen und

Büchern durch, als »scavenger« (Aufräumer) mit Sammeln und Verwerten von Wohlstandsmüll und als »panhandler« (Bettler) mit Almosen für das Aufhalten von Türen. Im modernen Ghetto abgewirtschafteter Sozialbauten der Taylor Homes entstehen auch neue solidarische Nachbarschaftsregeln. Die Mehrheit der Familien in Ghettos bewahren Anstand (»decency«) und widerstehen der kriminellen »street culture«, und Jugendgangs können aus eigener Anstrengung den Übergang von Kriminalität zu Entrepreneurship finden (Venkatseh 2008). Auch die Darstellung der konstruktiven und definitorischen Leistungen der Menschen in ausgegrenzten Situationen liest sich wie die Berichte der ersten Generation über die situierte Kreativität der Menschen in der »zone of transition« der 1920er und 1930er Jahre. Sozialgeschichte als Déjà-vu. Natürlich wiederholt sich Geschichte nicht, deshalb bedarf das Auftauchen »alter« gesellschaftlicher Probleme »neuer« sozialwissenschaftlicher Erklärungen.

Die aktuelle dritte Generation der Chicago School ist gefragt, sich im Verhältnis zu neoliberalistischen Handlungstheorien hier und neomarxistischen Praxistheorien dort zu positionieren. Die Entstehung neuer Armut und Ausgrenzung wird einerseits im Rahmen neoliberaler Theorien gedeutet, die die Einschränkung sozialer Mobilität armer Menschen nicht in gesellschaftlichen Strukturen verorten, sondern auf die moralischen Einstellungen der ausgegrenzten Individuen zurückführen. Diese neoliberale Individualisierung und Moralisierung von Armut und Ausgrenzung findet ihren Ausgangspunkt in einer vermuteten Wirkung des Wohlfahrtsstaates auf die Ambitionen und Einstellungen von Individuen. Zweckrational handelnde Menschen, so die These, würden durch wohlfahrtstaatliche Alimentation deaktiviert. Vom Sozialstaat versorgte Menschen verlören Aufstiegsambitionen und Leistungswillen, weil sie anstrengungslos versorgt würden. Diese »fürsorgliche Vernachlässigung« (Nolte 2004) durch den Sozialstaat führe im Extremfall zur Figur der »welfare mother«: junge Frauen, die aufgrund eines Nutzenkalküls Kinder zeugen, weil sie sich damit staatliche Unterstützung sichern könnten. Seit der Modernisierungsphase der 1960er und 1970er Jahre sei durch das Wohlfahrtsregime eine »Kultur der Armut« und Abhängigkeit vom Sozialstaat entstanden, in deren Rahmen Kinder und Jugendliche keine primären Tugenden entwickeln können, weil es an arbeitsethischen Vorbildern fehle, so dass sich Armut über den Generationentransfer tradiere. Deshalb plädieren neoliberale Positionen für den Rückzug des Staates zugunsten konkurrenzwirtschaftlicher Verhältnisse, damit Individuen Anlass zu Aktivität finden. In den USA wurde die neoliberale Perspektive durch Charles Murrays *Losing Ground* (1984) initiiert.

Elijah Anderson (1993) hat darauf reagiert und die Konsequenzen seiner empirischen Studien im Gegensatz zur neoliberalen Erzählung verdeutlicht. Arme Menschen sind nicht inaktiv, sondern arbeiten angestrengt in der Schattenwirtschaft auf der Straße oder in temporären Anstellungen als Arbeiter*in im Dienstleistungsgewerbe. Menschen in Ghettos schlagen in der Regel deshalb kriminelle Karrieren ein, weil ihnen Teilhabechancen im Bildungssystem und auf dem Arbeitsmarkt verwehrt werden – und nicht aufgrund einer freiwilligen moralischen Entscheidung. Tatsächlich ist die große Mehrheit der Menschen im Ghetto, trotz fehlender Chancen, an amerikanischen Normalitätserwartungen eines »anständigen Lebens« (»decent live«) orientiert. Das gilt insbesondere für junge Mütter, sie erziehen Kinder nicht aufgrund eines Nutzenkalküls (welches übrigens, für alle erkennbar, keine rationale Grundlage hat), sondern weil sie dem amerikanischen Familienideal nachstreben. Kriminalität und Desorganisation, das hat Anderson in seiner Erwiderung auf Murray verdeutlicht, sind Reaktionen auf strukturelle Chancenlosigkeit. Die Studien der ersten und dritten Generation zeigen aber auch, dass es ghettoisierten Menschen gelingt, harte strukturelle Einschränkungen produktiv zu verarbeiten, nicht zu unterliegen und neue Solidaritätsformen zu entwickeln.

Diese empirische Einsicht in die Kreativität und Widerstandskraft benachteiligter Menschen führte – zur Überraschung vieler – zu deutlichen Einsprüchen gegen die Chicago School aus einer dem Neoliberalismus entgegengesetzten Richtung. Loïc Wacquant, Schüler und Mitarbeiter Pierre Bourdieus, galt mit seiner ethnografischen Studie *Leben für den Ring. Boxen im amerikanischen Ghetto* (2001) über die »urban poor« South Chicagos zunächst selbst als Vertreter der dritten Chicago School. Deshalb ließ sich erwarten, dass es zu einer konstruktiven Zusammenarbeit zwischen der Chicago School und der Bourdieu-Schule kommen würde, da beide Ansätze von den Perspektiven benachteiligter Menschen ausgehend soziologische Erklärungen entwickeln (Neckel 1997). Mit einer fulminanten Kritik an zentralen empirischen Arbeiten von Anderson, Newman und Duneier hat Wacquant (2002) diese Erwartungen allerdings zunichtegemacht und Opposition gegenüber der Chicago School vom Standpunkt der bourdieuschen Kapital- und Habitustheorie bezogen.

Viele seiner Einwände gegen *Sidewalks* (Duneier), *No Shame in my Game* (Newman) und *Code of the Street* (Anderson) betreffen empirische Fragestellungen. Duneier (2002) hat in seiner Replik über dreißig Kritikpunkte von Wacquant an *Sidewalks* aufgelistet und darauf Punkt für Punkt geantwortet. Newman (2002) und Anderson (2002) reagierten hingegen vor allem auf den zentralen Einwand gegen die Studien. Wacquant bemängelt an den Studien eine ungenügende Reflexion über den Zusammenhang von »Handlung« und »Struktur«. Genauer betrachtet wirft er der Chicago School »*Subjektivismus*« vor. Ihr gelinge es nicht, Handlungen Einzelner in ein Verhältnis zu »objektiven Strukturen« zu setzen. Daraus ergibt sich nach Wacquant für die Chicago School erstens das methodische Problem, bei naiven Nacherzählungen subjektiven Alltagswissens zu verharren, ohne die Wirkung von Strukturen aufzuzeigen, weshalb sie das Leben der Armen romantisiere, zweitens das theoretische Problem, soziales Alltagsleben nicht im Zusammenhang mit politischen und ökonomischen Makrostrukturen zu erklären, und drittens das sozialpolitische Problem der eingeschränkten Kritikfähigkeit an ungleichheitsbegründeten Strukturen zugunsten einer moralischen Sicht auf sozial benachteiligte Menschen. Immer wieder werden der Symbolische Interaktionismus und die Chicago School von der Habitustheorie den *subjektivistischen Ansätzen* zugerechnet. Bourdieu hat diese Zuordnung bereits in *Entwurf einer Theorie der Praxis* (1979) vorgenommen, und Wacquant (2016) erneuert diese Position. Ihm geht es darum, »die Theorie des Strukturalismus wiedereinzuführen, ohne dabei in einen cartesianischen Intellektualismus zurückzufallen, der subjektivistische Ansätze – wie Behaviorismus, Phänomenologie, Symbolischen Interaktionismus und Rational-Choice-Theorie – auf soziales Verhalten anwendet und dieses dadurch verzerrt« (Wacquant 2016: 103).

Der Vorwurf des »Subjektivismus« hat in *theoretischer Hinsicht* keine Grundlage. Die Chicago School steht in der Tradition des amerikanischen Pragmatismus, dessen anthropologisch und universalpragmatisch begründete Handlungstheorie erklärt, wie »objektive Strukturen« und »subjektive Einstellungen« (Thomas 1965) im Prozess »symbolisch vermittelter Interaktion« (Blumer 1969) miteinander verbunden sind. Der Pragmatismus hat begrifflich den Dualismus zwischen Subjektivismus und Objektivismus zugunsten einer »Theorie strukturell situierter Kreativität des Handelns« (Joas 1992) durchbrochen.

In *empirischer Hinsicht* führt Wacquant (2001) in seiner Studie *Leben für den Ring* eindringlich vor, wie – mithilfe der Habitustheorie – die Verbindung von Struktur und Handeln, von Gesellschaft und Persönlichkeit faktischen Niederschlag findet. Wacquant zeigt dort, wie die subjektiven Handlungen, Einstellungen und Charaktermerkmale der beiden jugendlichen Boxer – Butch und Curtis – mit objektiven »Klassen- und Kastenstrukturen« verbunden sind:

»Butch trainiert und boxt nüchtern und ökonomisch; er kann lange Perioden ohne Diätfehler, sexuelle Eskapaden, emotionale Schwankungen und Verstöße gegen die Berufsregeln bestehen. [...] Curtis dagegen verkörpert den Mangel an Rationalität, der sich in seinem bisweilen unregelmäßigen Training und einer unbeständigen physischen und moralischen Hygiene äußert. Das gilt zunächst für den Bereich außerhalb der Boxhalle, wo er den kleinen Vergnügungen des Lebens (kohlensäurehaltige Getränke, Süßigkeiten, fettes Essen) nicht immer widerstehen kann und wo es mit sexueller Mäßigung nicht immer weit her ist. [...] Butch ist gutmütig, sanft und seine Gemütsverfassung ist beständig und ausgeglichen. Curtis dagegen launisch, unberechenbar und äußerst emotional, sein Energiepegel unterliegt ständigen Schwankungen. Butch hat nur selten gesundheitliche Probleme, die sich störend auf sein Trainingsprogramm auswirken könnten, Curtis ist dagegen [...] häufig krank. [...] Diese Gegensätzlichkeit der Persönlichkeiten korreliert eng mit den unterschiedlichen sozialen Positionen der beiden Clubkameraden und wird gleichzeitig dadurch verstärkt: der eine ist Proletarier, Angehöriger der Arbeiteraristokratie und verfügt über ein feste Arbeit und solide Einkünfte; der andere Subproletarier ohne soziale und ökonomische Sicherheiten, ist den Arbeitsbedingungen auf dem Sektor der unqualifizierten Dienstleistung ausgesetzt.« (Wacquant 2001: 134-135)

Nach Wacquant »besteht hier ein klassischer, von Bourdieu am Fall der algerischen Arbeiterklasse aufgezeigter Gegensatz zwischen zwei Typen sozialer Position und zwei entsprechenden Warte- und Dispositionssystemen« (Wacquant 2001: 135). Die Typenbildung Wacquants lässt nicht viel Raum für Interpretationen: Proletarier in unbefristeten Arbeitsverhältnissen (Arbeiteraristokratie) in der Zone der Integration sind typischerweise rational, ernähren sich gesund, sind emotional und sexuell zuverlässig, gutmütig, sanft und gesund. Vom ersten Arbeitsmarkt ausgeschlossene Menschen (Subproletariat) in der Zone der Exklusion hingegen sind typischerweise unzuverlässig, irrational, unberechenbar, oft krank, sie ernähren sich schlecht, sind sexuell unmäßig und besitzen eine unbeständige »moralische Hygiene«. Wie Vertreter des Neoliberalismus sieht Wacquant die soziale Mobilität des »Subproletariats« durch dessen Disziplinlosigkeit, Irrationalität und Unmäßigkeit behindert, anders als diese führt er seine Charaktereigenschaften und moralischen Orientierungen aber auf Wirkungen sozialer Strukturen zurück. Mit den Neoliberalen teilt Wacquant wiederum eine pauschale – empirisch unhaltbare – Abwertung ausgeschlossener Menschen, die sich in eine lange Tradition der marxistischen und liberalen Sicht auf das »Lumpenproletariat« einreiht (Bescherer 2013). Diese Abwertung der Armen entspricht nicht den Fakten. Nicht nur die stadtsoziologischen Studien der Chicago School, sondern eine Fülle qualitativer und quantitativer Forschungen zeigen, dass vom Arbeitsmarkt ausgeschlossene Menschen in materiellen Notlagen durchaus hohe Aspirationen, Konzessionsbereitschaft sowie stabile Persönlichkeitsstrukturen und solidarische soziale Beziehungen entwickeln (Lindner/Musner 2008).

Die Abwertung Armer als charakterlich unzuverlässiger Menschen hat sozialpolitische Konsequenzen, die in zwei gegensätzliche Richtungen weisen. Im neoliberalen Diskurs führt die Behauptung moralischer und sozialer Unzuverlässigkeit der Ausgeschlossenen zur politischen Forderung nach Überwachung und Kontrolle der Armen. »Die Maßnahmen, die aus der Sicht derer getroffen werden sollten, welche die Unterschicht moralisch verurteilen, liegen auf der Hand: Nicht hilfreich erscheinen regelmäßige unkonditionierte Geldzuwendungen oder Hilfen, die auf Freiwilligkeit bauen. Dagegen empfehlen sich Kontrollen, Strafen, zweckgebundene Gutscheine, pflichtgemäße Unterweisungen.« (Hradil 2010) Handelt das »Subproletariat« unzuverlässig, sind soziale und staatliche Kontrolle nötig, da keine eigenverantwortliche Lebensführung in Aussicht steht. Die neomarxistische politische Strategie hingegen, die von einer strukturell begründeten Demoralisierung der »Subproletarier« ausgeht, besteht im revolutionären Wandel gesellschaftlicher Strukturen: Wenn ein emanzipiertes Leben unter ungünstigen Strukturen nicht möglich erscheint, wird ein radikaler struktureller Umbruch notwendige Bedingung für gelingende Charakterbildung der Subjekte.

Die Chicago School entzieht sich der neoliberalen und neomarxistischen Sicht auf das Leben der Ausgeschlossenen. Neben Desorganisation, Deprivation und Anomie zeigen die empirischen Studien der dritten Chicago School, dass arme Menschen im Widerstand gegen restriktive strukturelle Barrieren aktiv eigene integrierte soziale Strukturen entwickeln. Deren Bedeutung hat Robert J. Sampson (2012) in *Great American City. Chicago and the Enduring Neighborhood Effect* empirisch untersucht. Die Offenlegung dieser aktiven Bewältigungsformen begründete die Idee des politischen Wandels durch soziale Bewegungen benachteiligter Menschen und damit der Entfaltung *»kollektiver Wirksamkeit«* (collective efficacy) in ökonomisch entwerteten Sozialräumen. Darin liegt die Bedeutung der Chicago School für die aktuelle Soziologie: Die empirischen Studien der Chicago School und des Symbolischen Interaktionismus zeigen, dass soziale Gerechtigkeit und Demokratie ein unvollendetes und offenes Projekt sind, das im Verlauf der Geschichte mit immer neuen Herausforderungen konfrontiert ist und von handelnden Menschen in sozialen Auseinandersetzungen ständig revitalisiert und erkämpft werden muss.

Dieses Kapitel ist eine stark gekürzte und leicht veränderte Version von: Hans-Joachim Schubert (erscheint 2020): Zur Bedeutung der Chicago School of Sociology für die heutige Soziologie. In: Hauke Brunkhorst, Felix Petersen, Martin Seeliger (Hg.): Pragmatistische Sozialforschung. Für eine praktische Wissenschaft gesellschaftlichen Fortschritts, Stuttgart: Metzler Verlag.

Literatur

Kapitel 1: Charles Sanders Peirce – Philosophie der Kreativität

Apel, Karl-Otto (1973): Transformation der Philosophie. Frankfurt am Main: Suhrkamp.

Apel, Karl-Otto (1975): Der Denkweg von Charles Sanders Peirce. Eine Einführung in den amerikanischen Pragmatismus. 1. Aufl. Frankfurt am Main: Suhrkamp.

Habermas, Jürgen (1991): Charles S. Peirce über Kommunikation. In: Habermas, Jürgen (Hg.): Texte und Kontexte. 1. Aufl. Frankfurt am Main: Suhrkamp, S. 9-33.

Hume, David (1985): A Treatise of Human Nature. Reprinted. London: Penguin Books.

James, William (1994): Was ist Pragmatismus? Weinheim: Beltz Athenäum.

Joas, Hans (1980): Praktische Intersubjektivität. Die Entwicklung des Werkes von George Herbert Mead. 1. Aufl. Frankfurt a.M.: Suhrkamp.

Joas, Hans (1999): Amerikanischer Pragmatismus und deutsches Denken. Zur Geschichte eines Mißverständnisses. In: Joas, Hans (Hg.): Pragmatismus und Gesellschaftstheorie. 2. Aufl. Frankfurt am Main: Suhrkamp, S. 114–155.

Joas, Hans (1999): Von der Philosophie des Pragmatismus zu einer soziologischen Forschungstradition. In: Joas, Hans (Hg.): Pragmatismus und Gesellschaftstheorie. 2. Aufl. Frankfurt am Main: Suhrkamp, S. 23-66.

Kant, Immanuel (1982): Kritik der reinen Vernunft. Frankfurt am Main: Suhrkamp.

Peirce, Charles Sanders (1976): Schriften zum Pragmatismus und Pragmatizismus. 2. Aufl. Frankfurt am Main: Suhrkamp.
Peirce, Charles Sanders (1990): Semiotische Schriften. Frankfurt am Main: Suhrkamp.
Peirce, Charles Sanders (1992): Collected Papers. 5 Bände. Charlottesville: Past Masters, InteLex Corp.
Rorty, Richard M. (1967): The Linguistic Turn. Recent Essays in Philosophical Method. Chicago: Univ. of Chicago Press.

Kapitel 2: The Chicago School of Philosophy – George Herbert Mead

Dewey, John (1975): The Reflex Arc Concept in Psychology. In: Dewey, John (Hg.): Early Works: 1882-1898. Carbondale (5), S. 96–106.
Habermas, Jürgen (1992): Individuierung durch Vergesellschaftung. Zu G.H. Meads Theorie der Subjektivität. In: Habermas, Jürgen (Hg.): Nachmetaphysisches Denken. Philosophische Aufsätze. 1. Aufl. Frankfurt am Main: Suhrkamp, S. 187–242.
James, William (1950): The Principles of Psychology. Authorized ed. New York, NY: Dover-Publ.
Lovejoy, Arthur Oncken (1955): The Revolt against Dualism. An Inquiry concerning the Existence of Ideas. 3. pr. La Salle: Open Court Publishing Comp.
Mead, George Herbert (1969): Philosophie der Sozialität. Aufsätze zur Erkenntnisanthropologie. Frankfurt a.M.: Suhrkamp.
Mead, George Herbert (1978): Geist, Identität und Gesellschaft. Aus der Sicht des Sozialbehaviorismus. 3. Aufl. Frankfurt M.: Suhrkamp.
Mead, George Herbert (1980a): Die Definition des Psychischen. In: Joas, Hans (Hg.): George H. Mead. Gesammelte Aufsätze. 1. Aufl. Band 1. Frankfurt am Main: Suhrkamp, S. 83–148.
Mead, George Herbert (1980b): Sozialpsychologie als Gegenstück der physiologischen Psychologie. In: Joas, Hans (Hg.): George H. Mead. Gesammelte Aufsätze. 1. Aufl. Band 1. Frankfurt am Main: Suhrkamp, S. 199–209.
Mead, George Herbert (1980c): Soziales Bewußtsein und das Bewußtsein von Bedeutungen. In: Joas, Hans (Hg.): George H. Mead. Gesam-

melte Aufsätze. 1. Aufl. Band 1. Frankfurt am Main: Suhrkamp, S. 210-221.

Mead, George Herbert (1980d): Welche sozialen Objekte muß die Psychologie voraussetzen? In: Joas, Hans (Hg.): George H. Mead. Gesammelte Aufsätze. 1. Aufl. Band 1. Frankfurt am Main: Suhrkamp, S. 222-231.

Mead, George Herbert (1980e): Der Mechanismus des sozialen Bewußtseins. In: Joas, Hans (Hg.): George H. Mead. Gesammelte Aufsätze. 1. Aufl. Band 1. Frankfurt am Main: Suhrkamp, S. 232-240.

Mead, George Herbert (1980f): Die soziale Identität. In: Joas, Hans (Hg.): George H. Mead. Gesammelte Aufsätze. 1. Aufl. Band 1. Frankfurt am Main: Suhrkamp, S. 241-252.

Mead, George Herbert (1980g): Eine behavioristische Erklärung des signifikanten Symbols. In: Joas, Hans (Hg.): George H. Mead. Gesammelte Aufsätze. 1. Aufl. Band 1. Frankfurt am Main: Suhrkamp, S. 290-298.

Kapitel 3: The Chicago School of Sociology

Anderson, Nels (2006): The Hobo. The Sociology of the Homeless Man. London: Routledge.

Avert, Donald H.; Steinfisch, Irmgard (1990): Industrialisierung, Urbanisierung und politischer Wandel der Gesellschaft, 1877-1914. In: Adams, Willi Paul (Hg.): Länderbericht USA. Bonn: Bundeszentrale für politische Bildung, S. 119-145.

Baker, Paul J. (1973.): The Life Histories of W. I. Thomas and Robert E. Park. In: American Journal of Sociology, Jg. 79, H. 2, S. 243-260.

Cressey, Paul G. (1932, zuerst 1929): The Taxi-Dance Hall. Chicago: The University of Chicago Press.

Donovan, Frances R. (1920): The Woman who Waits. Boston: R.G. Badger.

Donovan, Frances R. (1929): The Saleslady. Chicago Ill.: The University of Chicago Press.

Durkheim, Émile (1992): Über soziale Arbeitsteilung. Frankfurt/M.: Suhrkamp.

Joas, Hans (1992): Von der Philosophie des Pragmatismus zu einer soziologischen Forschungstradition. In: Joas, Hans (Hg.): Pragmatismus und Gesellschaftstheorie. 1. Aufl. Frankfurt am Main: Suhrkamp, S. 23-66.

Junker, Detlef (1990): Weltwirtschaftkrise, New Deal, Zweiter Weltkrieg, 1929-1945. In: Adams, Willi Paul (Hg.): Länderbericht USA. Bonn: Bundeszentrale für politische Bildung, S. 146-163.

Kurtz, Lester R. (1984): Evaluating Chicago Sociology. A Guide to the Literature; with an annotated bibliography. Chicago: Univ. of Chicago Press (The heritage of sociology).

Lindner, Rolf (1990): Die Entdeckung der Stadtkultur. Soziologie aus der Erfahrung der Reportage. 1. Aufl. Frankfurt am Main: Suhrkamp.

Matthews, Fred H. (1977): Quest for an American Sociology. Robert E. Park and the Chicago School. Montreal: McGill-Queen's University Press.

Park, Robert E. (1925a): The City. Suggestions for the Investigation of Human Behavior in the Urban Environment. In: Park, Robert E./ Burgess, Ernest W. (Hg.): The City. Suggestions for the Investigation of Human Behavior in the Urban Environment. Chicago: The University of Cicago Press, S. 1-46.

Park, Robert E. (1925b): The Natural History of the Newspaper. In: Park, Robert E./Burgess, Ernest W. (Hg.): The City. Suggestions for the Investigation of Human Behavior in the Urban Environment. Chicago: The University of Cicago Press, S. 80-98.

Park, Robert E. (1950a): Culture and Civilization. In: Park, Robert E. (Hg.): Race and Culture, S. 15-23.

Park, Robert E. (1950b): Reflections on Communications and Culture. In: Park, Robert E. (Hg.): Race and Culture, S. 36-52.

Park, Robert E. (1950c): The Nature of Race Relations. In: Park, Robert E. (Hg.): Race and Culture, S. 81-116.

Park, Robert E. (1950d): The Race Relations Cycle in Hawai. In: Park, Robert E. (Hg.): Race and Culture, S. 189-195.

Park, Robert E. (1950e): Racial Assimilation in Secondary Groups. In: Park, Robert E. (Hg.): Race and Culture, S. 204-222.

Park, Robert E. (1950f.): The Basis of Race Prejudice. In: Park, Robert E. (Hg.): Race and Culture, S. 230-243.

Park, Robert E. (1950g): Human Migration and the Marginal Man. In: Park, Robert E. (Hg.): Race and Culture, S. 345-356.
Park, Robert E. (1952): Human Ecology. In: Park, Robert E. (Hg.): Human Ecology. Glencoe, S. 145-158.
Park, Robert E. (1955): Human Nature and Collective Behavior. In: Park, Robert E. (Hg.): Society. Glencoe, S. 13-21.
Park, Robert E. (1967a): The City as a Social Laboratory. In: Turner, Ralph H. (Hg.): Robert E. Park on Social Control and Collective Behavior. Chicago/London, S. 3-18.
Park, Robert E. (1967b): The Urban Community as a Spatial Pattern and a Moral Order. In: Turner, Ralph H. (Hg.): Robert E. Park on Social Control and Collective Behavior. Chicago/London, S. 55-68.
Park, Robert E. (1967c): Succession, an Ecological Concept. In: Turner, Ralph H. (Hg.): Robert E. Park on Social Control and Collective Behavior. Chicago/London, S. 85-96.
Park, Robert E. (1967d): Collective Behavior. In: Turner, Ralph H. (Hg.): Robert E. Park on Social Control and Collective Behavior. Chicago/London, S. 225-239.
Park, Robert E. (Hg.) (1955): Society. Glencoe.
Shaw, Clifford Robe (1966): The Jack-roller. A Delinquent Boy's own Story. Chicago: University of Chicago Press.
Simmel, Georg (1984): Die Großstädte und das Geistesleben. In: Simmel, Georg (Hg.): Das Individuum und die Freiheit. Berlin: Fischer.
Smith, Thomas Vernor/White, Leonard Dupee (1929): Chicago, an Experiment in Social Science Research. Chicago Ill.: University of Chicago Press.
Strübing, Jörg (2004): Grounded Theory. Zur sozialtheoretischen und epistemologischen Fundierung des Verfahrens der empirisch begründeten Theoriebildung. Wiesbaden: VS Verlag.
Thomas, William I. (1969, zuerst 1923): The Unadjusted Girl. Montclair.
Thomas, William I. (1965): Person und Sozialverhalten. Neuwied am Rhein: Luchterhand.
Thomas, William I./Znaniecki, Florian (1927): The Polish Peasant in Europe and America. New York. Alfred A. Knopf.
Thrasher, Frederic Milton (1960, zuerst 1927): The Gang. A Study of 1,313 Gangs in Chicago. 2d rev. ed. new impression. Chicago: University of Chicago Press.

Tönnies, Ferdinand (1991, zuerst 1887): Gemeinschaft und Gesellschaft. Grundbegriffe der reinen Soziologie. Neudr. d. 8. Aufl. von 1953, 3., unveränd. Aufl. Darmstadt: Wissenschaftliche Buchgesellschaft.

Turner, Jonathan H. (1988): The Mixed Legacy of the Chicago School of Sociology. In: Sociological Perspectives, Jg. 31, H. 3, S. 325-338.

Weber, Max (1980): Wirtschaft und Gesellschaft: Grundriß der verstehenden Soziologie. Tübingen.

Weber, Max (1984): Die protestantische Ethik und der Geist des Kapitalismus. Band 1. Gütersloh.

Wirth, Louis (1964, zuerst 1928): The Ghetto. Chicago: University of Chicago Press.

Zorbaugh, Harvey Warren (1976, zuerst 1929): The Gold Coast and the Slum. A Sociological Study of Chicago's Near North Side. Chicago: University of Chicago Press.

Kapitel 4: Symbolischer Interaktionismus

Becker, Howard Saul (1981): Außenseiter. Zur Soziologie abweichenden Verhaltens. Frankfurt a.M.: S. Fischer.

Blumer, Herbert (1969): Symbolic Interactionism. Perspective and Method. Englewood Cliffs, NJ: Prentice-Hall.

Blumer, Herbert (1981a): Der methodologische Standort des Symbolischen Interaktionismus. In: Arbeitsgruppe Bielefelder Soziologen (Hg.): Alltagswissen, Interaktion und gesellschaftliche Wirklichkeit. 5. Aufl. 2 Bände. Opladen: Westdeutscher Verlag, S. 80-146.

Blumer, Herbert (1981b): George Herbert Mead. In: Rhea, Buford (Hg.): The future of the sociological classics. London: Allen & Unwin, S. 136-169.

Blumer, Herbert (1990): Industrialization as an Agent of Social Change. A Critical Analysis. New York: Aldine de Gruyter.

Collins, Randall (1985): Three Sociological Traditions. Selected Readings. New York: Oxford University Press.

Denzin, Norman K. (1977): Notes on the Criminogenic Hypothesis: A Case Study of the American Liquor Industry. In: American Sociological Review, Jg. 42, H. 6, S. 905-920.

Denzin, Norman K. (1984): On Understanding Emotion. 1st ed. San Francisco: Jossey-Bass.

Glaser, Barney G. (1995): Betreuung von Sterbenden. Eine Orientierung für Ärzte, Pflegepersonal, Seelsorger und Angehörige. 2., überarb. Aufl. Unter Mitarbeit von Anselm L. Strauss. Göttingen: Vandenhoeck und Ruprecht.

Glaser, Barney G./Strauss, Anselm L. (1998): Grounded Theory. Strategien qualitativer Forschung. Bern: Huber.

Goffman, Erving (1967): Stigma. Über Techniken der Bewältigung beschädigter Identität. Orginalausgabe. Frankfurt am Main: Suhrkamp.

Goffman, Erving (1969): Wir alle spielen Theater. Die Selbstdarstellung im Alltag. Studienausgabe. München: Piper.

Goffman, Erving (1972): Asyle. Über die soziale Situation psychiatrischer Patienten und anderer Insassen. Frankfurt am Main: Suhrkamp.

Goffman, Erving (1977): Rahmenanalyse. Ein Versuch über die Organisation von Alltagserfahrungen. Frankfurt M.: Suhrkamp.

Hall, Peter M. (1972): A Symbolic Interactionist Analysis of Politics. In: Sociological Inquiry, Jg. 42, H. 3, S. 35-75.

Hochschild, Arlie Russell (1990): Das gekaufte Herz. Zur Kommerzialisierung der Gefühle. Frankfurt/Main: Campus Verlag.

Hughes, Everett Cherrington (1994): Professions. In: Hughes, Everett Cherrington (Hg.): On Work, Race, and the Sociological Imagination. Chicago: University of Chicago Press, S. 37-49.

Maines, David R. (2001): The Faultline of Consciousness. A View of Interactionism in Sociology. New York: A. de Gruyter.

Maines, David R. (1982): In Search of Mesostructure. Studies in the Negotiated Order. In: Urban Life, Jg. 11, H. 3, S. 267-279.

Meltzer, Bernard N./Petras, John W./Reynolds, Larry T. (1980): Symbolic Interactionism. Genesis, Varieties and Criticism. Reprint. Boston: Routledge & Kegan Paul.

Snow, David/Davis, Phillip W. (1995): The Chicago School Approach to Collective Behavior. In: Fine, Gary Alan (Hg.): A Second Chicago School? The Development of a Postwar American Sociology. Chicago: University of Chicago Press, S. 188-220.

Strauss, Anselm (1978): Negotiations. Varieties, Contexts, Processes, and Social Order. 1. ed. San Francisco: Jossey-Bass.

Strauss, Anselm L. (1974): Spiegel und Masken. Die Suche nach Identität. 1. Aufl. Frankfurt am Main: Suhrkamp.
Turner, Ralph H./Killian, Lewis M. (1972): Collective Behavior. 2d ed. Englewood Cliffs N.J.: Prentice-Hall.
Turner, Ralph Herbert (1970): Family Interaction. New York, NY: Wiley.

Kapitel 5: Neopragmatismus

Baudrillard, Jean (1978): Agonie des Realen. Berlin: Merve-Verlag.
Denzin, Norman K. (1989): Interpretive Interactionism. Newbury Park, Calif.: Sage Publications.
Denzin, Norman K. (1990): Researching Alcoholics and Alcoholism in American Society. In: Studies in Symbolic Interactionism, Jg. 11, S. 81-101.
Denzin, Norman K. (1991a): Images of Postmodern Society. Social Theory and Contemporary Cinema. London, Newbury Park: Sage Publications.
Denzin, Norman K. (1991b): Hollywood Shot by Shot. Alcoholism in American Cinema. New York: A. de Gruyter.
Denzin, Norman K. (1992): Symbolic Interactionism and Cultural Studies. The Politics of Interpretation. Oxford UK, Cambridge USA: Blackwell.
Denzin, Norman K. (1995a): The Cinematic Society. The Voyeur's Gaze. London, Thousand Oaks, Calif.: Sage Publications.
Denzin, Norman K. (1995b): The Birth of the Cinematic, Surveillance Society. In: Studies in Symbolic Interactionism, Jg. 15, S. 99-127.
Denzin, Norman K./Lincoln, Yvonna S. (Hg.) (1994): Handbook of Qualitative Research. Thousand Oaks: Sage Publications.
Denzin, Norman K./Lincoln, Yvonna S. (1994a): Introduction. Entering the Field of Qualitative Research. In: Denzin, Norman K./Lincoln, Yvonna S. (Hg.): Handbook of Qualitative Research. Thousand Oaks: Sage Publications, S. 1-17.
Denzin, Norman K./Lincoln, Yvonna S. (1994b): The Fith Moment. In: Denzin, Norman K./Lincoln, Yvonna S. (Hg.): Handbook of Qualitative Research. Thousand Oaks: Sage Publications, S. 575-585.

Fetscher, Iring/Münkler, Herfried (Hg.) (1987): Pipers Handbuch der politischen Ideen. Band 5. Neuzeit: vom Zeitalter des Imperialismus bis zu den neuen sozialen Bewegungen. München. Piper.

Joas, Hans (1992a): Die Kreativität des Handelns. 1. Aufl. Frankfurt am Main: Suhrkamp.

Joas, Hans (1992b): Pragmatismus und Gesellschaftstheorie. 1. Aufl. Frankfurt am Main: Suhrkamp.

Joas, Hans (1987): Die politische Idee des amerikanischen Pragmatismus. In: Fetscher, Iring; Münkler, Herfried (Hg.): Pipers Handbuch der politischen Ideen. Band 5. Neuzeit: vom Zeitalter des Imperialismus bis zu den neuen sozialen Bewegungen. München: Piper, S. 611-620.

Joas, Hans (1989): Praktische Intersubjektivität. Die Entwicklung des Werkes von George Herbert Mead. 1. Aufl. Frankfurt am Main: Suhrkamp.

Joas, Hans (1996): Soziologie nach Auschwitz. In: Mittelweg, Jg. 5, H. 4, S. 18-28.

Joas, Hans (1997): Die Entstehung der Werte. 1. Aufl. Frankfurt am Main: Suhrkamp.

Joas, Hans (2000): Kriege und Werte. Studien zur Gewaltgeschichte des 20. Jahrhunderts. 1. Aufl. Weilerswist: Velbrück.

Joas, Hans/Knöbl, Wolfgang (2008): Kriegsverdrängung. Ein Problem in der Geschichte der Sozialtheorie. Original-Ausgabe, 1. Aufl. Frankfurt am Main: Suhrkamp.

Joas, Hans/Wiegandt, Klaus (2006): Die kulturellen Werte Europas. 2. Aufl.. Frankfurt am Main: Fischer.

Kapitel 6: Die Aktualität der dritten Chicago School of Sociology

Anderson, Nels (1967, zuerst 1923). The Hobo. The Sociology of the Homeless Man. London: Routledge.

Anderson, Elijah (2002): The Ideologically Driven Critique, In: American Journal of Sociology 107(6), S. 1533-1550.

Anderson, Elijah (2000): Code of the Street. Decency, Violence, and the Moral Life of the Inner City. New York, NY: W. W. Norton & Company.

Anderson, Elijah (1993): Problems will Persist until Jobs Are Created. The Washington Post, 31. Dezember.

Bescherer, Peter (2013): Vom Lumpenproletariat zur Unterschicht. Produktivistische Theorie und politische Praxis. Frankfurt am Main: Campus.

Bourdieu, Pierre (1979): Entwurf einer Theorie der Praxis auf der ethnologischen Grundlage der kabylischen Gesellschaft. Frankfurt am Main: Suhrkamp.

Blumer, Herbert (1969): Symbolic Interactionism. Perspective and method. Englewood Cliffs, NJ: Prentice-Hall.

Bude, Heinz/Dellwing, Michael (2013): Einleitung. Blumers Rebellion 2.0. Eine Wissenschaft der Interpretation. In: Herbert Blumer, Symbolischer Interaktionismus. Aufsätze zu einer Wissenschaft der Interpretation. Berlin: Suhrkamp, S. 7-26.

Castel, Robert (2011): Die Krise der Arbeit. Neue Unsicherheiten und die Zukunft des Individuums. Hamburg: Hamburger Edition.

Dewey, John (2000, zuerst 1916): Demokratie und Erziehung. Eine Einleitung in die philosophische Pädagogik. Weinheim/Basel: Beltz.

Donovan, Frances (1974a, zuerst 1920): The Women Who Waits. New York: Arno Press.

Donovan, Frances (1974b, zuerst 1929): The Saleslady. New York: Arno Press.

Duneier, Mitchell: (2001): Sidewalk. New York: Farrar, Straus and Giroux.

Duneier, Mitchell: (2002): What Kind of Combat Sport Is Sociology? In: American Journal of Sociology 107(6), S. 1551-1576.

Foucault, Michel (1969): Wahnsinn und Gesellschaft. Eine Geschichte des Wahns im Zeitalter der Vernunft. Frankfurt am Main: Suhrkamp.

Foucault, Michel (2008): Überwachen und Strafen. Die Geburt des Gefängnisses. Frankfurt am Main: Suhrkamp.

Goffman, Alice (2016): On the run. Die Kriminalisierung der Armen in Amerika. München: Verlag Antje Kunstmann.

Goffman, Erving (1975): Stigma. Über Techniken der Bewältigung beschädigter Identität. Frankfurt am Main: Suhrkamp.

Hradil, Stefan (2010): Der deutsche Armutsdiskurs. In: Aus Politik und Zeitgeschichte. Armut in Deutschland 51–52, S. 3-8.

Joas, Hans (1992): Die Kreativität des Handelns. Frankfurt am Main: Suhrkamp.

Lindner, Rolf/Musner, Lutz (Hg.) (2008): Unterschicht. Kulturwissenschaftliche Erkundungen der »Armen« in Geschichte und Gegenwart. Freiburg i. Br./Berlin/Wien: Rombach.

Mullins, Nicholas C.; Mullins, Carolyn J. (1973): Symbolic Interactionism. In: Theories and Theory Groups in Contemporary American Sociology, Nicholas C. Mullins und Carolyn J. Mullins. New York: Harper & Row, S. 389-418.

Murray, Charles (1984): Losing Ground. American Social Policy, 1950-1980. New York: Basic Books.

Neckel, Sighard (1997): Zwischen Robert E. Park und Pierre Bourdieu: Eine dritte »Chicago School«? Soziologische Perspektiven einer amerikanischen Forschungstradition. In: Soziale Welt 48(1), S. 71-83.

Newman, Katherine S. (2000): No Shame in my Game. The Working Poor in the Inner City. New York: Vintage Books.

Newman, Katherine S. (2002): No Shame: The View from the Left Bank. In: American Journal of Sociology 107(6), S. 1577-1599.

Nolte, Paul (2004): Generation Reform. Jenseits der blockierten Republik. München: C.H. Beck Verlag.

Parsons, Talcott (1985): Das System moderner Gesellschaften. Weinheim/München: Juventa-Verlag.

Parsons, Talcott (1965): Jugend im Gefüge der amerikanischen Gesellschaft. In: Jugend in der modernen Gesellschaft, hrsg. von Ludwig von Friedeburg. Köln/Berlin: Kiepenheuer & Witsch, S. 131–155.

Sampson, Robert (2012): Great American City: Chicago and the Enduring Neighborhood Effect. Chicago: University of Chicago Press.

Thomas, William I. (1965): Person und Sozialverhalten. Neuwied am Rhein/Berlin: Luchterhand.

Thrasher, Frederic M. (1929, zuerst 1927): The Gang. Chicago: University of Chicago Press.

Venkatesh, Sudhir Alladi (2000): American Project. The Rise and Fall of a Modern Ghetto. Cambridge, Mass.: Havard University Press.

Venkatesh, Sudhir Alladi (2008): Gang Leader for a Day. A Rogue Sociologist Takes to the Streets. New York: Penguin Books.

Wacquant, Loïc (2001): Leben für den Ring. Boxen im amerikanischen Ghetto. Konstanz: UVK Universitätsverlag.

Wacquant, Loïc (2002): Scrutinizing the Street: Poverty, Morality, and the Pitfalls of Urban Ethnography. In: American Journal of Sociology 107(6), S. 1468-1532.
Wacquant, Loïc (2016): Eine kurze Genealogie und Anatomie des Habitusbegriffs. In: Berliner Debatte Initial 4, S. 103–109.
Wilson, William J./Taub, Richard P. (2006): There Goes the Neighborhood. Racial, Ethnic, and Class Tensions in Four Chicago Neighborhoods and their Meaning for America. New York: Vintage.
Wirth, Louis (1964, zuerst 1928): The Ghetto. Chicago: University of Chicago Press.
Zorbaugh, Harvey W. (1969, zuerst 1929): The Gold Coast and the Slum. Chicago: University of Chicago Press.

Sachregister

Hans Joas ist Ernst-Troeltsch-Professor für Religionssoziologie an der Theologischen Fakultät der Humboldt-Universität zu Berlin.

Wolfgang Knöbl ist Direktor des Hamburger Instituts für Sozialforschung und Professor für Politische Soziologie und Gewaltforschung an der Leuphana Universität Lüneburg.

Hans-Joachim Schubert ist Professor für Soziologie an der Katholischen Hochschule Berlin (KHSB).

Harald Wenzel ist Professor für Soziologie am John-F.-Kennedy-Institut for North American Studies der FU Berlin.